O QUEIJO
E OS VERMES

CARLO GINZBURG

O QUEIJO
E OS VERMES

*O cotidiano e as ideias de um moleiro
perseguido pela Inquisição*

Tradução
Maria Betânia Amoroso

Tradução dos poemas
José Paulo Paes

Revisão técnica
Hilário Franco Jr.

17ª reimpressão

COMPANHIADEBOLSO

Copyright © 1976 by Giulio Einaudi Editore S.P.A., Torino

Grafia atualizada segundo o Acordo Ortográfico da Língua Portuguesa de 1990, que entrou em vigor no Brasil em 2009.

Título original
Il formaggio e i vermi: Il cosmo di un mugnaio del '500

Indicação editorial
Renato Janine Ribeiro

Capa
Jeff Fisher

Tradução do latim
Antônio da Silveira Mendonça

Preparação
Márcia Copola

Revisão
Renato Potenza Rodrigues
Vivian Miwa Matsushita

Índice onomástico
José Muniz Jr.

Dados Internacionais de Catalogação na Publicação (CIP)
(Câmara Brasileira do Livro, SP, Brasil)

Ginzburg, Carlo, 1939-
    O queijo e os vermes : o cotidiano e as ideias de um moleiro
perseguido pela Inquisição / Carlo Ginzburg ; tradução
Maria Betânia Amoroso ; tradução dos poemas José Paulo Paes ;
revisão técnica Hilário Franco Jr. — 1ª ed. — São Paulo : Companhia
das Letras, 2006.

    Título original: Il formaggio e i vermi: il cosmo di un mugnaio
del'500.
    ISBN 978-85-359-0810-7

1. Camponeses — Itália — Udine (Província) — História —
Século 16 2. Hereges cristãos — Itália — Udine (Província)
3. Heresias cristãs — História — Período moderno, 1500 —
4. Inquisição — Itália 5. Scandella, Domenico, 1532-1601 6. Udine
(Itália: Província) — História da Igreja 7. Udine (Itália: Província)
— Vida religiosa e costumes I. Título.

06-2121   CDD-273.6
Índices para catálogo sistemático:
1. Heresias : Século 16 : Itália : História da Igreja 273.6
2. Século 16 : Heresias : Itália : História da Igreja 273.6

2021

Todos os direitos desta edição reservados à
EDITORA SCHWARCZ S.A.
Rua Bandeira Paulista, 702, cj. 32
04532-002 — São Paulo — SP
Telefone: (11) 3707-3500
www.companhiadasletras.com.br
www.blogdacompanhia.com.br

SUMÁRIO

Prefácio à edição inglesa *9*
Prefácio à edição italiana *11*

1. Menocchio *31*
2. A aldeia *33*
3. O primeiro interrogatório *36*
4. "Possesso?" *37*
5. De Concórdia a Portogruaro *38*
6. "Falar muito contra os superiores" *41*
7. Uma sociedade arcaica *46*
8. "Arruínam os pobres" *50*
9. "Luteranos" e anabatistas *52*
10. Um moleiro, um pintor, um bufão *57*
11. "Opiniões... saíram da minha própria cabeça" *65*
12. Os livros *67*
13. Leitores da aldeia *68*
14. Folhas impressas e "opiniões fantásticas" *70*
15. Beco sem saída? *71*
16. O templo das virgens *73*
17. O funeral de Nossa Senhora *74*
18. O pai de Cristo *76*
19. O dia do Juízo Final *76*
20. Mandeville *82*
21. Pigmeus e canibais *86*
22. "Deus da natureza" *90*
23. Os três anéis *92*
24. Cultura escrita e cultura oral *95*
25. O caos *95*
26. Diálogo *98*

27. Queijos místicos e queijos reais *101*
28. O monopólio do saber *104*
29. As palavras do *Fioretto* *105*
30. A função das metáforas *108*
31. "Patrão", "feitor" e "trabalhadores" *108*
32. Uma hipótese *112*
33. Religião camponesa *116*
34. A alma *117*
35. "Eu não sei" *119*
36. Dois espíritos, sete almas, quatro elementos *120*
37. Trajetória de uma ideia *121*
38. Contradições *125*
39. O paraíso *126*
40. Um novo "modo de viver" *128*
41. "Acabar com os padres" *131*
42. "Mundo novo" *133*
43. Fim dos interrogatórios *139*
44. Carta aos juízes *140*
45. Figuras de retórica *142*
46. Primeira sentença *145*
47. Prisão *148*
48. Volta à aldeia *151*
49. Denúncia *154*
50. Diálogo noturno com o judeu *157*
51. Segundo processo *159*
52. "Fantasias" *160*
53. "Vaidades e sonhos" *163*
54. "Ó magno, onipotente e santo Deus..." *167*
55. "Se eu tivesse morrido há quinze anos" *168*
56. Segunda sentença *169*
57. Tortura *169*
58. Scolio *171*
59. Pellegrino Baroni *178*
60. Dois moleiros *183*
61. Cultura dominante e cultura subalterna *189*
62. Cartas de Roma *190*

Posfácio — *Renato Janine Ribeiro* 193
Notas e abreviaturas *199*
Índice onomástico *247*
Sobre o autor *255*

PREFÁCIO À EDIÇÃO INGLESA

Como ocorre com frequência, esta pesquisa também surgiu por acaso. Passei parte do verão de 1962 em Udine. O Arquivo da Cúria Episcopal daquela cidade preserva um acervo de documentos inquisitoriais extremamente rico e, àquela época, ainda inexplorado. Pesquisei os julgamentos de uma estranha seita de Friuli, cujos membros os juízes identificaram como bruxas e curandeiros. Mais tarde escrevi um livro sobre eles (*I benandanti*: *Stregoneria e culti agrari tra Cinquecento e Seicento*), publicado em 1966 e reimpresso em Turim, em 1979. Ao folhear um dos volumes manuscritos dos julgamentos, deparei-me com uma sentença extremamente longa. Uma das acusações feitas a um réu era a de que ele sustentava que o mundo tinha sua origem na putrefação. Essa frase atraiu minha curiosidade no mesmo instante, mas eu estava à procura de outras coisas: bruxas, curandeiros, *benandanti*. Anotei o número do processo. Nos anos que se seguiram, essa anotação ressaltava periodicamente de meus papéis e se fazia presente em minha memória. Em 1970 resolvi tentar entender o que aquela declaração poderia ter significado para a pessoa que a formulara. Durante esse tempo todo a única coisa que sabia a seu respeito era o nome: Domenico Scandella, dito Menocchio.

Este livro narra sua história. Graças a uma farta documentação, temos condições de saber quais eram suas leituras e discussões, pensamentos e sentimentos: temores, esperanças, ironias, raivas, desesperos. De vez em quando as fontes, tão diretas, o trazem muito perto de nós: é um homem como nós, é um de nós.

Mas é também um homem muito diferente de nós. A reconstrução analítica dessa diferença tornou-se necessária, a fim de podermos reconstruir a fisionomia, parcialmente obscurecida, de sua cultura e contexto social no qual ela se moldou. Foi possível rastrear o complicado relacionamento de Menocchio com a cultura escrita, os livros (ou, mais precisamente, alguns dos livros) que leu e o modo como os leu. Emergiu assim um filtro, um crivo que Menocchio interpôs conscientemente entre ele e os textos, obscuros ou ilustres, que lhe caíram nas mãos. Esse crivo, por outro lado, pressupunha uma cultura oral que era patrimônio não apenas de Menocchio, mas também de um vasto segmento da sociedade do século XVI. Em consequência, uma investigação que, no início, girava em torno de um indivíduo, sobretudo de um indivíduo aparentemente fora do comum, acabou desembocando numa hipótese geral sobre a cultura popular — e, mais precisamente, sobre a cultura camponesa — da Europa pré-industrial, numa era marcada pela difusão da imprensa e a Reforma Protestante, bem como pela repressão a esta última nos países católicos. Pode-se ligar essa hipótese àquilo que já foi proposto, em termos semelhantes, por Mikhail Bakhtin, e que é possível resumir no termo "circularidade": entre a cultura das classes dominantes e a das classes subalternas existiu, na Europa pré-industrial, um relacionamento circular feito de influências recíprocas, que se movia de baixo para cima, bem como de cima para baixo (exatamente o oposto, portanto, do "conceito de absoluta autonomia e continuidade da cultura camponesa" que me foi atribuído por certo crítico).

O queijo e os vermes pretende ser uma história, bem como um escrito histórico. Dirige-se, portanto, ao leitor comum e ao especialista. Provavelmente apenas o último lerá as notas, que pus de propósito no fim do livro, sem referências numéricas, para não atravancar a narrativa. Espero, porém, que ambos reconheçam nesse episódio um fragmento despercebido, todavia extraordinário, da realidade, em parte obliterado, e que coloca implicitamente uma série de indagações para nossa própria cultura e para nós.

PREFÁCIO À EDIÇÃO ITALIANA

1

No passado, podiam-se acusar os historiadores de querer conhecer somente as "gestas dos reis". Hoje, é claro, não é mais assim. Cada vez mais se interessam pelo que seus predecessores haviam ocultado, deixado de lado ou simplesmente ignorado. "Quem construiu Tebas das sete portas?" — perguntava o "leitor operário" de Brecht. As fontes não nos contam nada daqueles pedreiros anônimos, mas a pergunta conserva todo seu peso.

2

A escassez de testemunhos sobre o comportamento e as atitudes das classes subalternas do passado é com certeza o primeiro — mas não o único — obstáculo contra o qual as pesquisas históricas do gênero se chocam. Porém, é uma regra que admite exceções. Este livro conta a história de um moleiro friulano — Domenico Scandella, conhecido por Menocchio — queimado por ordem do Santo Ofício, depois de uma vida transcorrida em total anonimato. A documentação dos dois processos abertos contra ele, distantes quinze anos um do outro, nos dá um quadro rico de suas ideias e sentimentos, fantasias e aspirações. Outros documentos nos fornecem indicações sobre suas atividades econômicas, sobre a vida de seus filhos. Temos também algumas páginas escritas por ele mesmo e uma lista parcial de suas leituras (sabia ler e escrever). Gostaríamos, é claro, de saber muitas outras coisas sobre Menocchio. Mas o que temos em mãos já nos permite reconstruir um fragmento do que se costuma denominar "cultura das classes subalternas" ou ainda "cultura popular".

3

A existência de desníveis culturais no interior das assim chamadas sociedades civilizadas é o pressuposto da disciplina que foi aos poucos se autodefinindo como folclore, antropologia social, história das tradições populares, etnologia europeia. Todavia, o emprego do termo *cultura* para definir o conjunto de atitudes, crenças, códigos de comportamento próprios das classes subalternas num certo período histórico é relativamente tardio e foi emprestado da antropologia cultural. Só através do conceito de "cultura primitiva" é que se chegou de fato a reconhecer que aqueles indivíduos outrora definidos de forma paternalista como "camadas inferiores dos povos civilizados" possuíam *cultura*. A consciência pesada do colonialismo se uniu assim à consciência pesada da opressão de classe. Dessa maneira foi superada, pelo menos verbalmente, não só a concepção antiquada de folclore como mera coleção de curiosidades, mas também a posição de quem distinguia nas ideias, crenças, visões de mundo das classes subalternas nada mais do que um acúmulo inorgânico de fragmentos de ideias, crenças, visões de mundo elaborados pelas classes dominantes provavelmente vários séculos antes. A essa altura começa a discussão sobre a relação entre a cultura das classes subalternas e a das classes dominantes. Até que ponto a primeira está subordinada à segunda? Em que medida, ao contrário, exprime conteúdos ao menos em parte alternativos? É possível falar em circularidade entre os dois níveis de cultura?

Os historiadores só se aproximaram muito recentemente — e com certa desconfiança — desses tipos de problema. Isso se deve em parte, sem dúvida nenhuma, à persistência de uma concepção aristocrática de cultura. Com muita frequência ideias ou crenças originais são consideradas, por definição, produto das classes superiores, e sua difusão entre as classes subalternas um fato mecânico de escasso ou mesmo de nenhum interesse; como se não bastasse, enfatiza-se presunçosamente a "deterioração", a "deformação", que tais ideias ou crenças sofreram durante o processo de transmissão. Porém, a desconfiança dos historiadores

12

tem também outro motivo, mais imediato, de ordem metodológica e não ideológica. Em comparação com os antropólogos e estudiosos das tradições populares, os historiadores partem com uma grande desvantagem. Ainda hoje a cultura das classes subalternas é (e muito mais, se pensarmos nos séculos passados) predominantemente *oral*, e os historiadores não podem se pôr a conversar com os camponeses do século XVI (além disso, não se sabe se os compreenderiam). Precisam então servir-se sobretudo de fontes escritas (e eventualmente arqueológicas) que são duplamente indiretas: por serem *escritas* e, em geral, de autoria de indivíduos, uns mais outros menos, abertamente ligados à cultura dominante. Isso significa que os pensamentos, crenças, esperanças dos camponeses e artesãos do passado chegam até nós através de filtros e intermediários que os deformam. É o que basta para desencorajar, antecipadamente, as tentativas de pesquisa nessa direção.

Porém, os termos do problema mudam de forma radical ante a proposta de estudar não a "cultura *produzida pelas* classes populares", e sim a "cultura *imposta* às classes populares". Foi o que Robert Mandrou tentou fazer, há uns dez anos, com base numa fonte até aquele momento pouco explorada: a literatura de cordel, isto é, folhetos baratos, impressos grosseiramente (almanaques, canções, receitas e remédios, narrações de prodígios ou vidas de santos), vendidos nas feiras ou nos campos por ambulantes. Mandrou, diante de uma lista dos principais temas recorrentes, acabou por formular uma conclusão um tanto quanto apressada. Essa literatura, por ele definida como de "evasão", teria alimentado por séculos uma visão de mundo banhada de fatalismo e determinismo, de maravilhoso e misterioso, impedindo que seus leitores tomassem consciência da própria condição social e política — e, portanto, desempenhando, talvez conscientemente, uma função reacionária.

Todavia, Mandrou não se limitou a considerar almanaques e canções como documentos de uma literatura deliberadamente endereçada ao povo. Em uma passagem brusca e imotivada, definiu-os, enquanto instrumentos de uma aculturação vitoriosa, como "reflexo [...] da visão de mundo" das classes populares do *Ancien Régime*, atribuindo tacitamente a essas classes uma completa passividade cultural e à literatura de cordel uma influência desproporcionada. Mesmo sendo as tiragens, como se presume, consideráveis, e com cada um daqueles folhetos decerto sendo lido em voz alta, atingindo grandes estratos de analfabetos, numa sociedade em que estes constituíam três quartos da população, os camponeses aptos a ler eram com certeza uma pequena minoria. Identificar a "cultura produzida pelas classes populares" com a "cultura imposta às massas populares", decifrar a fisionomia da cultura popular apenas através das máximas, dos preceitos e dos contos da *Bibliothèque bleue* é absurdo. O atalho indicado por Mandrou para superar as dificuldades ligadas à reconstrução de uma cultura oral nos leva na verdade ao ponto de partida.

O mesmo atalho, embora com pressupostos muito diferentes, foi trilhado — com notável ingenuidade — por Geneviève Bollème. Essa pesquisadora viu na literatura de cordel, em vez do instrumento de uma (improvável) aculturação vitoriosa, a expressão espontânea (ainda mais improvável) de uma cultura popular original e autônoma, permeada por valores religiosos. Nessa religião popular, concentrada na humanidade e pobreza de Cristo, teriam sido fundidos, de forma harmoniosa, o natural e o sobrenatural, o medo da morte e o impulso em direção à vida, a tolerância às injustiças e a revolta contra a opressão. Dessa maneira, é claro, troca-se "literatura popular" por uma "literatura destinada ao povo", continuando, sem se dar conta, nos domínios da cultura produzida pelas classes dominantes. É verdade que, incidentalmente, Bollème levanta a hipótese de uma defasagem entre os opúsculos e o modo como seriam lidos pelas classes populares. Mas essa indicação preciosa permanece estéril, já que desemboca no postulado da "criatividade popular", indeterminada e aparentemente inatingível, própria de uma tradição oral que não deixou vestígios.

4

A imagem estereotipada e adocicada de cultura popular que constitui o ponto de chegada da pesquisa realizada por Bollème contrasta profundamente com outra, vivíssima, delineada por Mikhail Bakhtin num livro fundamental sobre as relações entre Rabelais e a cultura popular do seu tempo. Ao que tudo indica, *Gargântua* e *Pantagruel*, que talvez não tenham sido lidos por nenhum camponês, nos fazem compreender mais coisas sobre a cultura camponesa do que o *Almanach des bergers*, que devia circular amplamente pelos campos da França. No centro da cultura configurada por Bakhtin está o carnaval: mito e rito no qual confluem a exaltação da fertilidade e da abundância, a inversão brincalhona de todos os valores e hierarquias constituídas, o sentido cósmico do fluir destruidor e regenerador do tempo. Segundo Bakhtin, essa visão de mundo, elaborada no correr dos séculos pela cultura popular, se contrapõe, sobretudo na Idade Média, ao dogmatismo e à seriedade da cultura das classes dominantes. Apenas levando-se em consideração essa diferença é que a obra de Rabelais se torna compreensível. A sua comicidade se liga diretamente aos temas carnavalescos da cultura popular. Portanto, temos, por um lado, dicotomia cultural, mas, por outro, circularidade, influxo recíproco entre cultura subalterna e cultura hegemônica, particularmente intenso na primeira metade do século XVI.

Em parte trata-se de hipóteses, não todas igualmente documentadas. Mas o limite do belíssimo livro de Bakhtin talvez seja outro: os protagonistas da cultura popular que ele tentou descrever — camponeses, artesãos — nos falam quase só através das palavras de Rabelais. É justamente a riqueza das perspectivas de pesquisa indicadas por Bakhtin que nos faz desejar, ao contrário, uma sondagem direta, sem intermediários, do mundo popular. Porém, pelos motivos já levantados, substituir uma estratégia de pesquisa indireta por outra direta, neste tipo de trabalho, é por demais difícil.

15

5

Mas não é preciso exagerar quando se fala em filtros e intermediários deformadores. O fato de uma fonte não ser "objetiva" (mas nem mesmo um inventário é "objetivo") não significa que seja inutilizável. Uma crônica hostil pode fornecer testemunhos preciosos sobre o comportamento de uma comunidade camponesa em revolta. A análise do "carnaval de Romans" realizada por Emmanuel Le Roy Ladurie é exemplar nesse sentido. No conjunto, diante da incerteza metodológica e da pobreza dos resultados da maior parte dos estudos dedicados explicitamente à definição do que era a cultura popular da Europa pré-industrial, sobressai um certo tipo de pesquisa, como a de Natalie Zemon Davis e de Edward P. Thompson sobre os *charivari*, por exemplo, que ilumina aspectos particulares dessa cultura. Mesmo uma documentação exígua, dispersa e renitente pode, portanto, ser aproveitada.

Contudo, o medo de cair no famigerado positivismo ingênuo, unido à exasperada consciência da violência ideológica que pode estar oculta por trás da mais normal e, à primeira vista, inocente operação cognitiva, induz hoje muitos historiadores a jogar a criança fora junto com a água da bacia — ou, deixando de lado as metáforas, a cultura popular junto com a documentação que dela nos dá uma imagem mais ou menos deformada. Depois de ter criticado (não sem razão) as pesquisas já lembradas aqui sobre a literatura de cordel, um grupo de estudiosos chegou a se perguntar se "a cultura popular existiria para além do gesto que a elimina". A pergunta é retórica e a resposta, obviamente, negativa. Essa espécie de neopirronismo parece à primeira vista paradoxal, visto que por trás dele encontram-se os estudos de Michel Foucault, quer dizer, alguém que com a maior autoridade, na *Histoire de la folie*, chamou a atenção sobre as exclusões, as proibições, os limites através dos quais nossa cultura se constituiu historicamente. Mas, observando melhor, percebe-se que o paradoxo é só aparente. O que interessa sobretudo a Foucault são os gestos e os critérios da exclusão; os exclusos, um pouco menos.

Em *Histoire de la folie* já estava implícita, ao menos em parte, a trajetória que levaria Foucault a escrever *Les mots et les choses* e *L'archéologie du savoir*. Tal trajetória foi muito possivelmente acelerada pelas simples objeções niilistas lançadas por Jacques Derrida contra a *Histoire de la folie*. Não se pode falar da loucura numa linguagem historicamente participante da razão ocidental e, portanto, do processo que levou à repressão da própria loucura. O ponto em que se apoia a pesquisa de Foucault — disse Derrida em poucas palavras — não existe, não pode existir. A essas alturas o ambicioso projeto foucaultiano de uma "arqueologia do silêncio" transformou-se em silêncio puro e simples — por vezes acompanhado de uma muda contemplação estetizante.

Essa involução aparece num livro recente, que reúne ensaios redigidos por Foucault e por alguns dos seus colaboradores; além desses, traz vários documentos sobre o caso de um jovem camponês que, no início do século XVII, matou a mãe, a irmã e um irmão. A análise versa acima de tudo sobre a interseção de duas linguagens de exclusão que tendem a se negar, alternadamente: a judiciária e a psiquiátrica. A figura do assassino, Pierre Rivière, acaba passando para segundo plano — justamente quando são publicadas suas memórias, escritas por ele a pedido dos juízes, que procuravam uma explicação para o tríplice crime. A possibilidade de interpretar esse texto foi excluída de forma explícita, porque equivaleria a alterá-lo, reduzindo-o a uma "razão" estranha a ele. Não sobra mais nada, além de "estupor" e "silêncio" — únicas reações legítimas.

É no irracionalismo estetizante, portanto, que vai desembocar essa linha de pesquisa. A relação, obscura e contraditória, de Pierre Rivière com a cultura dominante é apenas mencionada; suas leituras (almanaques, livros de piedade, mas também *Le bon sens du curé Meslier*) sao mesmo ignoradas. Prefere-se descrevê-lo vagando pelos bosques depois do delito como "um homem sem cultura [...] um animal sem instinto [...] um ser mítico, um ser monstruoso, impossível de ser definido porque estranho a qualquer ordem nomeável". É o êxtase diante do estranhamento absoluto, que na realidade é fruto da recusa de análise e in-

17

terpretação. As vítimas da exclusão social tornam-se os depositários do único *discurso* que representa uma alternativa radical às mentiras da sociedade constituída — um discurso que passa pelo delito e pelo canibalismo, que é encarnado indiferentemente nas memórias redigidas por Pierre Rivière ou no seu matricídio. É um populismo às avessas, um populismo "negro" — mas assim mesmo populismo.

6

O que foi dito até aqui demonstra com clareza a ambiguidade do conceito de "cultura popular". Às classes subalternas das sociedades pré-industriais é atribuída ora uma passiva adequação aos subprodutos culturais distribuídos com generosidade pelas classes dominantes (Mandrou), ora uma tácita proposta de valores, ao menos em parte autônomos em relação à cultura dessas classes (Bollème), ora um estranhamento absoluto que se coloca até mesmo para além, ou melhor, para aquém da cultura (Foucault). É bem mais frutífera a hipótese formulada por Bakhtin de uma influência recíproca entre a cultura das classes subalternas e a cultura dominante. Mas precisar os modos e os tempos dessa influência (Jacques Le Goff começou esse trabalho obtendo ótimos resultados) significa enfrentar o problema posto pela documentação, que no caso da cultura popular é, como já dissemos, quase sempre indireta. Até que ponto os eventuais elementos da cultura hegemônica, encontráveis na cultura popular, são frutos de uma aculturação mais ou menos deliberada ou de uma convergência mais ou menos espontânea e não, ao contrário, de uma inconsciente deformação da fonte, obviamente tendendo a conduzir o desconhecido ao conhecido, ao familiar?

Alguns anos atrás, vi-me obrigado a enfrentar um problema parecido no decorrer de uma pesquisa sobre processos contra a bruxaria, entre os séculos XVI e XVII. Eu queria entender o que a bruxaria era na realidade para os seus protagonistas — bruxas e bruxos —, mas a documentação da qual dispunha (processos e, em especial, os tratados de demonologia) parecia constituir uma tal barreira, que impedia de forma irremediável o conhecimento da bruxaria popular. Esbarrava sempre, por todos os lados, com os esquemas de origem culta da bruxaria inquisitorial. Apenas a descoberta de um veio de crenças até aquele momento ignoradas, concentrado nos *benandanti*, abriu uma brecha naquela parede. Pela discrepância entre as perguntas dos juízes e as respostas dos acusados — a qual não poderia ser atribuída aos interrogatórios sugestivos nem à tortura —, vinha à baila um estrato profundo de crenças populares substancialmente autônomas.

As confissões de Menocchio, o moleiro friulano protagonista deste livro, constituem, em certa medida, um caso semelhante ao dos *benandanti*. Aqui, também, a irredutibilidade de parte dos discursos de Menocchio a esquemas conhecidos aponta para um estrato ainda não examinado de crenças populares, de obscuras mitologias camponesas. Mas o que torna muito mais complicado o caso de Menocchio é o fato de esses obscuros elementos populares estarem enxertados num conjunto de ideias muito claras e consequentes, que vão do radicalismo religioso ao naturalismo tendencialmente científico, às aspirações utópicas de renovação social. A impressionante convergência entre as posições de um desconhecido moleiro friulano e as de grupos de intelectuais dos mais refinados e conhecedores de seu tempo repropõe com toda força o problema da circularidade da cultura formulado por Bakhtin.

7

Antes de analisar em que medida as confissões de Menocchio nos ajudam a precisar o problema, devemos nos perguntar que relevância podem ter, num plano geral, as ideias e crenças de um indivíduo único em relação aos do seu nível social. No momento em que equipes inteiras de estudiosos se lançam a empresas imensas de história *quantitativa* das ideias ou de história religiosa *serial*, propor uma investigação capilar sobre *um* moleiro pode parecer paradoxal ou absurdo, quase como o retorno ao tear mecânico numa era de teares automáticos. É sintomático que a possibilidade de uma investigação como essa tenha sido descartada antecipadamente por alguém como François Furet, que defendia a ideia de que a reintegração das classes inferiores na história geral pode ocorrer apenas sob o signo do "número e do anonimato", através da demografia e da sociologia, "um estudo quantitativo das sociedades do passado". Embora não mais ignoradas, as classes inferiores estariam da mesma forma condenadas a permanecer "silenciosas".

Porém, se a documentação nos oferece a oportunidade de reconstruir não só as massas indistintas como também personalidades individuais, seria absurdo descartar estas últimas. Não é um objetivo de pouca importância estender às classes mais baixas o conceito histórico de "indivíduo". É claro que existe o risco de cair no anedotário, na famigerada *histoire événementielle* (que não só é nem necessariamente é história política). Contudo, trata-se de um risco evitável. Alguns estudos biográficos mostraram que um indivíduo medíocre, destituído de interesse por si mesmo — e justamente por isso representativo —, pode ser pesquisado como se fosse um microcosmo de um estrato social inteiro num determinado período histórico — a nobreza austríaca ou o baixo clero inglês do século XVI.

Seria esse o caso de Menocchio? Nem por sonho. Não podemos considerá-lo um camponês "típico" (no sentido de "médio", "estatisticamente mais frequente") do seu tempo: seu relativo isolamento na comunidade deixa isso claro. Aos olhos dos conterrâneos Menocchio era um homem, ao menos em parte, diferente dos outros. Mas essa singularidade tinha limites bem precisos: da cultura do próprio tempo e da própria classe não se sai a não ser para entrar no delírio e na ausência de comunicação. Assim como a língua, a cultura oferece ao indivíduo um horizonte de possibilidades latentes — uma jaula flexível e invisível dentro da qual se exercita a liberdade condicionada de cada um. Com rara clareza e lucidez, Menocchio articulou a linguagem que estava historicamente à sua disposição. Por isso, nas suas confissões é possível encontrar de maneira bastante nítida, quase exasperada, uma série de elementos convergentes; esses mesmos elementos, numa outra documentação análoga — contemporânea ou pouco posterior —, aparecem dispersos, ou então só é possível vislumbrá-los. Algumas investigações confirmam a existência de traços que reconduzem a uma cultura camponesa comum. Em poucas palavras, mesmo um caso-limite (e Menocchio com certeza o é) pode se revelar representativo, seja negativamente — porque ajuda a precisar o que se deva entender, numa situação dada, por "estatisticamente mais frequente" —, seja positivamente — porque permite circunscrever as possibilidades latentes de algo (a cultura popular) que nos chega apenas através de documentos fragmentários e deformados, provenientes quase todos de "arquivos da repressão".

Com isso não estamos querendo contrapor as pesquisas qualitativas às quantitativas. Simplesmente queremos frisar que, no que toca às classes subalternas, o rigor demonstrado pelas pesquisas quantitativas não pode deixar de lado (se quisermos, não pode *ainda* deixar de lado) o tão deplorado impressionismo das qualitativas. O chiste de E. P. Thompson sobre o "grosseiro e insistente impressionismo do computador que repete *ad nauseam* um único elemento, passando por cima de todos os dados documentais para os quais não foi programado", é literalmente verdadeiro, já que o computador, como é óbvio, não pensa, mas executa ordens. Por outro lado, só uma série de pesquisas particulares, de grande fôlego, pode permitir a elaboração de um programa articulado, a ser submetido ao computador.

Vamos dar um exemplo concreto. Nos últimos anos foram concluídas várias pesquisas quantitativas sobre a produção livreira francesa do século XVIII e sua difusão, com o justíssimo propósito de alargar o quadro da tradicional história das ideias através do levantamento de uma enorme quantidade de títulos (quase 45 mil), sistematicamente ignorados pelos estudiosos até aquele momento. Só desse modo — comentou-se — poderemos avaliar a incidência do elemento inerte, estático, da produção livreira, e ao mesmo tempo entender o significado de ruptura das obras realmente inovadoras. Um estudioso italiano, Furio Diaz, fez algumas objeções a essa abordagem: por um lado, corre-se o risco de estar sempre descobrindo o óbvio; por outro, de se ater ao que, em termos históricos, é enganoso. E deu um exemplo irônico: os camponeses franceses do fim do século com certeza não assaltavam os castelos da nobreza porque tinham lido *L'Ange Conducteur*, mas porque as "novas ideias mais ou menos implícitas nas notícias que chegavam de Paris" iam ao encontro de "interesses e [...] velhos rancores". É evidente que a segunda objeção (a outra é bem mais fundamentada) nega de fato a existência de uma cultura popular, como também a utilidade das pesquisas sobre ideias e crenças das classes subalternas, repropondo a velha história das ideias do tipo exclusivamente elitista. Na verdade, a crítica a ser feita às pesquisas quantitativas da história das ideias é outra: não por serem pouco afeitas à elite e sim por ainda o serem demais. Elas partem do pressuposto de que não só os textos, como até mesmo os títulos, fornecem dados inequívocos. Ora, isso se torna cada vez menos verdade quanto mais o nível dos leitores diminui. Os almanaques, canções, livros de piedade, vida de santos, tudo o que constituía o vasto material da produção livreira, a nós surgem como estáticos, inertes, sempre iguais a si mesmos. Mas como eram lidos pelo público de então? Em que medida a cultura predominantemente oral daqueles leitores interferia na fruição do texto, modificando-o, remodelando-o, chegando mesmo a alterar sua natureza? As referências de Menocchio a suas leituras nos dão um exemplo claro desse tipo de relação com o texto, a qual diverge por inteiro da dos leitores cultos de hoje. Tais referências nos permitem medir a defasagem, justamente hipotetizada por Bollème, entre os textos da literatura "popular" e o modo como eram lidos por camponeses e artesãos. No caso de Menocchio a defasagem aparece com uma profundidade decerto pouco comum. Porém, ainda uma vez, é precisamente essa singularidade que oferece indicações preciosas para pesquisas posteriores. No caso da história quantitativa das ideias, por exemplo, apenas a consciência da variabilidade, histórica e social, da figura do leitor poderá fornecer de maneira efetiva as premissas de uma história das ideias também *qualitativamente* diversa.

8

A defasagem entre os textos lidos por Menocchio e o modo como ele os assimilou e os referiu aos inquisidores indica que suas posições não são redutíveis ou remissíveis a um ou outro livro. Por um lado, elas reentram numa tradição oral antiquíssima; por outro, evocam uma série de motivos elaborados por grupos heréticos de formação humanista: tolerância, tendência em reduzir a religião à moralidade etc. Trata-se de uma dicotomia só aparente, que remete na verdade a uma cultura unitária em que não é possível estabelecer recortes claros. Mesmo que Menocchio tenha entrado em contato, de maneira mais ou menos mediada, com ambientes cultos, suas afirmações em defesa da tolerância religiosa, seu desejo de renovação radical da sociedade apresentam um tom original e não parecem resultado de influências externas passivamente recebidas. As raízes de suas afirmações e desejos estão fincadas muito longe, num estrato obscuro, quase indecifrável, de remotas tradições camponesas.

A esta altura poder-se-ia perguntar se o que emerge dos discursos de Menocchio não é mais uma "mentalidade" do que uma "cultura". Apesar das aparências, não se trata de uma distinção fútil. O que tem caracterizado os estudos de história das mentalidades é a insistência nos elementos inertes, obscuros, inconscientes de uma determinada visão de mundo. As sobrevivências, os arcaísmos, a afetividade, a irracionalidade delimitam o campo específico da história das mentalidades, distinguindo-a com muita clareza de disciplinas paralelas e hoje consolidadas, como a história das ideias ou a história da cultura (que, no entanto, para alguns estudiosos engloba as duas anteriores). Inscrever o caso de Menocchio no âmbito exclusivo da história das mentalidades significaria, portanto, colocar em segundo plano o fortíssimo componente racional (não necessariamente identificável à nossa nacionalidade) da sua visão de mundo. Todavia, o argumento decisivo é outro: a conotação terminantemente interclassista da história das mentalidades. Esta, como já foi dito, estuda o que têm em comum "César e o último soldado de suas legiões, são Luís e o camponês que cultivava as suas terras, Cristóvão Colombo e o marinheiro de suas caravelas". Nesse sentido, na maior parte das vezes, o adjetivo *coletiva* acrescentado a "mentalidade" é pleonástico. Ora, não queremos negar a legitimidade de investigações desse tipo, porém o risco de chegar a extrapolações indevidas é muito grande. Até mesmo um dos maiores historiadores deste século, Lucien Febvre, caiu numa armadilha desse gênero. Num livro inexato mas fascinante, tentou, através da investigação sobre um indivíduo — ainda que excepcional, como Rabelais —, identificar as coordenadas mentais de toda uma era. Enquanto se trata de demonstrar a inexistência de um presumível "ateísmo" em Rabelais, nenhum problema. Entretanto, quando se adentra o terreno da "mentalidade (ou psicologia) coletiva", sustentando que a religião exercia sobre "os homens do século XVI" uma influência, ao mesmo tempo, profunda e opressora, da qual era impossível escapar, como não escapou Rabelais, a argumentação se torna inaceitável. Quem eram aqueles mal identificados "homens do século XVI"? Humanistas, mercadores, artesãos, camponeses? Graças à noção interclassista de "mentalidade coletiva", os resultados de uma investigação conduzida sobre um pequeno estrato da sociedade francesa composto por indivíduos cultos são tacitamente ampliados até abarcar completamente um século inteiro. É o retorno da tradicional história das ideias. Os camponeses, isto é, a grande maioria da população daquela época, são vislumbrados no livro de Febvre só para serem apressadamente liquidados como "massa [...] semisselvagem, vítima das superstições", enquanto a afirmação de que era impossível, naquele tempo, formular uma posição irreligiosa consequente em termos críticos traduz-se em outra — bastante previsível — de que o século XVII não era o século XVI e Descartes não era contemporâneo de Rabelais.

Apesar desses limites, o modo como Febvre consegue separar os múltiplos fios que ligam um indivíduo a um ambiente, a uma sociedade, historicamente determinados, permanece exemplar. Os instrumentos que usou para analisar a religião de Rabelais podem servir também para analisar a religião, tão diversa, de Menocchio. Em todo caso, a esta altura já deve estar claro por que à expressão "mentalidade coletiva" seja preferível a também pouco satisfatória expressão "cultura popular". Uma análise de classes é sempre melhor que uma interclassista.

Com isso não se está de maneira alguma afirmando a existência de uma cultura homogênea, comum tanto aos camponeses como aos artesãos da cidade (para não falar dos grupos marginais, como os vagabundos), na Europa pré-industrial. Apenas se está querendo delimitar um âmbito de pesquisa no interior do qual é preciso conduzir análises particularizadas como a que fazemos aqui. Só desse modo será possível eventualmente generalizar as conclusões a que se chegou neste estudo.

9

Dois grandes eventos históricos tornaram possível um caso como o de Menocchio: a invenção da imprensa e a Reforma. A imprensa lhe permitiu confrontar os livros com a tradição oral em que havia crescido e lhe forneceu as palavras para organizar o amontoado de ideias e fantasias que nele conviviam. A Reforma lhe deu audácia para comunicar o que pensava ao padre do vilarejo, conterrâneos, inquisidores — mesmo não tendo conseguido dizer tudo diante do papa, dos cardeais e dos príncipes, como queria. As rupturas gigantescas determinadas pelo fim do monopólio dos letrados sobre a cultura escrita e do monopólio dos clérigos sobre as questões religiosas haviam criado uma situação nova, potencialmente explosiva. Mas a convergência entre as aspirações de uma parte da alta cultura e as da cultura popular já tinha sido declarada de maneira definitiva mais de meio século antes do processo de Menocchio — quando Lutero condenara com ferocidade os camponeses em revolta e suas reivindicações. Tais ideais, naquela época, inspiravam apenas exíguas minorias perseguidas, como os anabatistas. Com a Contrarreforma (e paralelamente com a consolidação das igrejas protestantes) iniciara-se uma era marcada pelo enrijecimento hierárquico, pela doutrinação paternalista das massas, pela extinção da cultura popular, pela marginalização mais ou menos violenta das minorias e dos grupos dissidentes. E o próprio Menocchio acabou queimado.

10

Dissemos que era impossível efetuar recortes claros na cultura de Menocchio. Só com o bom senso se podem isolar certos temas que, já naquela época, convergiam com tendências de uma parte da alta cultura do século XVI e que se tornaram patrimônio da cultura "progressista" dos séculos seguintes: aspiração a uma reforma radical da sociedade, corrosão interna da religião, tolerância. Graças a tudo isso, Menocchio está inserido numa tênue, sinuosa, porém muito nítida linha de desenvolvimento que chega até nós: podemos dizer que Menocchio é nosso antepassado, mas é também um fragmento perdido, que nos alcançou por acaso, de um mundo obscuro, opaco, o qual só através de um gesto arbitrário podemos incorporar à nossa história. Essa cultura foi destruída. Respeitar o resíduo de indecifrabilidade que há nela e que resiste a qualquer análise não significa ceder ao fascínio idiota do exótico e do incompreensível. Significa apenas levar em consideração uma mutilação histórica da qual, em certo sentido, nós mesmos somos vítimas. "Nada do que aconteceu deve ser perdido para a história", lembrava Walter Benjamin. Mas "só à humanidade redimida o passado pertence inteiramente". Redimida, isto é, liberada.

A Luisa

Tout ce qui est intéressant se passe dans l'ombre...
On ne sait rien de la véritable histoire des hommes.
CÉLINE

AGRADECIMENTOS

Este livro, na redação provisória, foi discutido inicialmente num seminário sobre religião popular, ocorrido no outono de 1973 no Davis Center for Historical Studies da Universidade de Princeton; em seguida, num seminário coordenado por mim, na Universidade de Bolonha. Agradeço de coração a Lawrence Stone, diretor do Davis Center, e a todos aqueles que com críticas e observações me ajudaram a melhorar o texto: especialmente Piero Camporesi, Jay Dolan, John Elliott, Felix Gilbert, Robert Muchembled, Ottavia Niccoli, Jim Obelkevich, Adriano Prosperi, Lionel Rothkrug, Jerry Seigel, Eileen Yeo, Stephen Yeo, e aos meus estudantes bolonheses. Agradeço também a dom Guglielmo Biasutti, bibliotecário da Cúria de Udine; ao professor Morereale Valcellina e aos funcionários dos arquivos e das bibliotecas citadas. No decorrer do livro outros agradecimentos serão feitos.

Bolonha, setembro de 1975

O QUEIJO
E OS VERMES

1

Chamava-se Domenico Scandella, conhecido por Menocchio. Nascera em 1532 (quando do primeiro processo declarou ter 52 anos), em Montereale, uma pequena aldeia nas colinas do Friuli, a 25 quilômetros de Pordenone, bem protegida pelas montanhas. Viveu sempre ali, exceto dois anos de desterro após uma briga (1564-65), transcorridos em Arba, uma vila não muito distante, e numa localidade não precisada da Carnia. Era casado e tinha sete filhos; outros quatro haviam morrido. Declarou ao cônego Giambattista Maro, vigário-geral do inquisidor de Aquileia e Concórdia, que sua atividade era "de moleiro, carpinteiro, marceneiro, pedreiro e outras coisas". Mas era principalmente moleiro; usava as vestimentas tradicionais de moleiro — veste, capa e capuz de lã branca. E foi assim, vestido de branco, que se apresentou para o julgamento.

Alguns anos depois, disse aos inquisidores que era "paupérrimo": "Não tenho nada além de dois moinhos de aluguel e dois campos arrendados, e com isso sustentei e sustento minha pobre família". Mas, sem dúvida, Menocchio estava exagerando. Mesmo se boa parte da colheita servisse para pagar o aluguel (provavelmente em espécie) dos dois moinhos, além das pesadas taxas sobre a terra, devia sobrar o bastante para sobreviver e ainda para os momentos difíceis. Tanto é que, quando se encontrava desterrado em Arba, alugara de imediato outro moinho. Quando sua filha Giovanna se casou (Menocchio tinha morrido havia dois meses), recebeu o correspondente a 256 liras e nove soldos — um dote não muito rico, mas bem menos miserável em comparação aos hábitos da região no período.

No conjunto, a posição de Menocchio no microcosmo social de Montereale aparenta não ter sido das mais desprezíveis. Em 1581 havia sido *podestá* (magistrado) da aldeia e dos vilarejos ao redor (Gaio, Grizzo, San Leonardo, San Martino) e ainda *cameraro*, isto é, administrador da paróquia de Montereale, em data não precisada. Não sabemos se aqui como em outras localidades do Friuli o velho sistema de rotação de cargos fora substituído pelo sistema eletivo. Nesse caso, o fato de saber "ler, escrever e somar" deve ter favorecido Menocchio. Os administradores, em geral, eram escolhidos quase sempre entre pessoas que tinham frequentado escola pública de nível elementar, às vezes aprendendo até um pouco de latim. Escolas desse tipo existiam também em Aviano ou em Pordenone: Menocchio deve ter passado por uma delas.

Em 28 de setembro de 1583 Menocchio foi denunciado ao Santo Ofício, sob a acusação de ter pronunciado palavras "heréticas e totalmente ímpias" sobre Cristo. Não se tratara de uma blasfêmia ocasional: Menocchio chegara a tentar difundir suas opiniões, discutindo-as ("praedicare et dogmatizare non erubescit"; ele não se envergonhava de pregar e dogmatizar). Esse fato agravava muito sua situação.

Tais tentativas de proselitismo foram amplamente confirmadas pela investigação que se abriu um mês depois em Portogruaro e prosseguiu em Concórdia e na própria Montereale. "Discute sempre com alguém sobre a fé, e até mesmo com o pároco" — foi o que Francesco Fasseta comentou com o vigário-geral. Segundo outra testemunha, Domenico Melchiori: "Costuma discutir com todo mundo, mas, quando quis discutir comigo, eu lhe disse: 'Eu sou sapateiro; você, moleiro, e você não é culto. Sobre o que é que nós vamos discutir?'". As coisas da fé são grandes e difíceis, fora do alcance de moleiros e sapateiros. Para debater é preciso doutrina, e os depositários da doutrina são sobretudo os clérigos. Porém, Menocchio dizia não acreditar que o Espírito Santo governasse a Igreja, acrescentando: "Os padres nos querem debaixo de seus pés e fazem de tudo para nos manter quietos, mas eles ficam sempre bem"; e ele "conhecia Deus melhor do que eles". E, quando o pároco da vila o levara a Concórdia para se encontrar com o vigário-geral, a fim de que suas ideias clareassem, dizendo-lhe "esses seus caprichos são heresias", tinha prometido não se meter mais em tais assuntos — todavia, logo depois recomeçou. Na praça, na taverna, indo para Grizzo ou Daviano, vindo da montanha — "não se importando com quem fala", comenta Giuliano Stefanut, "ele geralmente encaminha a conversa para as coisas de Deus, introduzindo sempre algum tipo de heresia. E então discute e grita em defesa de sua opinião".

2

Não é fácil entender pelos autos do processo qual era a reação dos conterrâneos de Menocchio às suas palavras. É claro que ninguém estava disposto a admitir ter escutado com aprovação os discursos de um suspeito de heresia. Pelo contrário, alguns se preocuparam em comentar com o vigário-geral que conduzia o inquérito a própria reação indignada. "Menocchio, pelo amor de Deus, não vai falando essas coisas por aí!" — teria exclamado, segundo ele mesmo afirmou, Domenico Melchiori. Giuliano Stefanut testemunha: "Eu lhe disse várias vezes, especialmente uma, indo para Grizzo, que eu gostava dele, mas não podia suportar seu jeito de falar das coisas da fé, que sempre discutiria com ele e que, se cem vezes me matasse e depois eu voltasse a viver, continuaria a me deixar matar pela fé". O padre Andrea Bionima havia até mesmo feito uma ameaça velada: "Cale a boca, Domenego, não diga essas coisas, porque um dia você se arrepende". Outra testemunha, Giovanni Povoledo, dirigindo-se ao vigário-geral, arriscou uma definição, embora genérica: "Tem má fama e tem opiniões erradas, como aquelas da seita de Lutero". Entretanto, esse coro de vozes não deve nos enganar. Quase todos os interrogados declararam conhecer Menocchio havia muito tempo: uns, havia trinta, quarenta anos; outros, 25; outros, ainda, vinte. Um deles, Daniele Fasseta, disse conhecê-lo "desde moleque, com o nariz sujo, já que éramos da mesma paróquia". Aparentemente algumas afirmações de Menocchio remontavam não apenas há poucos dias, mas há "muitos anos", até mesmo há trinta anos. Durante todo esse tempo ninguém o denunciara na cidade, embora seus discursos fossem conhecidos por todos. As pessoas repetiam as palavras dele, algumas com curiosidade, outras balançando a cabeça. Nos testemunhos recolhidos pelo vigário-geral não se percebe o que se chamaria de verdadeira hostilidade em relação a Menocchio; no máximo, desaprovação. É verdade que entre aqueles existiam parentes, como Francesco Fasseta ou Bartolomeo di Andrea, primo de sua mulher, que o definiram como "homem de bem". O próprio Giuliano Stefanut, que havia enfrentado Menocchio, dizendo-se pronto "a morrer pela fé", acrescentou: "Eu gosto dele". [Esse moleiro, que já tinha sido magistrado da aldeia e administrador da paróquia, decerto não vivia à margem da comunidade de Montereale. Muitos anos depois, quando do segundo processo, uma testemunha declarou: "Eu o vejo conversando com muita gente e acho que é amigo de todo mundo". E, apesar disso, a certa altura dispararam uma denúncia contra ele que abriu caminho para o inquérito.

Os filhos de Menocchio, como veremos, identificaram de imediato o pároco de Montereale, dom Odorico Vorai, como o anônimo delator. Não estavam enganados. Entre os dois existia uma velha diferença: já fazia quatro anos que Menocchio ia se confessar em outra cidade. O testemunho de Vorai, que fechou a fase informativa do processo, foi particularmente evasivo: "Não posso me lembrar bem do que ele disse. Tenho memória fraca e estava com outras coisas na cabeça". Aparentemente ninguém melhor do que uma pessoa na posição dele para dar informações ao Santo Ofício sobre o assunto, contudo o vigário-geral não insistiu. Não era preciso: fora o próprio Vorai, instigado por outro padre, dom Ottavio Montereale, pertencente a uma família senhorial do lugar, que transmitira as evidências circunstanciais em que o vigário-geral se baseou para interrogar as testemunhas.

A hostilidade do clero local pode ser facilmente explicada. Como já vimos, Menocchio não reconhecia, na hierarquia ecle-

34

siástica, nenhuma autoridade especial nas questões de fé. "Que papa, prelado, padres, qual o quê! E dizia essas palavras com desprezo, dizia que não acreditava neles" — comentou Domenico Melchiori. De tanto discutir e argumentar pelas ruas e tavernas da cidade, Menocchio deve ter acabado por se contrapor à autoridade do pároco. Mas o que é que realmente Menocchio dizia?

Só para termos uma ideia, não só blasfemava "desmesuradamente", como sustentava que blasfemar não é pecado (segundo uma testemunha, teria dito que blasfemar contra os santos não é pecado, mas contra Deus é), acrescentando com sarcasmo: "Cada um faz o seu dever; tem quem ara, quem cava e eu faço o meu, blasfemar". Em seguida fazia estranhas afirmações que os conterrâneos relatavam de maneira fragmentada, desconexa, ao vigário-geral. Por exemplo: "O ar é Deus [...] a terra, nossa mãe"; "Quem é que vocês pensam que seja Deus? Deus não é nada além de um pequeno sopro e tudo mais que o homem imagina"; "Tudo o que se vê é Deus e nós somos deuses"; "O céu, a terra, o mar, o ar, o abismo e o inferno, tudo é Deus"; "O que é que vocês pensam, que Jesus Cristo nasceu da Virgem Maria? Não é possível que ela tenha dado à luz e tenha continuado virgem. Pode muito bem ser que ele tenha sido um homem qualquer de bem, ou filho de algum homem de bem". E se dizia ainda que possuía livros proibidos, em particular a Bíblia em vulgar: "Está sempre discutindo com um ou com outro, possui a Bíblia em vulgar, e imagina que a base de seus argumentos esteja ali, e continua obstinadamente insistindo neles".

Os testemunhos se acumulavam; Menocchio pressentia que alguma coisa estava sendo preparada contra ele. Foi então falar com o vigário de Polcenigo, Giovanni Daniele Melchiori, seu amigo desde a infância. Este o incentivou a se apresentar espontaneamente ao Santo Ofício, ou ao menos a obedecer de imediato a uma eventual convocação. Avisou a Menocchio: "Diga o que eles estão querendo saber, não fale demais e muito menos se meta a contar coisas; responda só o que for perguntado". Alessandro Policreto, um ex-advogado que Menocchio encontrara por acaso na casa de um amigo comerciante de madeira, também o aconse-

35

lhara a se apresentar aos juízes e a admitir sua culpa, mas, ao mesmo tempo, aconselhou-o a declarar que nunca acreditara em suas próprias afirmações heréticas. E assim Menocchio foi a Maniago, atendendo à convocação do tribunal eclesiástico. Mas no dia seguinte, 4 de fevereiro, dado o andamento do inquérito, o inquisidor em pessoa — o frade franciscano Felice da Montefalco — ordenou que o prendessem e "levassem algemado" para os cárceres do Santo Ofício de Concórdia. Em 7 de fevereiro de 1584 Menocchio foi submetido a um primeiro interrogatório.

3

Apesar dos conselhos, demonstrou-se muito loquaz, ainda que procurasse expor sua própria posição sob uma luz mais favorável do que aquela que se depreendia dos testemunhos. Assim, mesmo admitindo ter alimentado dúvidas quanto à virgindade de Maria dois ou três anos antes, e ter falado sobre isso com várias pessoas, entre as quais o padre de Barcis, observou: "É verdade que eu falei disso com várias pessoas, mas não forçava ninguém a acreditar; pelo contrário, convenci muitos dizendo: 'Vocês querem que eu ensine a estrada verdadeira? Tente fazer o bem, trilhar o caminho dos meus antecessores e seguir o que a Santa Madre Igreja ordena'. Mas aquelas palavras que eu disse antes eu dizia por tentação, porque acreditava nelas e queria ensiná-las aos outros; era o espírito maligno que me fazia acreditar naquelas coisas e ao mesmo tempo me instigava a dizê-las aos outros". Com tais palavras Menocchio confirmava a suspeita de que ele tivesse desempenhado, na aldeia, o papel de professor de doutrina e de comportamento ("Vocês querem que eu ensine a estrada verdadeira?"). Quanto ao conteúdo heterodoxo desse tipo de prédica, não é possível ter dúvidas — principalmente no momento em que Menocchio expôs sua singularíssima cosmogonia, da qual o Santo Ofício já ouvira comentários confusos: "Eu disse que segundo meu pensamento e crença tudo era um caos, isto é, terra, ar, água e fogo juntos, e de todo aquele volume em movimento se formou uma massa, do mesmo modo como o queijo é feito do leite, e do qual surgem os vermes, e esses foram os anjos. A santíssima majestade quis que aquilo fosse Deus e os anjos, e entre todos aqueles anjos estava Deus, ele também criado daquela massa, naquele mesmo momento, e foi feito senhor com quatro capitães: Lúcifer, Miguel, Gabriel e Rafael. O tal Lúcifer quis se fazer de senhor, se comparando ao rei, que era a majestade de Deus, e por causa dessa soberba Deus ordenou que fosse mandado embora do céu com todos os seus seguidores e companhia. Esse Deus, depois, fez Adão e Eva e o povo em enorme quantidade para encher os lugares dos anjos expulsos. O povo não cumpria os mandamentos de Deus e ele mandou seu filho, que foi preso e crucificado pelos judeus". E acrescentou: "Eu nunca disse que ele se deixara abater feito um animal" (foi uma das acusações feitas contra ele; em seguida admitiu que talvez pudesse ter dito qualquer coisa do gênero). "Eu disse bem claro que se deixou crucificar e esse que foi crucificado era um dos filhos de Deus, porque todos somos filhos de Deus, da mesma natureza daquele que foi crucificado. Era homem como nós, mas com uma dignidade maior, como o papa hoje, que é homem como nós, mas com maior dignidade do que nós porque pode fazer. Aquele que foi crucificado nasceu de são José e da Virgem Maria."

4

Durante o inquérito preliminar, diante das estranhas opiniões referidas pelas testemunhas, o vigário-geral perguntara primeiramente se Menocchio estava falando "sério" ou "brincando"; em seguida, se era são de mente. Em ambos os casos a resposta foi muito clara: Menocchio estava falando "sério" e "dentro de sua razão [...] não estava louco". Depois de já iniciado o interrogatório, um dos filhos de Menocchio, Ziannuto, por sugestão de alguns amigos do pai (Sebastiano Sebenico e um não identificado Lunardo), espalhou pela cidade o boato de que o pai era "louco" ou "possesso". Mas o vigário não lhe deu atenção e o processo continuou. Pensou-se em liquidar as opiniões de Menocchio, em especial sua cosmogonia, fazendo-as passar por um amontoado de extravagâncias ímpias porém inócuas (o queijo, o leite, os vermes-anjos, o Deus-anjo criado do caos), mas tal ideia foi abandonada. Cem, 150 anos depois, Menocchio provavelmente teria sido trancado num hospício, e o diagnóstico teria sido "tomado por delírio religioso". Todavia, em plena Contrarreforma, as modalidades de exclusão eram outras — prevaleciam a identificação e a repressão da heresia.

5

Vamos deixar de lado, provisoriamente, a cosmogonia de Menocchio para acompanharmos o desenrolar do processo. Logo após seu encarceramento, um de seus filhos, Ziannuto, tentara socorrê-lo de várias maneiras: procurou um advogado, um tal de Trappola, de Portogruaro; esteve em Serravalle para falar com o inquisidor; obteve da prefeitura de Montereale uma declaração a favor do prisioneiro que foi enviada ao advogado, com a perspectiva, em caso de necessidade, de conseguir outros atestados de boa conduta: "Se for necessária a comprovação da prefeitura de Montereale de que o prisioneiro se confessava e comungava todo ano, o padre a dará; se for necessária a comprovação de ter sido magistrado e administrador de cinco vilas, será dada; ter sido administrador da paróquia de Montereale e ter feito sua obrigação com louvor, será dada; ter sido coletor de dízimos da igreja da paróquia de Montereale, será dada... ". Além disso, com os irmãos, induziu por meio de ameaças o pároco de Montereale — a seus olhos, o principal responsável por todo o acontecido — a escrever uma carta para Menocchio, que se encontrava nos cárceres do Santo Ofício. Nela sugeria-lhe que prometesse "total obediência à Santa Igreja; dizendo que não acreditava e nunca acreditara em nada que não fossem os mandamentos de Deus e da Igreja e que pretendia viver e morrer na fé cristã, dentro do que a Santa Igreja romana, católica e apostólica ordena; ou melhor (sendo necessário), pretendia perder a vida e outras mil se houvesse pelo amor de Deus e da santa fé cristã, sabendo que devia a vida e todas as outras coisas boas à Santa Madre Igreja... ". Aparentemente Menocchio não reconheceu por trás dessas palavras a mão do seu inimigo, o pároco; atribuiu-as a Domenego Femenussa, um mercador de lã e madeira que aparecia sempre no moinho e de vez em quando lhe emprestava dinheiro. No entanto, seguir as sugestões da carta sem dúvida nenhuma lhe pesava muito. No final do primeiro interrogatório (7 de fevereiro) exclamou com evidente relutância, dirigindo-se ao vigário-geral: "Senhor, o que eu disse por inspiração de Deus ou do demônio não confirmo nem desminto, mas lhe peço misericórdia e farei o que me for ensinado". Pedia perdão, todavia não renegava nada. Durante quatro longos interrogatórios (7, 16, 22 de fevereiro e 8 de março) ele se manteve firme diante das objeções do vigário, negou, fez comentários, rebateu. "Consta no processo", disse-lhe o vigário Maro, "que teria dito não acreditar no papa, nem nas regras da Igreja, e que não sabia de onde saía tamanha autoridade de alguém como o papa." Menocchio retrucou: "Eu peço a Deus onipotente que me faça morrer agora se eu disse isso que Vossa Senhoria afirmou". Mas era verdade que dissera que as missas para os mortos eram inúteis? (Segundo Giuliano Stefanut, as palavras pronunciadas por Menocchio num dia em que voltavam da missa foram: "Por que é que vocês dão essas esmolas em memória daquelas poucas cinzas?".) "Eu disse", explicou Menocchio, "que é preciso tentar fazer todo o bem até quando se está neste mundo, porque depois é o senhor Deus quem governa as almas. As orações, esmolas e missas para os mortos são feitas, eu acho, por amor a Deus, o qual faz o que bem entender. As almas não vêm pegar as orações e as esmolas. Fica à majestade de Deus receber essas boas obras em benefício dos vivos ou dos mortos." Ele imaginava que essa fosse uma hábil explanação, mas de fato contradizia a doutrina da Igreja em relação ao purgatório. "Tente falar pouco" —

havia sido o conselho do vigário de Polcenigo, que era seu amigo e o conhecia desde a infância. Porém Menocchio, evidentemente, não conseguia se controlar.

De repente, por volta do fim de abril, verificou-se um fato novo. Os priores venezianos convidaram o inquisidor de Aquileia e Concórdia, frei Felice da Montefalco, a agir de acordo com os hábitos vigentes nos territórios da República, que impunham, nas causas do Santo Ofício, a presença de um magistrado secular ao lado dos juízes eclesiásticos. O conflito entre os dois poderes era tradicional. Não sabemos se nessa ocasião houve também a intervenção do advogado Trappola a favor do seu cliente. O fato é que Menocchio foi levado ao palácio do magistrado, em Portogruaro, com a finalidade de confirmar na sua presença os interrogatórios concluídos até aquele momento. Depois disso, o processo recomeçou.

Por mais de uma vez, no passado, Menocchio tinha dito aos conterrâneos estar pronto e mesmo desejoso de declarar suas "opiniões" sobre a fé às autoridades religiosas e seculares. "Disse para mim", comentou Francesco Fasseta, "que, se ele caísse nas mãos da justiça por isso, iria pacificamente, mas, se fosse maltratado, teria muito o que falar contra os superiores sobre as más obras destes." Acrescentou Daniele Fasseta: "Domenego disse que, se ele não temesse pela própria vida, falaria tanto que surpreenderia a todos. Eu acho que queria falar sobre a fé". Na presença do magistrado de Portogruaro e do inquisidor de Aquileia e Concórdia, Menocchio confirmou o testemunho: "É verdade, eu disse que, se não tivesse medo da justiça, falaria tanto que iria surpreender; e disse que, se me fosse permitida a graça de falar diante do papa, de um rei ou príncipe que me ouvisse, diria muitas coisas e, se depois me matassem, não me incomodaria". Então incentivaram-no a falar: Menocchio abandonou qualquer reticência. Era dia 28 de abril.

40

6

Começou denunciando a opressão dos ricos contra os pobres através do uso de uma língua incompreensível como o latim nos tribunais: "Na minha opinião, falar latim é uma traição aos pobres. Nas discussões os homens pobres não sabem o que se está dizendo e são enganados. Se quiserem dizer quatro palavras, têm que ter um advogado". Mas esse era só um exemplo de uma exploração geral, da qual a Igreja era cúmplice e participante: "E me parece que na nossa lei o papa, os cardeais, os padres são tão grandes e ricos, que tudo pertence à Igreja e aos padres. Eles arruínam os pobres. Se têm dois campos arrendados, esses são da Igreja, de tal bispo ou de tal cardeal". É bom lembrar que Menocchio possuía dois campos arrendados, cujo proprietário ignoramos; quanto ao seu latim, aparentemente se restringia ao *Credo* e ao *Pater noster*, que aprendera ajudando na missa, e que Ziannuto, seu filho, fora atrás de um advogado logo que o Santo Ofício o colocara na prisão. Porém, essas coincidências, ou possíveis coincidências, não nos devem levar a pistas falsas: o discurso de Menocchio, embora partisse do seu caso pessoal, acabava por abarcar um âmbito muito mais vasto. A exigência de uma Igreja que abandonasse seus privilégios, que se fizesse pobre com os pobres, ligava-se à formulação, na esteira dos Evangelhos, de um conceito diferente de religião, livre de exigências dogmáticas, resumível a um núcleo de preceitos práticos: "Gostaria que se acreditasse na majestade de Deus, que fôssemos homens de bem e que se fizesse como Jesus Cristo recomendou, respondendo àqueles judeus que lhe perguntaram que lei se deveria seguir. Ele respondeu: 'Amar a Deus e ao próximo'." Uma tal religião simplificada não admitia, para Menocchio, limitações confessionais. Contudo, a apaixonada exaltação da equivalência de todas as fés, com base na iluminação concedida, em igual medida, a todos os homens — "A majestade de Deus distribuiu o Espírito Santo para todos: cristãos, heréticos, turcos, judeus, tem a mesma consideração por todos, e de algum modo todos se salvarão" —, acabou numa explosão violenta contra os juízes e sua soberba doutrinal: "E vocês, padres e frades, querem saber mais do que Deus; são como o demônio, querem passar por deuses na terra, saber tanto quanto Deus da mesma maneira que o demônio. Quem pensa que sabe muito é quem nada sabe". E, abandonando toda reserva, toda prudência, Menocchio declarou recusar todos os sacramentos, inclusive o batismo, por serem invenções dos homens, "mercadorias", instrumentos de exploração e opressão por parte do clero: "Acho que a lei e os mandamentos da Igreja são só mercadorias e que se deve viver acima disso". Sobre o batismo comentou: "Acho que, quando nascemos, já estamos batizados, porque Deus, que abençoa todas as coisas, já nos batizou. O batismo é uma invenção dos padres, que começam a nos comer a alma antes do nascimento e vão continuar comendo-a até depois da morte". Sobre a crisma: "Acho que é uma mercadoria, invenção dos homens; todos os homens têm o Espírito Santo e buscam saber tudo e não sabem nada". Sobre o casamento: "Não foi feito por Deus, mas sim pelos homens; antes, homens e mulheres faziam troca de promessas e isso era suficiente; depois apareceram essas invenções dos homens". Sobre a ordenação: "Acho que o Espírito Santo está em todo mundo, [...] e acho que qualquer um que tenha estudado pode ser sacerdote, sem ter que ser sagrado, porque tudo isso é mercadoria". Sobre a extrema-unção: "Acho que não é nada, não vale nada, porque se unge o corpo, mas o espírito não pode ser ungido". Geralmente se referia à confissão dizendo: "Ir se confessar com padres ou frades é a mesma coisa que falar com uma árvore". Quando o inquisidor lhe repetiu essas palavras, explicou, com uma pontinha de autossuficiência: "Se esta árvore conhecesse a penitência, daria no mesmo; alguns homens procuram os padres porque não sabem que penitências devem ser feitas para seus pecados, esperando que os padres as ensinem, mas, se eles soubessem, não teriam necessidade de procurá-los". Estes últimos deveriam se confessar "à majestade de Deus em seus corações e pedir-lhe perdão pelos seus pecados".

Somente o sacramento do altar escapava às críticas de Menocchio — mas era reinterpretado de maneira heterodoxa. As frases referidas pelos testemunhos soavam, na verdade, como blasfêmias ou negações depreciativas. Quando procurou o vigário de Polcenigo, num dia de distribuição de hóstias, Menocchio exclamou: "Pela Virgem Maria, são muito grandes essas bestas!". Numa outra vez, discutindo com o padre Andrea Bionima, disse: "Não vejo ali nada mais que um pedaço de massa. Como é que pode ser Deus? E o que é esse tal Deus a não ser terra, água e ar?". Mas ao vigário-geral explicou: "Eu disse que aquela hóstia é um pedaço de massa, mas que o Espírito Santo vem do céu e está nela. Eu realmente acredito nisso". O vigário perguntou incrédulo: "O que você acha que seja o Espírito Santo?". Menocchio respondeu: "Acho que é Deus". Mas sabia quantas eram as pessoas da Trindade? "Sim, senhor: Pai, Filho e Espírito Santo." "Em qual dessas três pessoas você acha que a hóstia se converte?" "Acho que no Espírito Santo." Semelhante ignorância parecia inacreditável para o vigário: "Quando o pároco fez os sermões sobre o santíssimo sacramento, quem ele disse que estava naquela hóstia?". Porém, não se tratava de ignorância: "Disse que era o corpo de Cristo, embora eu achasse que era o Espírito Santo, e isso porque acho que o Espírito Santo é maior que Cristo, que era homem, enquanto o Espírito Santo veio pelas mãos de Deus...". "Disse [...] embora eu achasse": apenas lhe era apresentada a ocasião, Menocchio confirmava quase com insolência a própria independência de julgamento, o direito de ter uma posição autônoma. E acrescentou para o inquisidor: "O bom do sacramento é quando alguém se confessa e vai comungar; então está com o Espírito Santo, e o Espírito Santo está alegre [...]; quanto ao sacramento da eucaristia, é uma coisa feita para controlar os homens, inventada pelos homens graças ao Espírito Santo; a celebração da missa é uma criação do Espírito Santo, assim como adorar a hóstia para que os homens não sejam como animais". A missa e o sacramento do altar eram, portanto, justificados de um ponto de vista quase político, como meio de civilidade — todavia, numa frase que lembrava involuntariamente, com signo invertido, o que tinha dito ao vigário de Polcenigo ("hóstias [...] bestas").

43

Mas qual era o fundamento dessa crítica radical aos sacramentos? Com certeza não as Escrituras, que estas Menocchio submetia a um exame sem preconceitos, reduzindo-as a "quatro palavras" que constituíam sua essência: "Acho que a Sagrada Escritura tenha sido dada por Deus, mas, em seguida, foi adaptada pelos homens. Bastariam só quatro palavras para a Sagrada Escritura, mas é como os livros de batalha, que vão crescendo". Para Menocchio, os Evangelhos, com suas discordâncias, estavam também distantes da simplicidade e brevidade da palavra de Deus: "A respeito das coisas dos Evangelhos, acho que parte delas é verdadeira e, noutra parte, os evangelistas puseram coisas da cabeça deles, como se pode ver nas passagens onde um conta de um modo e outro de outro". Assim podemos entender por que Menocchio dissera aos seus conterrâneos (e confirmara durante o processo) "que a Sagrada Escritura fora inventada para enganar os homens". Então temos: negação da doutrina, negação dos livros sagrados, insistência exclusiva no aspecto prático da religião: "Ele [Menocchio] me disse também só acreditar nas boas obras" — declarara Francesco Fasseta. Numa outra vez, sempre se dirigindo ao mesmo Francesco, dissera: "Eu só quero fazer obras boas". Nesse sentido, a santidade parecia a ele um modelo de vida, de comportamento prático, nada mais: "Eu acho que os santos foram homens de bem, fizeram boas obras e por isso o Senhor Deus os fez santos e eles oram por nós". Não é preciso venerar suas relíquias ou imagens: "Quanto às relíquias dos santos, são como qualquer braço, cabeça, mão ou perna, acho que são iguais aos nossos braços, cabeças, pernas e não devem ser adoradas ou reverenciadas [...]. Não se devem adorar as imagens, e sim Deus, só Deus, que fez o céu e a terra; vocês não veem", exclamou Menocchio para os juízes, "que Abraão jogou todos os ídolos e imagens no chão, e adorou só a Deus?". Cristo também teria dado aos homens, através da sua paixão, um modelo de comportamento: "Ele ajudou [...] a nós, cristãos, sendo um espelho para nós, e assim como ele foi paciente e sofreu por nos amar, que nós morramos e soframos por amor a ele.

Não devemos nos maravilhar porque morremos, já que Deus quis que seu filho morresse". Porém, Cristo era só um homem, e todos os homens são filhos de Deus, "da mesma natureza daquele que foi crucificado". Em consequência, Menocchio se recusava a acreditar que Cristo tivesse morrido para redimir a humanidade: "Se alguém tem pecados, é preciso que faça penitência".

A maior parte dessas afirmações foi feita por Menocchio durante um único e longuíssimo interrogatório. "Falaria tanto que surpreenderia" — tinha prometido aos conterrâneos, e com certeza o inquisidor, o vigário-geral, o magistrado de Portogruaro devem ter ficado atônitos diante de um moleiro que, com tanta segurança e agressividade, expunha suas próprias ideias. Sobre a originalidade dessas ideias Menocchio estava absolutamente convencido: "Nunca discuti com alguém que fosse herético", replicou a uma pergunta precisa dos juízes, "mas tenho cabeça sutil, quis procurar as coisas maiores que não conhecia. O que eu disse não creio que seja a verdade, mas quero ser obediente à Santa Igreja. Tive opiniões enganosas, mas o Espírito Santo me iluminou e peço a misericórdia do magno Deus, do Senhor Jesus Cristo e do Espírito Santo, e que ele me faça morrer se não estou dizendo a verdade". Enfim decidira seguir o caminho que o filho aconselhara, mas antes quisera, como já vinha se prometendo havia tanto tempo, "falar muito contra os superiores por suas más obras". É claro que sabia o risco que corria. Antes de ser reconduzido ao cárcere, implorou a piedade dos inquisidores: "Senhores, eu vos peço em nome da paixão do Senhor Jesus Cristo que resolvam sobre o meu caso e, se mereço a morte, que me seja dada, mas, se mereço misericórdia, que me concedam, porque quero viver como bom cristão". No entanto, o processo estava longe de ter terminado. Alguns dias depois (1º de maio), os interrogatórios foram retomados: o interventor precisara se afastar de Portogruaro, mas os juízes estavam impacientes para ouvir Menocchio novamente. "Na sessão anterior", falou o inquisidor, "lhe dissemos que seu espírito aparecia no processo cheio de certos humores e de má doutrina, mas o Santo Tribunal deseja que o senhor termine de revelar seu pensamento." Menocchio respondeu: "Meu espírito era elevado e desejava que existisse um mundo novo e um novo modo de viver, pois a Igreja não vai bem e não deveria ter tanta pompa".

7

Sobre o que significava o aceno ao "mundo novo", ao novo "modo de viver", falaremos mais adiante. Antes de mais nada, é preciso tentar entender de que modo este moleiro do Friuli pôde exprimir ideias desse tipo.

O Friuli da segunda metade do século XVI era uma sociedade com características profundamente arcaicas. As grandes famílias da nobreza feudal ainda preponderavam na região. Instituições como a chamada servidão de *mesnada* tinham sido conservadas até o século anterior, por muito mais tempo, portanto, que nas regiões vizinhas. O antigo Parlamento medieval mantivera as próprias funções legislativas, mesmo estando o poder efetivo nas mãos dos lugares-tenentes venezianos já há algum tempo. Na verdade, a dominação de Veneza, iniciada em 1420, tinha deixado, na medida do possível, as coisas como eram antes. A única preocupação dos venezianos havia sido criar um equilíbrio de forças tal que neutralizasse as tendências subversivas de parte da nobreza feudal friulana.

No princípio do século XVI, os conflitos no interior da nobreza tinham se agravado. Foram criados dois partidos: os *Zamberlani*, favoráveis a Veneza, reunidos em torno do poderoso Antonio Savorgnan (que morreria como traidor no Império), e os *Strumieri*, hostis a Veneza, liderados pela família dos Torreggiani. Devido a essa disputa política entre facções nobres, teve início um violentíssimo conflito de classes. Era 1508, o nobre Francesco di Strassoldo, num discurso no Parlamento, advertia que em várias localidades do Friuli os camponeses faziam reuniões secretas, algumas agrupando até 2 mil pessoas, nas quais, entre outras coisas, se diziam "algumas nefandas e diabólicas palavras de ordem, como cortar em pedacinhos padres, homens de bem, castelãos e cidadãos, ameaçando fazer uma véspera siciliana,* e muitas outras palavras sujíssimas". Mas não eram só palavras. Na quinta-feira gorda de 1511, pouco depois da crise que sucedeu à derrota de Veneza em Agnadello e coincidentemente com a difusão da peste, os camponeses fiéis a Savorgnan se insurgiram, primeiro em Udine e a seguir em outras localidades, massacrando nobres dos dois partidos e incendiando castelos. À imediata recomposição da solidariedade de classe entre os nobres seguiu-se uma repressão feroz da revolta. Porém, se a violência dos camponeses, por um lado, amedrontara a oligarquia veneziana, por outro, tinha acenado com a possibilidade de uma política audaciosa para conter a nobreza friulana. Nos decênios seguintes à efêmera revolta de 1511, acentuou-se a tendência veneziana de apoiar os camponeses do Friuli (e da Terra-Firme em geral) contra a nobreza local. Dentro desse sistema de contrapesos, tomou corpo uma instituição excepcional nos próprios domínios venezianos: a *Contadinanza*. Esse órgão tinha funções não só fiscais, como também militares: através das "listas de fogos",** recolhia uma série de impostos e, através das *cernide*, organizava milícias camponesas. Esse último item, em especial, era um verdadeiro desacato para a nobreza friulana, se consideramos que os estatutos da *Patria*, impregnados de espírito feudal (entre outras coisas ameaçavam com penalidades os camponeses que ousassem destruir o nobre exercício da caça, armando laços para as lebres ou caçando perdizes à noite), continham uma cláusula intitulada *De prohibitione armorum rusticis*.

---

* Vésperas sicilianas: nome da revolta começada em Palermo (e que se estenderia por boa parte da ilha) em 1282 contra o domínio dos franceses, ligados naquele momento às pretensas teocráticas do Papado. Tornou-se assim símbolo de um movimento contra o poder estabelecido, político e eclesiástico. (N. R. T.)

** Lista de fogos: levantamento das casas (do latim *focus*, "lareira", daí *fuoco* em italiano e *feu* em francês) possíveis de serem tributadas num certo local, urbano ou rural. (N. R. T.)

Mas as autoridades venezianas, embora mantido o caráter *sui generis* da *Contadinanza*, estavam decididas a transformá-la em representante autorizada dos interesses da população rural. Portanto, caía também, formalmente, a ficção jurídica que assegurava ser o Parlamento o órgão representativo de toda a população.

A lista das providências tomadas por Veneza a favor dos camponeses friulanos é longa. Já em 1533, em resposta à petição apresentada pelos "decanos" de Udine e de outras localidades do Friuli e da Carnia, que se lamentavam por "estar realmente oprimidos por diversos tipos de pagamento que deviam fazer aos nobres citadinos, a outros além desses e a tantas outras pessoas leigas, desde que as colheitas subiram de preço, o que vem acontecendo há alguns anos", foi concedida a possibilidade de pagar as taxas de arrendamento (exceto os enfiteuses*) em dinheiro em vez de espécie, com base em preços unitários, estabelecidos definitivamente — o que, numa situação de aumentos constantes de preços, beneficiava evidentemente os camponeses. Em 1551, "por causa dos pedidos da *Contadinanza* da *Patria*", todas as taxas de arrendamento fixadas a partir de 1520 foram reduzidas em 7%, através de um decreto que foi discutido e ampliado oito anos depois. Em 1574, mais uma vez as autoridades venezianas procuraram impor um limite à usura no campo, determinando que "dos camponeses daquela *Patria* não podem ser retirados para penhora tipo algum de animal, grande ou pequeno, apto para o trabalho com a terra, nem tipo algum de instrumento rural por insistência de credores, salvo os próprios patrões". Além disso, "para aliviar a condição dos pobres camponeses, dos quais safras são arrancadas pela avidez dos credores que lhes fornecem várias mercadorias a crédito, antes mesmo que as colheitas tenham sido ceifadas e quando os

---

* Enfiteuse: do grego *emphuteuein*, "plantar", designa um tipo de contrato pelo qual o proprietário de um imóvel atribui a outrem o domínio útil sobre ele mediante o pagamento de uma pensão anual fixa, em moeda e/ou espécie. Transfere-se também ao locatário direitos de cessão e de hipoteca. (N. R. T.)

preços atingem o valor mais baixo no ano", decretava-se que os credores poderiam exigir a sua parte somente depois de 15 de agosto.

Tais concessões, que pretendiam sobretudo manter sob controle as tensões latentes nos campos friulanos, criavam ao mesmo tempo uma relação de solidariedade entre os camponeses e o poder veneziano, em oposição à nobreza local. Diante da progressiva redução das taxas de arrendamento, a nobreza tentou transformar as taxas em aluguéis simples — isto é, num tipo de contrato que piorava evidentemente as condições dos camponeses. Tal tendência, generalizada durante esse período, deve ter encontrado sérios obstáculos no Friuli, em especial demográficos. Quando os braços não são suficientes, é difícil chegar a pactos agrários favoráveis aos proprietários. Ora, em um século, entre meados do século XVI e meados do XVII, ou por causa das frequentes epidemias, ou pela intensificação da imigração, principalmente em direção a Veneza, a população total do Friuli diminuiu. Os relatórios dos lugares-tenentes de Veneza do período insistem na miséria dos camponeses. "Suspendi todas as execuções de dívidas particulares até o fim da colheita", escrevia Daniele Priuli, em 1573, afirmando que "os vestidos das mulheres, tendo ao lado seus filhos, lhes eram arrancados, bem como as fechaduras das portas, coisa ímpia e desumana". Carlo Corner, em 1587, frisava a pobreza natural da *Patria*: "muito estéril porque em parte montanhosa, pedregosa nas planícies e exposta a frequentes inundações e danos das tempestades, que são muito comuns na região", e concluía: "Assim sendo, se os nobres não possuem grandes riquezas, os camponeses são paupérrimos". No final do século (1599), Stefano Viaro traçava um quadro de decadência e desolação: "Há alguns anos a assim chamada *Patria* se apresenta totalmente destruída, não se encontrando vila que não esteja com dois terços ou mesmo três quartos de suas casas arruinadas, desabitadas; pouco menos da metade das suas terras são improdutivas, o que de fato é de se lamentar muito, já que desse modo a cada dia declinará mais, com seus habitantes tendo que partir por necessidade (como já estão fazendo), e ali ficarão apenas os súditos miseráveis". No momento em que se diagnostica-va a decadência de Veneza, a economia friulana já se encontrava em estado de avançada desagregação.

8

Mas o que um moleiro como Menocchio saberia sobre esse emaranhado de contradições políticas, sociais e econômicas? Qual a imagem que construiria para si do enorme jogo de for-ças que, silenciosamente, condicionava sua existência?

Uma imagem rudimentar e simplificada, porém muito clara: no mundo existem muitos graus de "dignidade": há o papa, os car-deais, os padres, o pároco de Montereale; há o imperador, os reis, os príncipes. Contudo, ultrapassando as graduações hierárquicas, existe uma contraposição fundamental entre os "superiores" e os "homens pobres" — Menocchio é um dos pobres. Uma imagem claramente dicotômica da estrutura de classes, típica das socieda-des camponesas. Em todo caso parece-nos que Menocchio, em seus discursos, dá indícios de ter uma atitude diferenciada em re-lação aos "superiores". A violência do ataque contra as autoridades máximas da Igreja — "E me parece que na nossa lei o papa, os cardeais, os padres são tão grandes e ricos, que tudo pertence à Igreja e aos padres. Eles arruínam os pobres..." — contrasta com a crítica muito mais amena, que vem em seguida, às autoridades políticas: "Me parece também que os senhores venezianos abri-gam ladrões naquela cidade; se alguém vai comprar alguma coisa e pergunta 'quanto custa?', respondem 'um ducado', embora não valha mais do que três *marcelli*; eu gostaria que cumprissem seus deveres...". É clara nessas palavras, antes de mais nada, a reação do camponês posto de modo brusco em contato com a desconcertan-te realidade urbana: de Montereale ou Aviano para uma grande ci-dade como Veneza o salto era enorme. Todavia permanece o fato de que, enquanto o papa, cardeais e padres são acusados direta-mente de "arruinar" os pobres, a única coisa que afirma sobre os senhores venezianos é que "abrigam ladrões naquela cidade". Essa diversidade de tom não era devida, com certeza, à prudência, já que ao pronunciar tais palavras Menocchio tinha diante de si tanto o magistrado de Portogruaro como o inquisidor de Aquileia e seu vigário. Aos seus olhos, a encarnação da opressão estava na hierarquia eclesiástica. Por quê?

O próprio Menocchio parece nos dar uma primeira indicação: "Tudo pertence à Igreja e aos padres. Eles arruínam os pobres. Se têm dois campos arrendados, esses são da Igreja, de tal bispo ou de tal cardeal". Como já dissemos, não sabemos se esse era o caso dele. Um censo feito em 1596 — portanto, quinze anos após essas afirmações — informa que um dos campos presumivelmente arrendado a Menocchio confinava com um terreno que um dos membros da família dos senhores do lugar, Orazio di Montereale, arrendara a um tal de Giacomo Margnano. O mesmo censo, porém, menciona vários lotes de terra pertencentes às igrejas locais ou da vizinhança arrendados: oito de Santa Maria, um de San Rocco (ambos de Montereale), um de Santa Maria de Pordenone. Montereale não era, com certeza, um caso isolado: no final do século XVI, era grande a extensão das propriedades eclesiásticas no Friuli e em todo o Vêneto. E onde as propriedades haviam diminuído do ponto de vista quantitativo, tinham se consolidado e reforçado em termos qualitativos. Tudo isso torna suficientemente claras as palavras de Menocchio — ainda que ele próprio não tivesse se chocado contra a renovada dureza da propriedade eclesiástica (que sempre foi explicitamente excluída nas reduções das taxas de arrendamento introduzidas pelas autoridades venezianas). Bastava abrir os olhos, olhar ao redor.

Se a difundida presença da propriedade eclesiástica em Montereale e arredores explica a aspereza das acusações de Menocchio, o mesmo não se dá com suas implicações nem com sua atribuição a um plano mais geral. Papa, cardeais e padres "arruínam os pobres": mas em nome do quê? com que direitos? O papa é "homem como nós", com a diferença de que tem poder ("pode fazer") e, portanto, mais "dignidade". Não existe diferença alguma entre clérigos e leigos: o sacramento da ordenação é uma "mercadoria". Assim como todos os outros sacramentos e leis da Igreja: "mercadorias", "invenções", e graças a elas os padres engordam. A essa construção colossal baseada na exploração dos pobres, Menocchio contrapõe uma religião bem diferente, em que todos são iguais, porque o espírito de Deus está em todos.

A consciência dos próprios direitos para Menocchio nascia de um plano especificamente religioso. Um moleiro pode pretender expor as verdades da fé ao papa, a um rei ou príncipe porque carrega dentro de si o espírito que Deus deu a todos. Pela mesma razão, pode ousar "falar muito contra os superiores, por suas más obras". O que levava Menocchio a negar, de maneira impetuosa, em seus discursos as hierarquias existentes não era só a percepção da opressão, mas também a ideologia religiosa que afirmava a presença, em cada homem, de um "espírito", ora chamado de "Espírito Santo", ora de "espírito de Deus".

9

À primeira vista parece evidente que por trás disso tudo estava o grande golpe desferido contra o princípio de autoridade, no campo não só religioso, como também no político e social, pela Reforma Protestante. Mas quais eram as relações de Menocchio com os grupos conectados com a Reforma e com suas ideias?

"Eu acredito que seja luterano quem siga ensinando o mal e coma carne às sextas e sábados" — explicou Menocchio aos juízes que o interrogavam. Mas decerto era uma definição simplificada e deformada propositadamente. Muitos anos depois, no período do segundo processo (1599), soube-se que Menocchio havia dito a um judeu convertido, de nome Simon, que, quando da sua própria morte, "os *luteranos* vão ser informados e virão buscar as cinzas". À primeira vista parece tratar-se de um testemunho esclarecedor. Na realidade, não o é. Independentemente da dificuldade — sobre a qual falaremos mais adiante — em verificar o fundamento das expectativas de Menocchio, o termo "luterano" é colocado num contexto que confirma o uso generalizado que dele se fazia na época. Segundo Simon, de fato, Menocchio negara qualquer valor ao Evangelho, rejeitara a divindade de Cristo e louvara um livro que talvez fosse o Alcorão. É evidente que estamos muito distantes de Lutero e suas doutrinas. Tudo isso nos induz a retornar ao ponto de partida e recomeçar, procedendo com cautela, passo a passo.

Aquela que poderemos chamar de eclesiologia de Menocchio, reconstruível com base nas afirmações feitas por ele durante os interrogatórios de Portogruaro, tem uma fisionomia bem precisa. No complexo quadro religioso da Europa do século XVI ela nos remete, principalmente e em mais de um ponto, às posições dos anabatistas. A insistência na simplicidade da palavra de Deus, a negação das imagens sacras, das cerimônias e dos sacramentos, a negação da divindade de Cristo, a adesão a uma religião prática baseada nas obras, a polêmica pregando a pobreza contra as "pompas" da Igreja, a exaltação da tolerância, são todos elementos que nos conduzem ao radicalismo religioso dos anabatistas. É verdade que Menocchio não é um defensor do batismo para os adultos. Mas sabe-se que muito cedo os grupos anabatistas italianos chegaram a recusar também o batismo, bem como todos os outros sacramentos, admitindo além disso um batismo espiritual, baseado na regeneração interior do indivíduo. Menocchio, por sua conta, considerava o batismo absolutamente inútil: "Acho que, quando nascemos, já estamos batizados, porque Deus, que abençoa todas as coisas, já nos batizou...".

O movimento anabatista, depois de ter se alastrado por grande parte da Itália setentrional e central — mas sobretudo no Vêneto —, foi desmantelado na segunda metade do século XVI pela perseguição religiosa e política, seguida da delação de um dos seus chefes. Porém, alguns grupos secretos dispersos sobreviveram clandestinos por algum tempo também no Friuli. Talvez fossem anabatistas, por exemplo, os artesãos de Porcia aprisionados pelo Santo Ofício em 1557, que se reuniam com frequência na casa de um curtidor de peles e de um tecelão de lã para ler a Escritura e falar "da renovação da vida [...], da pureza do Evangelho e da abstenção dos pecados". Como veremos, é provável que Menocchio, cujas afirmações heterodoxas remontavam, segundo uma testemunha, até mesmo há trinta anos, tivesse entrado justamente em contato com esse grupo.

Todavia, apesar das analogias apontadas, não parece possível definir Menocchio como um anabatista. O valor positivo que ele formulou a propósito da missa, da eucaristia e também, dentro de certos limites, da confissão, era inconcebível para um anabatista. Sobretudo um anabatista que via no papa a encarnação do Anticristo, nunca teria dito uma frase como aquela de Menocchio a respeito das indulgências: "[...] acredito que sejam boas, porque, se Deus pôs um homem em seu lugar, que é o papa, e mandou perdoar, isso é bom, porque é como se recebêssemos de Deus, já que são dadas por seu representante". Tudo isso veio à tona durante o primeiro interrogatório, transcorrido em Portogruaro (28 de abril): a atitude de Menocchio, confiante, chegando mesmo a ser insolente às vezes, nos leva mais uma vez a abandonar a hipótese de que tais afirmações tivessem sido ditadas pela prudência ou pelo cálculo. Além disso, a heterogeneidade dos textos indicados por Menocchio como "fontes" de suas ideias religiosas é o que se pode imaginar de mais distante dos preconceitos rígidos e sectários dos anabatistas. Para estes a única fonte de verdade era a Escritura — ou até o Evangelho, como afirmou, por exemplo, o tecelão de lã que chefiava o grupo de Porcia citado acima: "[...] de maneira que não existe nada mais para acreditar além da Escritura, e em parte alguma, além do Evangelho, se encontram coisas sãs". Para Menocchio, entretanto, a inspiração poderia vir de livros os mais variados: tanto do *Fioretto della Bibbia* como do *Decameron*. Concluindo, entre as posições de Menocchio e as dos anabatistas existiam analogias indiscutíveis, embora inseridas em contextos claramente diversos.

Mas, se o anabatismo é insuficiente para explicar o caso de Menocchio, não seria melhor nos curvarmos diante de uma definição mais genérica? Parece que Menocchio afirmava manter contatos com grupos "luteranos" (termo que designava então uma área de heterodoxia muito ampla): por que não nos contentarmos com o vago parentesco, já notado anteriormente, entre as atitudes de Menocchio e a Reforma?

Na realidade nem mesmo isso parece possível. Entre o inquisidor e Menocchio, a uma certa altura, houve um diálogo significativo. O primeiro perguntou: "O que o senhor entende por justificação?". Menocchio, sempre pronto a expor suas opiniões, desta vez não entendeu. O frade precisou explicar-lhe *quid sit iustificatio* e Menocchio negou, como já vimos, que Cristo tivesse morrido para salvar os homens, já que, "se alguém tem pecados, é preciso que faça penitência". No que diz respeito à predestinação, fez o mesmo discurso. Menocchio ignorava o significado dessa palavra e só depois do esclarecimento do inquisidor respondeu: "Eu não acredito que Deus tenha predestinado alguém à vida eterna". Justificação e predestinação, os dois temas sobre os quais a discussão religiosa na Itália se acirrara no período da Reforma, não queriam dizer literalmente nada para o moleiro friulano — ainda que, como veremos, ele os tenha encontrado pelo menos uma vez no decorrer de suas leituras.

Isso é mais significativo ainda se pensarmos que o interesse por esses temas, na Itália, não ficara circunscrito às classes mais altas da sociedade.

> *Carregador, criada e mercenário*
> *fazem do livre-arbítrio anatomia,*
> *fazem torta da predestinação,*

escreveu, em meados do século XVI, o poeta satírico Pietro Nelli, isto é, *messer* Andrea da Bergamo. Alguns anos antes, artesãos de couro de Nápoles discutiam apaixonadamente as epístolas de são Paulo sobre a doutrina da justificação. O eco dos debates acerca da importância da fé e das obras para a salvação transparece mesmo em contextos inesperados, como nas súplicas de uma prostituta dirigidas às autoridades milanesas. Trata-se de exemplos escolhidos ao acaso, que poderiam facilmente se multiplicar. Mas eles têm um elemento em comum: dizem respeito todos, ou quase todos, à cidade. É um indício, entre muitos outros, da profunda separação que já havia muito tempo se verificara na Itália entre cidade e campo. A conquista religiosa do campo italiano, que os anabatistas teriam talvez tentado se não houvessem sido alijados, quase de imediato, pela repressão política e religiosa, foi efetuada alguns decênios depois, de forma bem diversa, pelas ordens religiosas da Contrarreforma, os jesuítas, em primeiro lugar.

Isso não quer dizer que durante o século XVI o campo italiano ignorasse por inteiro formas de inquietação religiosa. Porém, por trás do tênue véu que aparentemente ecoava temas e termos das discussões contemporâneas, percebe-se a presença maciça de tradições diversas, muito mais antigas. Qual a relação entre uma cosmogonia como a de Menocchio — o queijo primordial do qual nascem vermes que são os anjos — e a Reforma? Como remeter à Reforma afirmações como as atribuídas a Menocchio por seus conterrâneos: "Tudo o que se vê é Deus e nós somos deuses"; "O céu, a terra, o mar, o ar, o abismo e o inferno, tudo é Deus"? É melhor imputá-las, por enquanto, a um substrato de crenças camponesas, velho de muitos séculos, mas nunca totalmente extinto. A Reforma, rompendo a crosta da unidade religiosa, tinha feito vir à tona, de forma indireta, tal substrato; a Contrarreforma, na tentativa de recompor a unidade, trouxera-o à luz, para expulsá-lo.

Seguindo essa hipótese, as afirmações de tom radical feitas por Menocchio não serão explicadas se remetidas ao anabatismo, ou, pior ainda, a um genérico "luteranismo". Antes, devemos nos perguntar se elas não fazem parte de um ramo autônomo de radicalismo camponês que o tumulto da Reforma contribuíra para que emergisse, mas que era muito mais antigo do que a Reforma.

10

Que um moleiro como Menocchio tivesse chegado a formular ideias tão diversas das correntes, sem nenhuma influência, pareceu improvável aos inquisidores. Perguntou-se às testemunhas se Menocchio "falara sério ou brincando ou se imitara alguém"; pediu-se a Menocchio que revelasse os nomes dos "companheiros". Porém, em ambos os casos a resposta foi negativa. Menocchio, em particular, declarou resolutamente: "Senhor, nunca encontrei alguém que tivesse essas opiniões. As minhas opiniões saíram da minha própria cabeça". Mas ao menos em parte estava mentindo. Em 1598, dom Ottavio Montereale (que, como se pode lembrar, havia sido o responsável indireto pela intervenção do Santo Ofício) disse ter ouvido que "esse tal de Menocchio teria aprendido suas heresias com um tal Nicola, pintor de Porcia", quando este estivera em Montereale para pintar a casa de um senhor De Lazzari, cunhado de dom Ottavio. Ora, o nome de Nicola já aparecera no primeiro processo, provocando uma visível reação de embaraço em Menocchio. Antes, contara que o havia encontrado durante a quaresma e que o tinha ouvido dizer que de fato estava jejuando, mas "por medo" (Menocchio, ao contrário, alimentava-se com "um pouco de leite, queijo e alguns ovos", atitude que justificava pela fraqueza da sua constituição física). Pouco depois, contudo, começara a falar, como se divagasse, sobre um livro que Nicola possuía, desviando o assunto. Nicola, por sua vez, fora intimado pelo Santo Ofício, mas solto em seguida graças aos atestados de boa conduta assinados por dois religiosos de Porcia. No segundo processo, todavia, viera à tona a influência exercida por um anônimo personagem sobre as opiniões de Menocchio. Durante o interrogatório de 19 de julho de 1599, ao inquisidor que lhe perguntara havia quanto tempo acreditava — baseado num conto do *Decameron*, como veremos — que qualquer homem poderia se salvar dentro de suas próprias leis e que, portanto, um turco fazia muito bem continuando a ser turco e não se convertendo ao cristianismo, Menocchio respondeu: "Há mais ou menos quinze ou dezesseis anos tenho essa opinião, quando comecei a pensar e o diabo me meteu tal ideia na cabeça". "Com quem foi que começou a pensar?" — quis saber logo a seguir o inquisidor. Só depois de uma longa pausa (*post longam moram*) Menocchio disse: "Não sei".

Menocchio, portanto, deve ter falado com alguém sobre questões religiosas quinze ou dezesseis anos antes — em 1583, provavelmente, porque no início do ano seguinte fora encarcerado e processado. São grandes as possibilidades de que se tratasse da mesma pessoa que havia emprestado a Menocchio o livro incriminado, o *Decameron*. Menocchio disse seu nome algumas semanas depois: Nicola de Melchiori. Além do nome, as datas (coincidência que escapou aos inquisidores) levam a identificar esse personagem com Nicola da Porcia: em 1584, fazia justamente um ano que Menocchio não o via.

Dom Ottavio Montereale estava bem informado. Menocchio deve ter de fato falado sobre questões religiosas com Nicola da Porcia. Não sabemos se ele chegou a fazer parte do grupo de artesãos daquele lugar, os quais, 25 anos antes, se reuniam para ler o Evangelho. Em todo caso, apesar das declarações favoráveis a ele, obtidas em 1584, era há muito tempo conhecido como "um grande herético". Ao menos foi assim que o nobre pordenonense Fulvio Rorario o definiu, em 1571, referindo-se a um acontecimento antigo, que se dera havia oito ou dez anos. Nicola "contava que ele próprio tinha quebrado umas estatuetas usadas para a decoração de uma igrejinha, não muito distante de Porcia, dizendo que eram malfeitas, que eram [...] mercadorias [...] que não é preciso pôr imagens na igreja". Associamos imediatamente tal declaração à áspera condenação das imagens sacras feita por Menocchio. Mas não fora só isso que ele aprendera com Nicola da Porcia.

"Eu sei", disse Menocchio ao vigário-geral, "que [Nicola] tinha um livro que se chamava *Zampollo*, um bufão que morreu e foi para o inferno e com os demônios fazia bufonarias e, se me lembro bem, disse que era um compadre seu. Um dos demônios se encheu de simpatias pelo tal bufão, e seu compadre, sabendo disso, disse-lhe que era preciso ser sempre do contra. O tal demônio lhe respondeu: 'Se você quiser ser sempre do contra, diga a verdade, diga sem respeitar nada, é preciso ser homem de bem até mesmo no inferno'. " Ao vigário-geral esse discurso deve ter parecido um amontoado de bobagens: de imediato, dirigiu o discurso para coisas mais sérias — por exemplo, nunca afirmara que todos os homens vão para o inferno? —, abandonando assim uma pista importante. O livro emprestado por Nicola da Porcia alimentara Menocchio a ponto de ele ter assimilado e por muito tempo lembrado seus temas e expressões — embora por equívoco substituísse o nome do protagonista, Zampolo, pelo título, *Il sogno dil Caravia*.

No *Sogno*, o joalheiro veneziano Alessandro Caravia, ele próprio, e o famoso bufão Zampolo Liompardi, seu compadre, morto havia pouco tempo, muito velho, entravam em cena juntos.

> *Assemelhai-vos à Melancolia*
> *pintada por um bom mestre pintor,*

diz no início Zampolo a Caravia (o qual, na gravura que decora o frontispício, é representado pela figura da Melancolia de Dürer). Caravia está triste — vê ao seu redor um mundo cheio de injustiça e se lamenta. Zampolo o conforta, comentando que a verdadeira vida não se vive nesta terra.

> *Quão caro me seria saber novas*
> *de alguém que se encontrasse no outro mundo,*

exclama Caravia. Zampolo promete que tentará lhe aparecer depois de morto. Logo em seguida a promessa se cumpre: a maior parte das oitavas do poeminha descreve justamente o sonho do joalheiro, ao qual o amigo bufão conta sua viagem ao paraíso, onde conversa com são Pedro, e ao inferno, onde, através de inúmeras palhaçadas, faz amizade com o diabo Farfarello num primeiro momento e, depois, encontra-se com outro famoso bufão, Domenego Taiacalze. Este sugere a Zampolo um estratagema para conseguir aparecer a Caravia em cumprimento da promessa:

Creio que Farfarello te quer muito
e logo, acho, virá te visitar;
perguntará se sofres grande pena:
assim que o vires, finge um desconsolo
maior que aquele que te conviria;
pronto ele há de querer fazer-te agrado.
Então lhe contarás teu pensamento:
talvez ele te alegre o coração.

"Então eu fingi [...]", conta Zampolo,

sofrer grande tormento:
e fui-me com ele sentar a um canto
antes que Farfarello aparecesse.

Mas o truque não dá certo e Farfarello o repreende:

Já descobri teu fingimento:
contra ti se subleva a minha mente,
por engenhares invenção que tal.
Prometi que as vontades te faria
cumpre manter promessa até no inferno.

Porém, mesmo assim o perdoa. Zampolo aparece para Caravia, que, vendo-o, recita uma oração, ajoelhado diante de um crucifixo.

A exortação de Farfarello para que se diga a verdade até no inferno, citada por Menocchio, decerto toca num dos temas fundamentais do *Sogno*: a polêmica contra a hipocrisia, em especial a dos frades. Saído da tipografia em maio de 1541, enquanto em Ratisbona se desenrolavam as conversações que pareciam trazer a paz religiosa entre católicos e protestantes, o *Sogno* é de fato uma típica voz do evangelismo italiano. Os "*sgnieffi, berleffi, ceffi* e visi storti" dos bufões Zampolo e Taiacalze que, mesmo diante do tribunal de Belzebu, começam a dançar "mostrando a bunda" são acompanhados — e a mistura é bem carnavalesca — por um

60

amplo e insistente discurso religioso. Taiacalze tece, abertamente, elogios a Lutero:

> *Certo Martinho Lutero lhe surgiu*
> *que padres preza pouco, e frades menos,*
> *e que é dos Alemães muito estimado;*
> *de exigir o concílio não se cansa [...]*
> *Este Martinho, pelo que se diz,*
> *excele em toda sorte de doutrina:*
> *mas o puro Evangelho não descura.*
> *De muitos intrigou Lutero a mente.*
> *Só Cristo nos perdoa, diz-nos um;*
> *outro que Paulo III e que Clemente:*
> *assim puxa cada um para o seu lado,*
> *um diz verdade, outro mentira diz.*
> *Querem todos que o concílio seja feito*
> *só para esclarecer tanta heresia:*
> *o quente sol derrete a neve fria,*
> *tal como Deus as tristes fantasias...*

A posição de Lutero, portanto, é vista como positiva, já que ele clama pelo concílio que trará de novo clareza doutrinal e repropõe o "puro Evangelho":

> *Vi de mau grado sobrevir-me a morte,*
> *compadre, por não ter-me esclarecido*
> *as várias opiniões de toda espécie*
> *e os males todos que no mundo reinam.*
> *Quisera o homem firmar-se em sua fé,*
> *não ser por frioleiras aturdido,*
> ater-se bem ao texto do Evangelho
> sem pensar em Martinho quanto ao resto.

O que seja o "puro Evangelho" é explicado em seguida por Zampolo, são Pedro, Taiacalze. Acima de tudo, justifica-se pela fé no sacrifício de Cristo:

61

A prima causa de o cristão salvar-se
é amar a Deus, só nele tendo fé.
A segunda, esperar que Cristo humano
redima com o seu sangue quem o crê.
Terceira, ter no peito caridade,
no Espírito Santo agir se quer mercê
do Deus único vivo em três pessoas.
Estas três causas salvam-te do inferno.

Nada de sutilezas teológicas, como as apregoadas pelos frades e que se tornaram moda também entre os incultos:

Muito ignaro, que passa por doutor
com só falar das santas Escrituras
em barbeiros, ferreiros, alfaiates,
teologizando sem qualquer medida,
levando o vulgo a uma porção de enganos;
a predestinação lhes dá pavor
assim como o juízo e o livre-arbítrio;
que a poeira do salitre os queime a todos.
A estes obreirinhos bastaria
crer no Credo e dizer o Padre Nosso
e não da fé fazer mil desatinos,
buscando coisas que jamais com tinta
foram escritas nem com pena afiada.
Pois os Evangelistas já mostraram
a via plana e certa de ir-se ao céu.
Não é mister, Zampolo, por sutil,
buscar pelos em ovo de galinha [...]
Oh quantos frades que, nada sabendo,
se comprazem em confundir o espírito
deste pobre diabo ou então daquele;
melhor fariam se pregassem o
puro Evangelho e se deixassem disso.

A clara contraposição entre uma religião reduzida a um núcleo essencial e as sutilezas teológicas nos traz de volta as afirmações de Menocchio — o qual, note-se, mesmo tendo lido nesse trecho a palavra *predestinação*, disse que não conhecia seu significado. Mais claro ainda é o choque entre a condenação das "leis e mandamentos da Igreja" por serem "mercadorias" (termo usado, como já foi visto, também por Nicola da Porcia) e o ataque a padres e frades que no *Sogno* é feito pela boca de são Pedro:

> *Mercado fazem de enterrar os mortos,*
> *como fardos de lã ou de pimenta:*
> *nestas coisas estão sempre avisados*
> *e não querem defunto receber*
> *sem antes ter na mão todo o dinheiro;*
> *depois vão-se a comer e beber, rindo*
> *de quem arcou com toda essa despesa,*
> *vão gozar boa cama e mesa gorda.*
> *Mercado de importância inda maior*
> *fazem eles da Igreja que foi minha,*
> *tirando para si toda a abundância*
> *sem importar-lhes quem sofra carestia.*
> *Isso, a meu ver, usança é das piores,*
> *fazer da minha Igreja mercancia*
> *o beato quem mais tenha benefícios*
> *dizendo pouca missa e raro ofício.*

A implícita negação do purgatório e, portanto, da utilidade da missa pelos mortos; a condenação do uso do latim pelos padres e frades — "propositadamente fazem todas as cerimônias / só falando em vulgar e não em latim"; a recusa das "igrejas suntuosas"; indicações precisas sobre o culto dos santos:

> *Honrar os santos cumpre, filho meu,*
> *de Cristo eles realizam os preceitos [...]*
> *Quem como eles fizer, Deus determina*

> *que no seu fim ascenda ao céu de eleitos:*
> *porém, não lhes dispensa a sua graça,*
> *quem nisso crê tem uma ideia falsa.*

e a confissão:

> *Deve o cristão fiel se confessar*
> *com mente e coração toda hora a Deus*
> *e não uma só vez no final do ano,*
> *só para demonstrar não ser judeu.*

—, são todos motivos recorrentes, como vimos, nas confissões de Menocchio. E, entretanto, ele lera o *Sogno* mais de quarenta anos após a sua publicação, numa situação completamente diversa. O concílio que deveria ter esclarecido o conflito entre "papistas" e Lutero — conflito que Caravia comparava ao existente entre as duas facções friulanas dos *Strumieri* e dos *Zamberlani* — havia acontecido, mas como um concílio de condenação e não de concórdia. Para homens como Caravia, a Igreja delineada pelos decretos tridentinos não era com certeza a Igreja "endireitada" e inspirada no "puro Evangelho" que ele sonhara. Menocchio também deve ter lido o *Sogno* como se fosse um livro ligado, por diversos pontos, a uma era muito distante. É claro que as polêmicas anticlericais e antiteológicas continuavam a soar como naturais pelos motivos já vistos; porém, os elementos mais radicais da religião de Menocchio iam muito além do *Sogno*. Neste não se encontrava nenhuma pista de negação da divindade de Cristo, nem de recusa da Escritura na sua totalidade, nem a condenação do batismo, que é definido como "mercadoria", nem de exaltação indiscriminada da tolerância. Teria sido então Nicola da Porcia quem falara sobre essas coisas com Menocchio? No que toca à tolerância, parece que sim — se a identificação de Nicola de Melchiori com Nicola da Porcia for correta. Todavia, todos os testemunhos dos habitantes de Montereale indicam que as ideias de Menocchio, em sua grande maioria, haviam sido formadas num período muito anterior à data do primeiro processo. É verdade que não sabemos qual a data do início das relações entre ele e Nicola, mas a obstinação de Menocchio demonstra que não estamos diante de alguém que recebesse passivamente ideias alheias.

11

"Vocês querem que eu ensine a estrada verdadeira? Tente fazer o bem, trilhar o caminho dos meus antecessores e seguir o que a Santa Madre Igreja ordena": foram essas palavras, como recordamos, que Menocchio afirmava (quase com certeza, mentindo) ter dito aos seus conterrâneos. Na verdade, Menocchio ensinara justamente o contrário, a se afastar da fé dos antepassados, a recusar as doutrinas que o pároco pregava do púlpito. Manter tal posição divergente por um período tão longo (talvez por quase trinta anos), primeiro numa pequena aldeia, Montereale, depois diante do tribunal do Santo Ofício, requer uma energia moral e intelectual que não é exagero definir como extraordinária. A desconfiança dos parentes e amigos, as reprovações do pároco, as ameaças dos inquisidores, nada conseguira abalar a segurança de Menocchio. Mas o que é que o tornava tão seguro? Em nome do que falava?

Na primeira declaração do processo, ele atribuiu suas opiniões a uma inspiração diabólica: "Aquelas palavras que eu disse antes eu dizia por tentação [...] era o espírito maligno que me fazia acreditar naquelas coisas". Mas, no final do primeiro interrogatório, sua atitude era menos reticente: "O que eu disse, ou por inspiração de Deus ou do demônio [...]". Quinze dias mais tarde apresentou outra alternativa: "O diabo ou outra coisa qualquer me tentava". Depois de pouco tempo precisou o que seria a tal "coisa" que o atormentava: "As minhas opiniões saíram da minha própria cabeça". E não saiu mais dessa posição durante todo o primeiro processo. Mesmo quando resolveu pedir perdão aos juízes, atribuiu os erros cometidos à sua "cabeça sutil".

Menocchio, portanto, não se vangloriava de revelações ou iluminações particulares; ao contrário, em seus discursos coloca-

65

va em primeiro plano seu próprio raciocínio. Só isso já era suficiente para distingui-lo dos profetas visionários, pregadores ambulantes que entre o fim do século XIV e o início do XV tinham proclamado estranhos vaticínios pelas praças das cidades italianas. Ainda em 1550, um ex-beneditino, Giorgio Siculo, tentara relatar aos padres reunidos em Trento, no concílio, as verdades que o Cristo lhe revelara, aparecendo "em pessoa". Contudo, naquelas alturas, o concílio de Trento já estava fechado havia vinte anos; a hierarquia se pronunciara: a longa fase de incerteza sobre aquilo em que os fiéis poderiam e deveriam acreditar fora encerrada. E, ainda assim, aquele moleiro, perdido entre as colinas do Friuli, continuava a ruminar "coisas maiores", contrapondo seus pontos de vista religiosos aos decretos da Igreja: "Eu acho [...] segundo o que eu penso e acredito...".

Junto com o raciocínio estavam os livros. O caso do *Sogno dil Caravia* não é isolado. "Tendo por várias vezes me confessado com um padre de Barcis", declarou durante o primeiro interrogatório, "eu lhe perguntei: 'É possível que Cristo tenha sido concebido pelo Espírito Santo e nascido da Virgem Maria?', contando-lhe que eu acreditava que fosse assim, mas que às vezes o demônio me tenta." A atribuição das próprias dúvidas à tentação demoníaca refletia a atitude relativamente cautelosa de Menocchio no início do processo. E de fato, logo depois, expôs a dupla fundamentação do seu pensamento: "A base deste meu pensamento estava no fato de tantos homens terem vindo ao mundo e nenhum ter nascido de mulher virgem; e, como eu tinha lido que a gloriosa Virgem se casara com são José, achava que Jesus Cristo fosse seu filho; além disso, li histórias em que são José chamava Nosso Senhor Jesus Cristo de filhinho. Li isso num livro que se chamava *Il Fioretto della Bibbia*". Este foi um exemplo escolhido ao acaso. Mais de uma vez Menocchio indicou este ou aquele livro como fonte (não exclusiva, no caso) das suas "opiniões". Mas o que é que Menocchio leu?

12

Infelizmente não temos a lista completa de seus livros. No momento da prisão, o vigário-geral mandou que revistassem sua casa. Foram encontrados alguns volumes, mas não eram livros suspeitos ou proibidos e, portanto, não foram inventariados. Podemos reconstruir, com certa aproximação, um quadro parcial das leituras de Menocchio, considerando apenas as referências que fez ao assunto durante os interrogatórios. Os livros mencionados no primeiro processo são os seguintes:

1. a Bíblia em língua vulgar, "a maior parte em letras vermelhas" (trata-se de uma edição não identificada);

2. *Il Fioretto della Bibbia* (tradução de uma crônica medieval catalã que misturava fontes diversas, entre as quais, além da Vulgata, naturalmente, o *Chronicon*, de Isidoro, o *Elucidarium*, de Honório d'Autun, e um respeitável número de Evangelhos apócrifos; essa obra, que teve grande circulação manuscrita entre os séculos XIV e XV, possui cerca de vinte edições conhecidas, com vários títulos — *Fioretto della Bibbia, Fiore di tutta la Bibbia, Fiore novello* —, reimpressos até meados do século XVI);

3. *Il Lucidario* (ou *Rosario?*) *della Madonna* (que pode ser identificado com o *Rosario della gloriosa Vergine Maria*, do dominicano Alberto da Castello, também reimpresso muitas vezes no decorrer do século XVI);

4. *Il Lucendario* (*sic*, por *Legendario*) *de santi* (tradução da bastante difundida *Legenda aurea*, de Jacopo da Varagine, organizada por Niccolò Malermi, com o título *Legendario delle vite de tutti li santi*);

5. *Historia del Giudicio* (trata-se de um poeminha anônimo do século XV, em oitavas, que circulava em muitas versões, de tamanho variável);

6. *Il cavallier Zuanne de Mandavilla* (tradução italiana, reimpressa muitas vezes até o final do século XVI, do famoso livro de viagem, escrito em meados do século XIV e atribuído a um fantasmagórico sir John Mandeville);

7. "um livro que se chamava *Zampollo*" (na verdade, *Il sogno dil Caravia*, impresso em Veneza em 1541).

A esses títulos devemos acrescentar os citados durante o segundo processo:

8. *Il Supplimento delle cronache* (trata-se da tradução em vulgar da crônica escrita em fins do século XV pelo ermitão bergamasco Jacopo Filippo Foresti, várias vezes reimpressa, com atualizações até o final do século XVI, que saía com o título *Supplementum supplementi delle croniche...*);
9. *Lunario al modo di Italia calculato composto nella città di Pesaro dal ecc^mo dottore Marino Camilo de Leonardis* (também do *Lunario* são conhecidas inúmeras reimpressões);
10. *Decameron*, de Boccaccio, em edição não censurada;
11. um livro sem maiores identificações que um dos testemunhos, como vimos, supôs ser o Alcorão (em 1547, sai em Veneza uma tradução italiana).

13

Vejamos antes de mais nada de que modo esses livros chegaram às mãos de Menocchio. O único que sabemos com certeza ter sido comprado é o *Fioretto della Bibbia*, "o qual", disse Menocchio, "comprei em Veneza por dois soldos". Dos outros três — *Historia del Giudicio*, *Lunario* e o suposto Alcorão — não se tem indicação alguma. O *Supplementum*, de Foresti, foi um presente de Tomaso Mero da Malmins para Menocchio. Os outros todos — e eram seis entre onze, mais da metade — foram emprestados. Numa aldeia tão pequena como Montereale, tais dados são significativos e apontam para uma rede de leitores que superam o obstáculo dos recursos financeiros exíguos, passando os livros de mão em mão. Por exemplo, uma mulher, Anna de Cecho, foi quem emprestou o *Lucidario* (ou *Rosario*) *della Madonna* para Menocchio, durante seu exílio em Arba, em 1564. O filho dela, Giorgio Capel, chamado para testemunhar (a mãe havia morrido), declarou que possuía um livro com o título *La vita de santi*; outros lhe tinham sido confiscados pelo pároco de Arba, que devolvera apenas dois ou três, afirmando que os demais "estão querendo queimar" (os inquisidores, é claro). A Bíblia e o *Legendario de santi* foi seu tio, Domenico Gerbas, quem lhe emprestou. O último "se molhou e acabou se desfazendo"; a Bíblia foi parar nas mãos de Bastian Scandella. Por várias vezes Menocchio a teve em mãos, emprestada por seu primo. Seis ou sete meses antes do processo, porém, a mulher de Bastian, Fior, fora buscar a tal Bíblia e a queimou num forno; "mas foi uma pena ter queimado aquele livro" — exclamou Menocchio. O *Mandavilla* fora um empréstimo de cinco ou seis anos antes do padre Andrea Bionima, capelão de Montereale, que encontrara o livro por acaso em Maniago, remexendo em "alguns documentos notariais". (Bionima, entretanto, afirmou prudentemente que não fora ele quem emprestara o livro a Menocchio, e sim Vincenzo Lombardo, que, sabendo "ler um pouco", devia ter pego o tal livro em sua casa.) O *Sogno dil Caravia* foi emprestado a Menocchio por Nicola da Porcia — que talvez, como já dissemos, possa ser identificado com Nicola de Melchiori, de quem obtivera, através de Lunardo della Minussa de Montereale, o *Decameron*. Quanto ao *Fioretto*, Menocchio, por sua vez, emprestara-o a um jovem de Barcis, Tita Coradina, que tinha lido (disse ele) só uma página — o pároco lhe dissera que se tratava de um livro proibido e ele o queimara.

Uma larga rede de circulação que envolve não só padres (como seria previsível), mas até mesmo mulheres. Sabe-se que em Udine, desde o início do século XVI, havia sido aberta uma escola, sob a orientação de Gerolamo Amaseo, "para ler e ensinar, sem exceção, filhos de cidadãos assim como de artesãos e populares, grandes ou pequenos, sem nenhum tipo de pagamento". Existiam, além dessas, escolas de nível elementar em centros não muito distantes de Montereale, como Aviano e Pordenone. Surpreende, entretanto, que numa aldeia tão pequena de colina se lesse tanto. Infelizmente, são poucas as indicações

69

que nos permitem precisar a posição social desses leitores. Já falamos sobre Nicola da Porcia; Bastian Scandella, primo de Menocchio, figura no já mencionado censo de 1596 como detentor (não sabemos em quais condições) de numerosos terrenos. No mesmo ano foi magistrado em Montereale. Porém, os outros se reduzem quase só a nomes. Fica claro, apesar disso, que para essas pessoas o livro fazia parte da experiência comum: era um objeto de uso, tratado sem muitos cuidados, exposto ao risco de se molhar e se desfazer. É significativa, contudo, a reação escandalizada de Menocchio a respeito da Bíblia que acabou no forno, evidentemente para livrá-la de uma eventual revista do Santo Ofício: apesar da comparação irônica com "os livros de batalha, que crescem", a Escritura lhe parecia um livro diferente dos demais porque continha um núcleo dado por Deus.

14

O fato de que mais da metade dos livros citados por Menocchio tivessem sido emprestados também deve ser levado em conta na análise dessa lista. Na verdade, só para o *Fioretto della Bibbia* podemos postular, com certeza, a existência de uma autêntica escolha, que o levou a comprar esse livro entre os tantos outros amontoados no depósito ou na banca de um ignoto livreiro veneziano. É significativo que o *Fioretto* tenha sido para ele uma espécie de *livre de chevet* (livro de cabeceira). Ao contrário, havia sido o acaso que fizera o padre Andrea Bionima topar com o volume de *Mandavilla* entre os "documentos notariais" de Maniago. A indiscriminada fome de leituras, mais do que um interesse específico, foi o que levou o livro para as mãos de Menocchio. Isso provavelmente vale para todos os livros a ele emprestados. A lista que reconstruímos reflete, acima de tudo, os livros que Menocchio teve à sua disposição — não, decerto, um quadro de predileções e escolhas conscientes.

Além disso, trata-se de uma lista parcial. Isso explica o predomínio de textos religiosos — seis entre onze, mais da metade, portanto. Era óbvio que, no decorrer dos dois processos aos quais foi submetido, Menocchio fizesse referências sobretudo a esse tipo de leitura para justificar as próprias ideias. É provável que uma lista completa dos livros que possuía ou lera nos teria dado um panorama mais variado, incluindo, por exemplo, alguns daqueles "livros de batalha" que comparara provocativamente à Escritura — o *Libro che tratta di bataglia, chiamato fioravante* (M. Sessa, Veneza, 1506) ou um outro parecido. Mesmo assim esse punhado de títulos, um conjunto fragmentado e parcial, nos permite algumas considerações. Ao lado da Escritura, encontramos livros de piedade, reelaborações da Escritura em verso e prosa, vida de santos, um almanaque, um poema semissatírico, um livro de viagens, uma crônica, uma antologia de contos (o *Decameron*), todos em língua vulgar (como já foi dito, Menocchio não sabia muito mais de latim do que aprendera ajudando a missa), escritos dois ou três séculos antes, muito difundidos e consumidos por pessoas de várias classes sociais. O Foresti e o Mandeville, por exemplo, faziam parte da biblioteca de um outro "homem desconhecedor das letras", quer dizer, desconhecedor do latim, ainda que muito diferente: Leonardo da Vinci. E a *Historia del Giudicio* figura entre os livros de um famoso naturalista, Ulisse Aldovandi (que por sua vez tivera problemas com a Inquisição em virtude de suas relações, quando jovem, com grupos heréticos). É evidente que o Alcorão se sobressai nessa lista (caso Menocchio de fato o tivesse lido), porém essa é uma exceçao que será considerada à parte. Os outros são títulos bastante óbvios, aparentemente incapazes de nos dar indicações sobre o modo como Menocchio chegou a formular o que um conhecido seu definiu como "opiniões fantásticas".

15

Mais uma vez, temos a impressão de estar num beco sem saída. Antes, diante da extravagante cosmogonia de Menocchio, nos perguntamos por um momento, como já o fizera o vigário--geral, se não se tratava do discurso de um louco. Descartada essa hipótese, o exame de sua eclesiologia sugeriu uma outra: talvez Menocchio fosse anabatista. Abandonada também essa possibilidade, defrontamos com a informação de que Menocchio se julgava um mártir "luterano": daí o problema de suas relações com a Reforma. Entretanto, a proposta de inserir as ideias e crenças de Menocchio num veio profundo de radicalismo camponês trazido à luz pela Reforma (mas independente dela) parece ter sido ostensivamente contradita pela lista de leituras que reconstruímos com base nos documentos processuais. Até que ponto poderemos considerar representativa uma figura tão pouco comum, um moleiro do século XVI que sabia ler e escrever? E, além disso, representativa do quê? Com certeza, não de um veio de cultura camponesa, já que o próprio Menocchio apontava uma série de livros impressos como fonte de suas ideias. De tanto nos debatermos contra os muros desse labirinto, retornamos ao ponto de partida.

Ou quase. Vimos quais livros Menocchio lia. Mas como os lia?

Confrontando, uma por uma, as passagens dos livros por ele citados com as conclusões às quais chegava (ou até mesmo com o seu modo de referi-las aos juízes), nos vemos às voltas, invariavelmente, com lacunas e deformações, às vezes profundas. Qualquer tentativa de considerar esses livros "fontes" no sentido mecânico do termo cai ante a agressiva originalidade da leitura de Menocchio. Mais do que o texto, portanto, parece-nos importante a chave de sua leitura, a rede que Menocchio de maneira inconsciente interpunha entre ele e a página impressa — um filtro que fazia enfatizar certas passagens enquanto ocultava outras, que exagerava o significado de uma palavra, isolando-a do contexto, que agia sobre a memória de Menocchio deformando a sua leitura. Essa rede, essa chave de leitura, remete continuamente a uma cultura diversa da registrada na página impressa: uma cultura oral.

Isso não quer dizer que o livro para Menocchio fosse incidental, um pretexto. Ele mesmo declarou, como veremos, que pelo menos um livro o inquietara profundamente, levando-o, com suas afirmações inesperadas, a ter pensamentos novos. Foi o choque entre a página impressa e a cultura oral, da qual era depositário, que induziu Menocchio a formular — para si mesmo em primeiro lugar, depois aos seus concidadãos e, por fim, aos juízes — as "opiniões [...] [que] saíram da *sua* própria cabeça".

16

Vamos dar uma série de exemplos, de complexidade crescente, da maneira de ler de Menocchio. No primeiro interrogatório, ele confirmou que Cristo havia sido um homem como os demais, nascido de são José e da Virgem Maria, e explicou que Maria "era chamada de virgem porque estivera no templo das virgens. Existia um templo onde doze virgens eram mantidas e, à medida que eram preparadas, se casavam. Eu li isso no livro *Lucidario della Madonna*". Esse livro, que em outra situação disse ser o *Rosario*, tem grande probabilidade de ser o *Rosario della gloriosa Vergine Maria*, do dominicano Alberto da Castello. Nele pudera ler: "Contempla aqui, alma fervorosa, como, depois de oferecer o sacrifício a Deus e ao sacerdote, são Joaquim e sant'Ana deixaram sua dulcíssima filhinha no templo de Deus, onde deveria ser preparada com as outras virgens, que eram oferecidas a Deus. Nesse lugar, ela vivia em contemplação das coisas divinas, em sublime devoção, e era visitada pelos santos anjos, sendo sua rainha e imperatriz, sempre em oração".

O que fez Menocchio ater-se justamente a essa página do *Rosario* talvez tenha sido o fato de ter visto tantas vezes as cenas de Maria no templo e de José com os pretendentes, representadas nos afrescos pintados em 1556 por Calderari, um discípulo de Pondenone, nas paredes da igreja de San Rocco de Montereale. De qualquer maneira, mesmo sem deformar as palavras, inverteu os significados. No texto, a aparição dos anjos isolava Maria das companheiras, conferindo-lhe uma aura sobrenatural. Para Menocchio o elemento decisivo era, ao contrário, a presença das "outras virgens", que lhe servia para explicar da forma mais simples o epíteto atribuído tanto a Maria como às outras companheiras. Desse modo, um detalhe acabava se tornando o centro do discurso, alterando, assim, todo o seu sentido.

17

No final do interrogatório de 28 de abril, depois de ter expresso sem nenhuma restrição suas acusações contra a Igreja, os padres, os sacramentos e as cerimônias eclesiásticas, respondendo a uma pergunta do inquisidor, Menocchio declarou: "Eu acredito que a imperatriz neste mundo seja mais importante que Nossa Senhora, mas lá Nossa Senhora é maior, porque de lá nós somos invisíveis". A pergunta do inquisidor nascera de um episódio narrado por uma testemunha e confirmado, sem hesitação, por Menocchio: "Sim, senhor, é verdade que eu disse, enquanto a imperatriz passava, que ela era mais importante que Nossa Senhora, mas eu estava me referindo a este mundo; e naquele livro da Nossa Senhora lhe foram prestadas e feitas muitas honras; quando a levavam para ser sepultada, alguém quis desonrá-la, tentando tirá-la dos ombros dos apóstolos, e esse teve as mãos grudadas nela. Tudo isso está no livro da vida de Nossa Senhora".

A que texto Menocchio estaria aludindo? A expressão "livro da Nossa Senhora" poderia nos levar a pensar mais uma vez no *Rosario della gloriosa Vergine Maria*, mas a citação não corresponde. A passagem se acha, todavia, num outro livro lido por Menocchio, o *Legendario delle vite de tutti li santi*, de Jacopo da Varagine, no capítulo intitulado "De l'assumptione de la beata Vergine Maria", uma reelaboração de "um certo livrinho [...] apócrifo, consagrado ao beato João Evangelista". Segue a descrição das exéquias de Maria feita por Varagine: "Anjos e apóstolos seguiram cantando e enchendo a terra toda com as maravilhas da vida de Maria. Todos os que foram acordados por tão doce melodia saíram das cidades perguntando, curiosos, o que era aquilo, quando alguém lhes explicou: 'Os discípulos levam Maria, que está morta, e cantam ao seu redor essa melodia que vocês estão ouvindo'. Então correram todos para pegar as armas, incitando os outros, dizendo: 'Venham, vamos matar os discípulos e consumir com fogo o corpo do qual nasceu aquele sedutor'. Vendo o que acontecia, o príncipe dos sacerdotes, atônito e cheio de ira, exclamou, desdenhoso: 'Eis o tabernáculo daquele que nos conturbou e à nossa geração; [vejam] agora as glórias que ela recebe!'. E, dizendo isso, pôs as mãos sobre o leito tentando derrubar no chão tanto a cama como o corpo. Porém, ao colocar as mãos sobre o leito, elas secaram imediatamente e continuaram grudadas; torturado por grande sofrimento, se lamentava aos gritos, e o resto do povo foi cegado pelos anjos que estavam nas nuvens. Então, o príncipe dos sacerdotes gritou: 'Eu lhe peço, ó são Pedro, não me abandone neste tormento, eu lhe peço que interfira junto ao Senhor; você deve se lembrar de quando eu o livrei das acusações da criada'. Pedro lhe respondeu: 'Nós fomos perturbados nas exéquias de Nossa Senhora e neste momento não podemos nos ocupar de você. Mas, se você acredita no Senhor Jesus Cristo e naquela da qual ele nasceu, eu espero que você receba de pronto a recompensa da saúde'. Ele respondeu: 'Eu acredito que o Senhor Jesus Cristo é o verdadeiro filho de Deus e que essa é sua santíssima mãe'. Logo suas mãos se soltaram do caixão, mas a secura permanecia em seus braços e a grande dor não passara. Pedro lhe disse então: 'Beija o leito e diga: eu creio em Deus Jesus Cristo, que foi carregado no ventre por ela, que continuou virgem depois do parto'. Tendo feito isso, lhe foi restituída a saúde...".

A afronta feita pelo chefe dos sacerdotes ao cadáver de Maria se resolve, para o autor do *Legendario*, com a descrição de uma cura milagrosa e, por fim, com a exaltação da Virgem Maria, mãe de Cristo. Mas a Menocchio, evidentemente, a narração do milagre não interessa, e menos ainda a reafirmação da virgindade de Maria, a qual negou repetidas vezes. O que ele retém é apenas o gesto do chefe dos sacerdotes, a "desonra" feita a Maria durante seu enterro, testemunho da sua condição miserável. O filtro da memória de Menocchio transforma a narração de Varagine em seu contrário.

18

A menção à passagem do *Legendario* foi quase incidental. Muito mais importante é a citação do *Fioretto della Bibbia*. Como nos recordamos, no primeiro interrogatório, Menocchio afirmara não crer na concepção imaculada de Maria pelo Espírito Santo, mesmo porque "tantos homens vieram ao mundo e nenhum deles nasceu de mulher virgem" e também porque, tendo lido num livro intitulado *Fioretto della Bibbia* que "são José chamava Nosso Senhor Jesus Cristo de filhinho", inferira que Cristo era filho de são José. Ora, no capítulo CLXVI do *Fioretto della Bibbia*, "Como Jesus foi mandado para a escola", lê-se que Jesus amaldiçoou o professor que lhe dera um tapa e o fulminou com um só golpe. Diante da ira dos vizinhos, José disse: "Controle-se, meu filho, você não vê o ódio de toda essa gente contra nós?". "Meu filho": mas na mesma página, no capítulo imediatamente anterior, "Como Jesus, brincando com outras crianças, ressuscitou um menino que havia morrido", Menocchio poderia ter lido esta resposta de Maria a uma mulher que lhe perguntara se Jesus era seu filho: "Sim, ele é meu filho; seu pai é o Deus único".

A leitura de Menocchio era, evidentemente, parcial e arbitrária — quase uma mera procura de confirmação para ideias e convicções já estabelecidas de maneira sólida. Nesse caso, a certeza de que "Cristo era um homem nascido como todos nós". Irracional era acreditar que Cristo tivesse nascido de uma virgem, que houvesse morrido na cruz: "Se era Deus eterno, não podia se deixar prender e ser crucificado".

19

O uso que Menocchio faz de passagens como as do *Legendario* e do *Fioretto*, extraídas de evangelhos apócrifos, não deve nos surpreender. Diante do contraste entre a concisa simplicidade da palavra de Deus — "quatro palavras" — e a desmesurada proliferação da Escritura, a própria noção de apócrifo caía por terra.

Evangelhos apócrifos e evangelhos canônicos eram colocados no mesmo nível e considerados textos meramente humanos. Por outro lado, ao contrário do que se poderia esperar pelos testemunhos dos habitantes de Montereale ("Está sempre discutindo com um e com outro, possui a Bíblia em vulgar, e imagina que a base de seus argumentos esteja ali"), durante os interrogatórios Menocchio fez pouquíssimas alusões diretas à Escritura. Dir-se--ia até que as reelaborações paraescriturais do tipo do *Fioretto della Bibbia* lhe fossem mais familiares que a própria Bíblia em língua vulgar. Assim, em 8 de março, respondendo a uma pergunta não muito precisa do vigário-geral, Menocchio exclamou: "Acho que amar o próximo é um preceito mais importante do que amar a Deus". Essa afirmação também se apoiava num texto. De fato, logo depois Menocchio acrescentou: "[...] porque eu li na *Historia del Giudicio* que, quando chegar o dia do Juízo, [Deus] dirá a um anjo: 'Você é mau, nunca fez o bem para mim'; e o anjo responde: 'Senhor, nunca o vi para fazer-lhe o bem'. 'Eu tinha fome, e não me deu o que comer, eu tinha sede e não me deu o que beber, estava nu e não me vestiu, quando estava na prisão, não vinha me visitar.' E por isso eu achava que Deus fosse o próximo, porque disse 'Eu era aquele pobre'".

Eis a passagem correspondente da *Historia del Giudicio*:

> *Ó vós que abençoados por meu pai*
> *fostes, vinde minha glória possuir:*
> *eu de sede e de fome padeci,*
> *vós me destes de beber e de comer,*
> *na prisão eu sofri grande tormento*
> *e fostes vós quem sempre veio ver-me;*
> *estive enfermo e visitado fui,*
> *e, morto, vós me destes sepultura.*
> *E estando todos cheios de alegria,*
> *virão a Jesus Cristo perguntar:*
> *"Quando, Senhor, de fome padecendo,*
> *te demos de comer e de beber?*
> *e quando enfermo foste visitado*

> *e, morto, te viemos sepultar?*
> *quando foi que em prisão te visitamos,*
> *e quando te trouxemos vestimenta?"*
> *Cristo responderá de rosto ledo:*
> *"Aquele pobre que de porta em porta*
> *morto de fome, aflito e derrotado*
> *por meu amor vinha pedir esmola,*
> *não foi por vós expulso nem xingado,*
> *mas comeu e bebeu do que era vosso,*
> *aquele a quem destes por amor de Deus,*
> *aquele pobre, sabei agora, era eu".*
> *Da esquerda então hão de querer falar*
> *mas Deus os calará com grão furor*
> *dizendo: "Pecadores de maus feitos,*
> *queimai no inferno em sempiterno ardor.*
> *Não me destes de beber nem de comer*
> *nem bem fizestes por amor de mim.*
> *Ide, malditos, para o fogo eterno,*
> *onde tereis tormento sempiterno".*
> *Responderá aquela gente aflita:*
> *"Quando, Senhor, foi que jamais te vimos*
> *morto de fome, aflito e sofredor,*
> *quando em prisão passaste tantas penas?"*
> *Então responderá Cristo glorioso:*
> *"Quando ao pobre expulsáveis com desprezo,*
> *sem do mísero ter qualquer piedade,*
> *nem lhe fazer nenhuma caridade".*

Como se pode notar, essas toscas oitavas reproduzem de maneira prosaica uma passagem do Evangelho de Mateus (25:41--46). Contudo, Menocchio se referiu a essa passagem e não ao texto evangélico. E aqui também a menção à página impressa — em substância, exata, excetuando-se a curiosa alteração que atribui aos anjos os protestos dos danados — resulta numa reelaboração. Porém, se nos casos anteriores a ênfase advinha principalmente de omissões, neste o procedimento é mais complexo.

Menocchio dá um passo à frente — na aparência um passo mínimo, mas na verdade enorme — em relação ao texto: se Deus é o próximo "porque disse 'Eu era aquele pobre'", é mais importante amar ao próximo do que amar a Deus. Era uma dedução que intensificava num sentido radical a insistência numa religiosidade prática, efetiva, comum a quase todos os grupos heréticos italianos da época. O bispo anabatista Benedetto d'Asolo também ensinava a fé em "um só Deus, um só Jesus Cristo, nosso senhor mediador" e a caridade com o próximo, porque "no dia do Juízo [...] não nos perguntarão outra coisa senão se demos de comer aos famintos, de beber aos sedentos, se vestimos os sem-roupas, visitamos os enfermos, demos pouso para os que passavam [...], sendo esses os fundamentos da caridade". Todavia, a atitude de Menocchio em relação a esse tipo de prédica — se é que, como é provável, tenha chegado aos seus ouvidos — não era apenas receptiva. Uma tendência, claramente detectável, em reduzir a religião à moralidade aflora com frequência em seus discursos. Com uma argumentação incrível, em geral repleta de imagens concretas, Menocchio explicou ao inquisidor que blasfemar não é pecado "porque faz mal só a si próprio e não ao próximo, da mesma forma que, se eu tenho uma manta e decido desmanchá-la, faço mal só a mim mesmo e não aos outros, e acredito que quem não faz mal ao próximo, não comete pecado. Somos todos filhos de Deus e, se não nos fizermos mal uns aos outros, como, por exemplo, se um pai tem muitos filhos e um deles diz 'maldito seja meu pai', o pai o perdoa, mas, se quebra a cabeça de um outro, o pai não pode perdoar. Ele tem que pagar por isso. E assim eu disse que blasfemar não é pecado porque não faz mal a ninguém". Portanto, quem não faz mal ao próximo, não comete pecado: a relação com Deus se torna irrelevante diante da relação com o próximo. E, se Deus é o próximo, por que então Deus?

Na verdade, Menocchio não deu esse último passo, que o teria levado a afirmar um ideal de justa convivência humana, totalmente isento de conotações religiosas. Para ele, o amor ao próximo permanecia como um preceito religioso, ou melhor, o verdadeiro coração da religião. Em geral, suas atitudes eram oscilantes (por essa razão, no caso dele, deve-se falar apenas de uma *tendencial* redução da religião à moralidade). Costumava dizer aos seus concidadãos (segundo declarou a testemunha Bartolomeo di Andrea): "Eu ensino vocês a não fazer o mal, não roubar o que é dos outros e isso é o bem que se pode fazer". Entretanto, no interrogatório da tarde de 1º de maio, ao inquisidor que lhe pedira para precisar quais seriam as "obras de Deus" graças às quais se vai para o paraíso, Menocchio — que na verdade só falara de "boas obras" — respondeu: "Amá--lo [Deus], adorá-lo, santificá-lo, reverenciá-lo e agradecer-lhe; e é preciso que se seja caridoso, misericordioso, pacífico, amoroso, honrado, obediente aos superiores, que se perdoem as injúrias e se cumpram as promessas. Fazendo isso, se vai para o céu e isso basta para chegarmos lá". Nesse caso, os deveres para com o próximo eram postos lado a lado com os deveres para com Deus, sem que fosse negada a superioridade dos primeiros em relação aos segundos. Mas a lista das "más obras" que veio a seguir — "roubar, assassinar, cometer usura, crueldades, desonra, vitupério e homicídio: estas são sete obras que desagradam a Deus, causam danos ao mundo e agradam ao demônio" — versava unicamente sobre as relações entre os homens, sobre a capacidade do homem de prejudicar o próximo. A religião simplificada de Menocchio ("Fazendo isso, se vai para o céu e isso basta para chegarmos lá") não podia ser aceita pelo inquisidor: "Quais são os mandamentos de Deus?". "Acho", respondeu Menocchio, "que são aqueles que eu acabei de citar." "Evocar o nome de Deus, santificar as festas não são preceitos de Deus?" "Isso eu não sei."

Na verdade, era justamente a insistência exclusiva na mensagem evangélica em sua forma mais simples e nua que permitia deduções extremas como as formuladas por Menocchio. Esse risco tinha sido pressentido com excepcional clareza, quase cinquenta anos antes, por um dos textos mais significativos do evangelismo italiano — um opúsculo anônimo publicado em Veneza sob o título *Alcune ragioni del perdonare*. O autor, Tullio Crispoldi, elaborando uma série de prédicas do bispo de Verona, Gian

Matteo Giberti, do qual era fiel colaborador, se esforçava em demonstrar, com argumentos de todos os tipos, que o sumo da religião cristã consistia na "lei do perdão", em perdoar o próximo para ser perdoado por Deus. A certa altura, porém, não se escondia que a "lei do perdão" podia ser interpretada de maneira exclusivamente humana, colocando, portanto, "em perigo" o culto a Deus: "O perdoar é um remédio tão grande e poderoso que Deus, ao fazer essa lei, pôs em perigo toda a fé que a ele se deve e até mesmo parece uma lei feita pelos homens, em nome de todos os homens, através da qual se diz abertamente que Deus não considera as injúrias que lhe fazemos, ainda que sejam tantas, desde que entre nós nos amemos e perdoemos. E de fato, se essa lei não desse a quem perdoa a graça de sair dos pecados e de ser homem de bem, poderia julgar-se que essa lei não fosse lei de Deus para governar os homens, e sim, unicamente, lei dos homens que, para viver em paz, não se preocupam com delitos ou pecados que são cometidos em segredo, de acordo ou de modo que não disturbem a paz e o viver no mundo. Mas, vendo que quem pela honra de Deus perdoa obtém o que deseja de Deus e que é de Deus o favorito, tornando-se apto só para as obras boas, fugindo das ruins, as pessoas confirmam e reconhecem a bondade de Deus conosco".

Portanto, apenas a intervenção sobrenatural da graça divina impede que se assuma o núcleo da mensagem de Cristo (a "lei do perdão") como um vínculo puramente humano, político. A eventualidade dessa interpretação mundana da religião está bem presente para o autor do opúsculo. Ele conhece (e em parte é influenciado por ela) sua versão mais coerente, a de Maquiavel — e não a do Maquiavel disfarçado por uma tradição simplificadora na teorização da *religio instrumentum regni*, mas o Maquiavel dos *Discorsi*, que reconhece na religião, acima de tudo, um poderoso elemento de coesão política. No entanto, o objetivo polêmico da passagem que citamos parece ser outro: não tanto julgar levianamente a religião de fora, e sim corroer os fundamentos *de dentro*. O temor expresso por Crispoldi de que a "lei do perdão" possa ser entendida como "uma lei feita pelos homens, em nome de todos os homens, através da qual se diz abertamente que Deus não considera as injúrias que lhe fazemos, ainda que sejam tantas, desde que entre nós nos amemos e perdoemos", quase que refaz as palavras de Menocchio ao inquisidor, textualmente: "[...] acredito que quem não faz mal ao próximo, não comete pecado. Somos todos filhos de Deus e, se não nos fizermos mal uns aos outros, como, por exemplo, se um pai tem muitos filhos e um deles diz 'maldito seja meu pai', o pai o perdoa, mas, se quebra a cabeça de um outro, o pai não pode perdoar. Ele tem que pagar por isso".

Naturalmente nada nos leva a supor que Menocchio conhecesse o *Ragioni del perdonare*. Contudo, existia na Itália do século XVI, nos ambientes mais heterogêneos, uma tendência (captada com perspicácia por Crispoldi) em reduzir a religião a uma realidade puramente mundana — a um vínculo moral ou político. Essa tendência era expressa por diferentes linguagens, partindo de pressupostos diversos. E, apesar disso, nesse caso talvez seja possível perceber uma convergência parcial entre os círculos mais avançados da alta cultura e os grupos populares de tendência radical.

Nesta altura, se retornarmos aos grosseiros versos da *Historia del Giudicio* citados por Menocchio para justificar sua própria afirmação ("Acho que amar ao próximo é um preceito mais importante do que amar a Deus"), fica claro que, mais uma vez, a rede interpretativa era de longe mais importante do que a "fonte". Mesmo se a interpretação de Menocchio partira do texto, suas raízes eram profundas.

20

Entretanto, houve textos que foram de fato importantes para Menocchio, e entre eles, como ele mesmo admitiu, em primeiro lugar estava o *Cavallier Zuanne de Mandavilla*, isto é, *As viagens de sir John Mandeville*. Quando o processo foi reaberto em Portogruaro, os inquisidores repetiram, ameaçadoramente desta vez, a exortação de sempre, para que desse os nomes "de todos os seus companheiros, caso contrário agiriam com mais rigor contra ele, já que parece impossível a este Santo Ofício que tenha aprendido sozinho tanta coisa e não tenha companheiros". "Senhor, não sei de ter ensinado jamais alguém", foi a resposta de Menocchio, "nem jamais tive companheiros nas minhas opiniões; e o que eu disse, disse por causa daquele livro do Mandavilla que eu li". E ainda, numa carta enviada da prisão aos juízes, como veremos, Menocchio enumerou, em segundo lugar, entre as causas dos seus próprios erros, "ter lido aquele livro do Mandavilla, de tantas raças, e tão diversas leis, que me deixou todo confuso". Por que "confuso"? Qual o motivo da inquietação? Para responder, é preciso, antes de mais nada, verificar o que o livro continha na realidade.

Escritas em francês, provavelmente em Liège, em meados do século XIV, e atribuídas a um fictício sir John Mandeville, *As viagens* são substancialmente uma compilação baseada tanto em textos geográficos como em enciclopédias medievais, como a de Vincente de Beauvais. Após ampla circulação manuscrita, a obra teve um grande número de edições impressas em latim e nas principais línguas europeias.

As viagens estão divididas em duas partes, com conteúdos muito diversos. A primeira é um itinerário para a Terra Santa, uma espécie de guia turístico para peregrinos. A segunda é a descrição de uma viagem para o Oriente que atinge ilhas cada vez mais longínquas, até a Índia e Catai, isto é, a China. O livro termina com a descrição do paraíso terrestre e das ilhas que costeiam o reino do mítico Preste João. Ambas as partes são apresentadas como testemunhos diretos, mas, enquanto a primeira é rica em observações precisas e documentadas, a segunda é repleta de fantasia.

Sem dúvida, o conteúdo da primeira parte teve grande responsabilidade no excepcional sucesso alcançado pela obra. Sabe-se que até o final do século XVI a difusão das descrições da Terra Santa continuou a superar a das descrições do Novo Mundo. E o leitor de Mandeville podia adquirir uma série de conhecimen-

83

tos pormenorizados tanto dos lugares sagrados e da localização das principais relíquias ali conservadas como dos usos e costumes dos habitantes. A indiferença de Menocchio em relação às relíquias, como se pode lembrar, era absoluta, mas a minuciosa descrição das particularidades teológicas ou rituais da Igreja grega e dos "diversos hábitos dos cristãos" (samaritanos, jacobitas, sorianos, georgianos) que viviam na Terra Santa e de suas divergências com a Igreja de Roma despertou seu interesse. Sua recusa do valor sacramental da confissão terá sido confirmada, ou talvez estimulada, pela descrição feita por Mandeville da doutrina dos jacobitas, assim chamados porque foram convertidos por são Tiago (Jacopo): "Dizem que se deve confessar só a Deus e só a ele prometer se corrigir; quando querem se confessar, porém, acendem o fogo e ali jogam incenso e outras espécies odoríferas e entre a fumaça se confessam a Deus, pedem sua misericórdia". Esse modo de se confessar era definido por Mandeville como "natural" e "primitivo" (dois adjetivos densos de significado para um leitor do século XVI), embora se apressasse em reconhecer que "os santos padres e papas que lhe são posteriores ordenaram que se confessasse ao homem e com razão, porque eles observaram que doença alguma pode ser curada, não se pode dar o remédio certo, se não se conhece a natureza do mal; da mesma forma, não se pode dar a penitência certa se não se sabe a qualidade do pecado, já que os pecados não são iguais, nem no tempo, nem no espaço. Convém saber a natureza do pecado no tempo e no espaço e depois dar a penitência". Ora, Menocchio — ainda que colocasse no mesmo plano confessar-se ao padre ou a uma árvore — admitiu, como vimos, que o padre poderia dar a quem não sabia o "conhecimento da penitência": "Se esta árvore conhecesse a penitência, daria no mesmo; alguns homens procuram os padres porque não sabem que penitências devem ser feitas para seus pecados, esperando que os padres as ensinem, mas, se eles soubessem, não teriam necessidade de procurá-los". Reminiscência de Mandeville?

Fascínio ainda maior deve ter exercido sobre Menocchio a longa exposição de Mandeville acerca da religião de Maomé. No segundo processo é revelada a tentativa do moleiro (todavia, como já comentamos, o testemunho não é seguro) de satisfazer sua curiosidade a respeito, lendo diretamente o Alcorão, que foi traduzido na Itália em meados do século XVI. Porém, com as viagens de Mandeville, Menocchio já pudera aprender certas convicções sustentadas pelos maometanos, em parte conformes com algumas afirmações suas. Segundo o Alcorão, relatava Mandeville, "entre todos os profetas, Jesus foi o mais excelente e o mais próximo de Deus". Menocchio, quase repetindo suas palavras: "Minha dúvida é [...] que não tivesse sido Deus, mas um profeta qualquer, um homem de bem, que Deus mandou pregar neste mundo". Ainda em Mandeville, Menocchio pudera encontrar uma clara recusa da crucificação de Cristo, tida como impossível porque contraditória com a justiça de Deus: "Mas não foi jamais crucificado como dizem, ou melhor, Deus o fez ascender a ele, sem morte, sem mácula, e transformou-o em outro, chamado Judas Iscariotes; esse sim foi crucificado pelos judeus, que pensaram que fosse Jesus, o qual subira aos céus para julgar o mundo e dizem [...], nesse artigo que estamos citando, que a grande justiça de Deus não poderia fazer nada sofrer... ". De acordo com o testemunho de um conterrâneo, parece que Menocchio defendia algo semelhante: "Não é verdade que Cristo tenha sido crucificado, mas sim Simão da Cirenaica". É evidente que para Menocchio também a crucificação, o paradoxo da cruz, era inaceitável: "Parecia-me inacreditável que um senhor se deixasse prender assim e por isso eu duvidava que, tendo sido crucificado, fosse Deus; talvez algum profeta...".

São semelhanças indiscutíveis, embora parciais. Mas parece impossível que a leitura dessas páginas pudesse inquietar Menocchio. Menos ainda o severo juízo sobre a cristandade que Mandeville atribuía ao sultão: "Eles [os cristãos] deveriam dar exemplo fazendo o bem às pessoas comuns, deveriam ir ao templo e servir a Deus, e estão o dia todo girogirando pelas tavernas, bebendo, comendo como animais [...]. Eles deveriam ser simples e humildes, mansos e caridosos como foi Jesus no qual eles creem, mas fazem o contrário, o inverso, e são todos inclinados para o

85

mal, e tanta é a cobiça, a avareza que por pouco dinheiro vendem os filhos, irmãs e as próprias mulheres como meretrizes; roubam um a mulher do outro, não se mantêm na fé, não respeitando a lei que Jesus Cristo deixou para eles se salvarem... ”.

Esse quadro da corrupção da cristandade, escrito duzentos anos antes, foi provavelmente lido por Menocchio como um texto contemporâneo e atualíssimo. A avidez dos padres e frades, os privilégios, as prevaricações dos muitos que se diziam seguidores de Cristo estavam debaixo dos seus olhos a cada dia. Nas palavras do sultão, Menocchio pôde encontrar mais uma confirmação e uma legitimação da sua crítica aguda à Igreja e não, com certeza, um motivo de perturbação. Esse deve ser procurado em outro lugar.

21

“O povo desta terra tem diversas leis; alguns adoram o sol, alguns as árvores, alguns as serpentes e outros a primeira coisa que encontram pela manhã; alguns simulacros, outros ídolos... ”: era o que afirmava Mandeville, quase no início da segunda parte de suas viagens, falando de Chana, uma ilhota próxima da Índia. Aqui encontramos uma referência — repetida, a seguir, muitas vezes — às “diversas leis”, à variedade das crenças e dos costumes religiosos que tanto “confundira” Menocchio. Através dos contos de Mandeville, de suas descrições, na maior parte fantásticas, de terras longínquas, o universo mental de Menocchio se dilatava extraordinariamente. Não mais Montereale, Pordenone e no máximo Veneza, lugares da sua existência de moleiro — mas sim Índia, Catai, ilhas povoadas por canibais, pigmeus, homens com cabeças de cão. E justamente sobre os pigmeus Mandeville escrevera uma página que alcançaria grande sucesso: “É um povo de pequena estatura, cerca de três palmos, homens e mulheres belos e graciosos por causa do tamanho. Casam-se com a idade de seis meses e com dois ou três anos já têm filhos; em geral, não vivem mais que seis ou sete anos e os que chegam a sete são considerados velhíssimos. Esses pigmeus são os mais habilidosos e os melhores mestres no trabalho com a seda, ou algodão e qualquer outra coisa que exista no mundo. Com frequência fazem guerra contra os pássaros do lugar e muitas vezes são mortos e comidos por eles. Essa pequena gente não trabalha na terra, nem tem vinhas, mas existia gente grande como nós que trabalham a terra para eles. Eles [os pigmeus] [...] desprezam-nos assim como nós os desprezaríamos se vivêssemos junto com eles..."

No desprezo dos pigmeus pela "gente grande como nós" concentra-se a estranha sensação provocada em Menocchio por esse livro. A diversidade das crenças e dos costumes registrados por Mandeville levou-o a se interrogar sobre o fundamento de suas próprias crenças, de seu comportamento. Aquelas ilhas, em grande parte imaginárias, lhe deram um ponto de apoio a partir do qual passou a olhar o mundo em que nascera e crescera. "Tantas raças, e [...] tão diversas leis", "muitas ilhas, cada uma vivendo à sua maneira", "muitos e diversos tipos de nações, uns acreditando de um modo, outros de outro" — durante o processo, Menocchio insistiu nesse ponto, retornando sempre a ele. Na mesma época, um nobre de Périgord, Michel de Montaigne, sofria um choque relativista análogo lendo os relatórios sobre os indígenas do Novo Mundo.

Mas Menocchio não era Montaigne, era só um moleiro autodidata. Sua vida transcorrera quase exclusivamente entre os muros da aldeia de Montereale. Não sabia grego nem latim (no máximo alguns fragmentos de orações); lera poucos livros, em geral por acaso. Desses, mastigara, triturara cada palavra. Ele os ruminava durante anos; durante anos palavras e frases fermentaram em sua cabeça. Um exemplo esclarecerá os mecanismos dessa longa e cansativa reelaboração. No capítulo CXLVIII das *Viagens* de Mandeville, intitulado "Da ilha de Dundina onde se comem uns aos outros quando não podem escapar, e do poder do seu rei, o qual é senhor de 54 outras ilhas, e dos muitos tipos de homens que vivem nessas ilhas", Menocchio encontrara esta página:

"Nesta ilha existe gente de natureza diversa, o pai come o filho, o filho o pai, o marido a mulher e a mulher o marido. Quan-

87

do o pai ou a mãe, ou então algum dos seus amigos está doente, imediatamente o filho, ou outra pessoa, procura o padre da sua religião para pedir-lhe que consulte o ídolo deles; este, por ter o diabo por trás, lhe diz que aquele não morrerá desta vez e ensina a eles o modo de curá-lo. Assim o filho retorna, conta ao pai e faz o que o ídolo lhe ensinara até que ele sare. O mesmo fazem os maridos pelas mulheres, os amigos um pelo outro. E, se o ídolo disser que é caso de morte, o padre acompanha o filho e a mulher, ou então o amigo doente, e lhe metem um pano na boca para asfixiá-lo, e assim, sufocando-o, matam-no cortando, em seguida, seu corpo em pedaços; todos os amigos aparecem para rezar e comer daquele corpo morto. Reúnem quantos pífaros possam ter e assim comem em grande festa e com grande solenidade. Quando acabam de comer, recolhem os ossos e os enterram cantando com grande festa e muita música. Os amigos e parentes que não participam dessa festa são recriminados e sentem muita vergonha e dor, porque não são mais considerados amigos. Dizem que comem a carne para liberar o amigo do sofrimento; se a carne é muito magra, os amigos dizem que foi um pecado deixá-lo definhar e sofrer tanto sem razão; se a carne é gorda, dizem que está bem e que logo mais estará no paraíso, e que não teve sofrimentos..."

Essa descrição de canibalismo ritual atingiu Menocchio profundamente (como atingira Leonardo, que dela extraiu o motivo para investir contra a maldade dos homens). Isso emerge com clareza no interrogatório de 22 de fevereiro. O vigário-geral perguntou pela enésima vez: "Diga-me quais eram seus companheiros de ideias". Menocchio respondeu: "Senhor, nunca encontrei ninguém com estas opiniões; as minhas opiniões saíram da minha própria cabeça. É verdade que li um livro que foi emprestado pelo nosso capelão, *messer* Andrea da Maren, que hoje vive em Monte Real, intitulado *Il cavallier Zuanne de Mandavilla*; acredito que fosse francês, impresso em língua italiana vulgar. Ele me emprestou há uns cinco ou seis anos, mas eu já o devolvi há dois anos. Esse livro tratava da viagem para Jerusalém e de algumas divergências entre gregos e o papa; tratava também do grande Khan, da cidade da Babilônia, do Preste João, de Jerusalém e de muitas ilhas, cada uma vivendo à sua maneira. O cavaleiro esteve com o sultão, que o interrogou sobre os padres, cardeais, papas e clérigos; dizia que Jerusalém era dos cristãos e que, pelo mau governo destes e do papa, Deus a retirou deles. Falava ainda de um lugar que quando alguém morria...". Nesse ponto o inquisidor interrompeu impacientemente Menocchio para perguntar-lhe "se esse livro não falava do caos". E Menocchio respondeu: "Não, senhor, mas sobre isso eu li no *Fioretto della Bibbia*, mas as outras coisas que eu disse sobre o caos eu tirei da minha própria cabeça". Logo em seguida, retomou o discurso interrompido: "Esse mesmo livro do cavaleiro Mandavilla dizia também que, quando os homens estavam doentes, próximos da morte, procuravam o padre, e o tal padre consultava um ídolo que lhe dizia se o doente devia morrer ou não; caso sim, o padre o sufocava e junto com outros o comia; se o sabor era bom, não tinha pecados; se era ruim, tinha muitos pecados e tinham feito muito mal em deixá-lo viver tanto. E dali tirei minha opinião de que, morto o corpo, a alma também morre, já que existem muitos e diversos tipos de nações, uns acreditando de um modo, outros de outro".

Mais uma vez a ardente memória de Menocchio fundira, transpusera, modelara palavras e frases. O morto de carne muito magra transformara-se, sem mais, em ruim (de ser comido); o de carne gorda, bom (de ser comido). A ambiguidade gastronômico-moral desses termos (*bom, ruim*) atraíra a referência aos pecados, deslocando-a do matador para o morto. Portanto, quem era bom (de ser comido) não tinha pecados; quem era ruim (de ser comido) estava cheio de pecados. Nesse ponto precipitara-se a dedução de Menocchio: não existe o além, não existem penas ou recompensas futuras, o paraíso e o inferno são desta terra, a alma é mortal. Como sempre, Menocchio deformava agressivamente (de maneira completamente involuntária, é claro) o texto. A torrente de perguntas que Menocchio colocava aos livros ia muito além da página escrita. Mas, nesse caso, a função do texto não era em absoluto secundária: "*E dali tirei* minha opinião de que, morto o corpo, a alma também morre, *já que existem muitos e diversos tipos de nações, uns acreditando de um modo, outros de outro*".

22

Entretanto, a insistência na variedade das leis e dos costumes era apenas um dos polos da narração de Mandeville. No polo oposto, encontrava-se o reconhecimento de um elemento que permanecia virtualmente constante em meio a tanta diversidade: a racionalidade, sempre acompanhada pela fé num Deus autor do mundo, um "Deus da natureza". Depois de ter falado dos adoradores de ídolos e imagens da ilha de Chana, Mandeville detalhava: "E saibam que quem adora imagens, o faz em reverência a algum homem valente já morto, como Hércules e muitos outros que no tempo deles fizeram maravilhas; mas eles dizem saber que tais valentes não são deuses, ou melhor, existe um Deus da natureza que fez todas as coisas e sabem muito bem que aqueles não poderiam fazer as maravilhas que fizeram senão pela especial graça de Deus. E como aqueles foram amados por Deus, eles os adoram. Dizem coisa parecida sobre o sol, que muda o tempo e fornece calor e nutrição para todas as coisas sobre a terra, mas tantas virtudes do sol eles sabem muito bem que advêm de Deus, que o ama mais do que a todas as outras coisas, e lhes doou as maiores virtudes. Portanto, é compreensível, como dizem, que seja honrado e reverenciado...".

"Compreensível." Com um tom de sóbrio distanciamento, quase etnográfico, Mandeville registra realidades ou crenças exóticas, mostrando como por trás de suas monstruosidades ou absurdos se ocultava um núcleo racional. É verdade que os habitantes da ilha de Chana adoravam uma divindade que era metade boi, metade homem. Porém, eles consideravam o boi "o mais santo entre os animais que existem sobre a terra e, entre todos os outros, o mais útil", enquanto o homem "é a mais nobre das criaturas e senhor de todos os animais". Mas os cristãos também não atribuíam supersticiosamente qualidades benéficas ou malévolas a determinados animais? "Então não há por que se maravilhar se os pagãos, os quais, dada a sua simplicidade, não têm outra doutrina a não ser a natural, acreditam mais profundamente naqueles." Os habitantes da ilha Hongamara (informa Mandeville) possuem, todos, homens e mulheres, "cabeça de cão e são chamados cinocéfalos" — mas em seguida acrescenta: "e são pessoas razoáveis e de bom intelecto". Por isso, no capítulo final do livro, na conclusão da narrativa de suas viagens extraordinárias, Mandeville podia declarar de maneira solene aos leitores: "[...] e saibam que em todo aquele país [Catai] e em todas as ilhas com gente diferente e diversas leis e fé, as quais descrevi, não há ninguém ali, possuidor de intelecto e razão, que não tenha ao menos um artigo da nossa fé e algum ponto importante da nossa crença, e que não acredite que o mundo foi criado por Deus, a quem chamam *Iretarge*, isto é, Deus da natureza, segundo disse o profeta: *'et metuent eum omnes fines terrae'*, e em outro lugar, *'omnes gentes serviet ei etc.'*; mas eles não sabem falar perfeitamente de Deus Pai nem Filho e nem Espírito Santo, nem sabem falar da Bíblia, especialmente do Gênese e dos outros livros de Moisés, do Êxodo, dos profetas, mas eles não têm ninguém para lhes ensinar, sabem só o que aprenderam naturalmente...". Mandeville solicitava uma tolerância ilimitada para com esses povos: "[...] e embora essa gente [os habitantes das ilhas Mesidarata e Genosaffa] não tenha artigos de fé iguais aos nossos, pela boa-fé natural deles e pelas suas boas intenções eu penso e tenho certeza de que Deus os ama e aceita de bom grado suas oferendas como fez com Jó. Por essa razão é que Nosso Senhor dizia pela boca do profeta Oseias: *'ponam eis multiplices leges meas'*; em outro lugar, na Escritura, está escrito: *'qui totum subdit orbem legibus'*. Algo parecido disse Nosso Senhor no Evangelho: *'alias oves habeo quae non sunt ex hoc ovili'*, querendo dizer que existem outros servos além dos que estão subordinados à lei cristã [...] não se deve ter ódio nem desprezo por nenhum cristão pela diversidade das suas leis, nem julgá-los; deve-se, isso sim, rezar por eles, porque não sabemos quem Deus ama e quem odeia, embora Deus não odeie criatura alguma que ele tenha feito".

Portanto, através das *Viagens* de Mandeville, essa inocente narração intrincada de elementos fabulosos, traduzida e reimpressa inúmeras vezes, um eco da tolerância religiosa medieval chegava até a idade das guerras religiosas, das excomunhões, da queima dos heréticos. Era provavelmente apenas um dos múltiplos canais que alimentavam a corrente popular — até hoje muito pouco conhecida — favorável à tolerância, cujas pistas, raras, se podem distinguir no decorrer do século XVI. Outro canal consistia no persistente sucesso da lenda medieval dos três anéis.

23

Menocchio, tomando conhecimento dessa lenda, ficou tão perturbado que passou a contá-la detalhadamente, durante o segundo processo (12 de julho de 1599), ao inquisidor que o estava julgando, desta vez o franciscano Gerolamo Asteo. Depois de admitir que havia dito no passado ("mas não sei a quem") que "nascera cristão e que por isso queria continuar cristão, mas, se tivesse nascido turco, ia querer continuar turco", Menocchio acrescentou: "Conceda-me a graça de me ouvir, senhor. Um grande senhor declarou seu herdeiro aquele que tivesse um certo anel precioso; aproximando-se da morte, mandou fazer outros dois anéis parecidos com o primeiro e, como tinha três filhos, deu a cada um deles um anel. Cada um deles julgava ser o herdeiro e ter o verdadeiro anel, mas, dada a semelhança, não se podia saber ao certo. Do mesmo modo, Deus possui vários filhos que ama, isto é, os cristãos, os turcos e os judeus, e a todos deu a vontade de viver dentro da própria lei e não se sabe qual seja a melhor. Mas eu disse que, tendo nascido cristão, quero continuar cristão e, se tivesse nascido turco, ia querer viver como turco". "O senhor acredita então", insistiu o inquisidor, "que não se saiba qual seja a melhor lei?" Menocchio respondeu: "Senhor, eu penso que cada um acha que a sua fé seja a melhor, mas não se sabe qual é a melhor; mas, porque meu avô, meu pai e os meus são cristãos, eu quero continuar cristão e acreditar que essa seja a melhor fé".

É um momento extraordinário num processo como esse, extraordinário do início ao fim. Os papéis se inverteram provisoriamente, Menocchio tomou a iniciativa e tentou convencer o juiz: "Conceda-me a graça de me ouvir, senhor". Quem representa o papel da cultura dominante? E quem representa a cultura popular? Não é fácil responder. A forma pela qual Menocchio se utilizara da semelhança entre os três anéis tornava a situação ainda mais paradoxal. Ele declarou tê-la lido "não sei em que livro". Só no interrogatório seguinte o inquisidor percebeu de que livro se tratava: "Está num livro proibido". Quase um mês depois, Menocchio confessou o título: "Li no livro *Cento novelle*, de Boccaccio", que lhe fora emprestado por "Nicolò de Melchiori" — possivelmente o tal pintor Nicola da Porcia, com quem, segundo uma testemunha, vimos, Menocchio tinha "aprendido as heresias".

Tudo o que vimos até agora demonstra que Menocchio não reproduzia simplesmente opiniões e teses de outros. Seu modo de lidar com os livros, suas afirmações deformadas e trabalhosas são sem dúvida sinais de uma reelaboração original. É evidente que esta não partira do nada. Cada vez com mais nitidez, vemos como ali se encontram, de modos e formas a serem ainda precisados, correntes cultas e correntes populares. Talvez tenha sido Nicola da Porcia quem colocou nas mãos de Menocchio, além do *Sogno dil Caravia*, um exemplar do *Decameron*. Mas esse livro, ou ao menos parte dele — o terceiro conto do primeiro dia, no qual é contada a lenda dos três anéis —, causou profunda impressão em Menocchio. Como ele reagia aos outros contos de Boccaccio infelizmente não sabemos. É provável que sua atitude religiosa, tão contrária às limitações confessionais, tenha encontrado confirmação no conto do judeu Melquisedeque. Porém, justamente a página de Boccaccio sobre a lenda dos três anéis havia sofrido o corte da censura contrarreformística, notoriamente muito mais atenta às passagens perigosas no plano religioso do que a presumíveis obscenidades. Na verdade, Menocchio deve ter lido uma edição mais antiga, ou que não houvesse sido vítima das intervenções dos censores. Assim, o choque entre Gerolamo Asteo, inquisidor e canônico, e o moleiro Domenico Scandella, conhecido por Menocchio, a respeito do conto dos três anéis e sua exaltação à tolerância foi, de alguma forma, simbólico. A Igreja católica nesse período combatia em duas frentes: contra a cultura erudita velha e nova, irredutível aos esquemas contrarreformísticos, e contra a cultura popular. Entre esses dois inimigos tão diversos às vezes existiam, como vimos, convergências subterrâneas.

A resposta de Menocchio à pergunta do inquisidor — "O senhor acredita então que não se saiba qual seja a melhor lei?" — foi sutil: "Senhor, eu *penso que cada um acha que a sua fé seja a melhor, mas não se sabe qual é a melhor...*". Era a tese dos fautores da tolerância, tolerância que Menocchio estendia — como Castellione — não só às três grandes religiões históricas, mas também aos heréticos. E assim, como nos teóricos contemporâneos, a posição de Menocchio acerca da tolerância tinha um conteúdo positivo: "A majestade de Deus distribuiu o Espírito Santo para todos: cristãos, heréticos, turcos, judeus, tem a mesma consideração por todos, e de algum modo todos se salvarão". Mais do que tolerância em sentido estrito, tratava-se do reconhecimento explícito da equivalência de todas as fés, em nome de uma religião simplificada, sem caracterizações dogmáticas ou confessionais. Algo parecido com a fé no "Deus da natureza" que Mandeville encontrara em todas as populações, até nas mais remotas, mais disformes e monstruosas — mesmo que, como veremos, Menocchio tenha de fato rejeitado a ideia de um Deus criador do mundo.

Porém, em Mandeville tal reconhecimento era acompanhado pela reafirmação da superioridade da religião cristã contra a verdade parcial das outras religiões. Pela enésima vez, portanto, Menocchio tinha extrapolado os textos. Seu radicalismo religioso, embora tendo ocasionalmente se nutrido de temas da tolerância medieval, ia muito mais ao encontro das sofisticadas teorizações religiosas dos heréticos contemporâneos de formação humanista.

24

Vimos, portanto, como Menocchio lia seus livros: destacava, chegando a deformar, palavras e frases; justapunha passagens diversas, fazendo explodir analogias fulminantes. Toda vez que confrontamos os textos com suas reações a eles, fomos levados a postular que Menocchio possuía uma chave de leitura oculta que as possíveis relações com um ou outro grupo de heréticos não são suficientes para explicar. Menocchio triturava e reelaborava suas leituras, indo muito além de qualquer modelo preestabelecido. Suas afirmações mais desconcertantes nasciam do contato com textos inócuos, como *As viagens*, de Mandeville, ou a *Historia del Giudicio*. Não o livro em si, mas o encontro da página escrita com a cultura oral é que formava, na cabeça de Menocchio, uma mistura explosiva.

25

Retornemos então à cosmogonia de Menocchio, que no início nos parecera indecifrável. Agora podemos reconstruir sua complexa estratificação. Ela começava desviando-se imediatamente do Gênese e de sua interpretação ortodoxa, afirmando a existência de um caos primordial: "Eu disse que segundo meu pensamento e crença tudo era um caos, isto é, terra, ar, água e fogo juntos..." (7 de fevereiro). Num interrogatório subsequente, como vimos, o vigário-geral interrompeu Menocchio, que discorria sobre as *Viagens* de Mandeville, e lhe perguntou "se esse livro não falava do caos". Menocchio negou, repropondo (desta vez, de forma consciente) o já citado cruzamento entre cultura escrita e cultura oral: "Não, senhor, mas sobre isso eu li no *Fioretto della Bibbia*, mas as outras coisas que eu disse sobre o caos eu tirei da minha própria cabeça".

Na verdade, Menocchio não se lembrava muito bem. O *Fioretto della Bibbia* não falava propriamente do caos. Apesar disso, a narrativa bíblica sobre a criação é precedida, sem preocupação nenhuma com a coerência, de uma série de capítulos derivados em grande parte do *Elucidarium*, de Honório d'Autun, em que a metafísica se mistura à astrologia, e a teologia à doutrina dos quatro temperamentos. O capítulo IV do *Fioretto*, "Como Deus criou o homem a partir dos quatro elementos", começa da seguinte maneira: "Como está dito, Deus no princípio fez uma grande matéria, a qual não tinha forma, nem feição, e fez tanta que podia dali tirar ou fazer o que quisesse; dividiu-a e distribuiu-a e dela retirou o homem formado pelos quatro elementos [...]". Aqui, como se vê, é postulada a indistinção primordial dos elementos, o que de fato exclui a criação *ex nihilo*, todavia o caos não é mencionado. É provável que Menocchio tenha tomado conhecimento desse termo erudito num livro ao qual se referiu incidentalmente durante o segundo processo (mas em 1584, como se verá, já o sabia): o *Supplementum supplementi delle croniche*, do ermitão Jacopo Filippo Foresti. Essa crônica, escrita no final do século XV, porém alicerçada em bases ainda claramente medievais, começa com a criação do mundo. Depois de ter citado Agostinho, patrono da sua ordem, Foresti escreveu: "[...] e está dito, no princípio Deus fez o céu e a terra: não que este existisse realmente, mas porque existia em potencial, para que depois se escrevesse que o céu fora feito; é como se, considerando as sementes de uma árvore, já falássemos em raiz, tronco, ramos, frutos e folhas: não que já existam, mas porque vão existir. E assim se diz que no princípio Deus fez o céu e a terra, quando a matéria do céu e da terra ainda estava fundida, mas, como estava certo de que seria o céu e a terra, tal matéria já foi chamada de céu e terra. Essa forma enorme, sem figuras definidas, foi chamada por Ovídio, no início de seu livro mais volumoso, e também por alguns filósofos, de Caos, o qual Ovídio menciona nesse mesmo livro, dizendo: 'Antes da terra, do mar, do céu que tudo cobre, a natureza era uma massa que os filósofos chamavam Caos, uma grande e indigesta matéria: e não era mais do que uma massa incerta e inerte reunindo num mesmo círculo, e as sementes discordantes de coisas não bem combinadas'".

Partindo da ideia de harmonizar a Bíblia com Ovídio, Foresti acabou por expor uma cosmogonia mais ovidiana que bíblica. A concepção de um caos primordial, de "grande e indigesta matéria", atingiu profundamente Menocchio. Daí ele extraiu, depois de muito pensar, "as outras coisas [...] sobre o caos [...] da sua própria cabeça".

Menocchio tentou comunicar essas "coisas" aos seus conterrâneos: "Eu ouvi ele dizer que no princípio este mundo era nada, que a água do mar foi batida como a espuma e se coagulou como o queijo, do qual nasceu uma infinidade de vermes; esses vermes se tornaram homens, dos quais o mais potente e sábio foi Deus e os outros lhe dedicaram obediência...".

Tratava-se de um testemunho muito indireto, até mesmo de terceira mão: Povoledo estava relatando o que um amigo lhe contara oito dias antes, "caminhando pela rua, indo para o mercado em Pordenone"; e o amigo, por sua vez, lhe tinha repetido o que ouvira de um outro amigo, que havia falado com Menocchio. De fato, Menocchio, no primeiro interrogatório, deu uma versão um pouco diferente: "Eu disse que segundo meu pensamento e crença tudo era um caos [...] e de todo aquele volume em movimento se formou uma massa, do mesmo modo como o queijo é feito do leite, e do qual surgem os vermes, e esses foram os anjos. A santíssima majestade quis que aquilo fosse Deus e os outros, anjos, e entre todos aqueles anjos estava Deus, *ele também criado daquela massa, naquele mesmo momento...*". Aparentemente, ao passar de boca em boca, o discurso de Menocchio havia sido simplificado e distorcido. Uma palavra difícil como "caos" desaparecera, sendo substituída por uma variante mais ortodoxa ("No princípio este mundo era nada"). A sequência queijo-vermes-anjos-santíssima majestade-Deus, o mais potente dos anjos-homens, tinha sido reduzida, durante a trajetória, a outra, queijo-vermes-homens-Deus, o mais potente dos homens.

Porém, na versão dada por Menocchio, a referência à espuma batida da água do mar não estava presente. Impossível que Povoledo a tivesse inventado. A sequência do processo mostrou claramente que Menocchio estava pronto a variar este ou aquele elemento da sua cosmogonia, desde que mantivesse intacto seu caráter essencial. Assim, à indagação do vigário-geral — "O que era essa santíssima majestade?" — respondeu: "Eu entendo a san-

97

tíssima majestade como *o espírito de Deus, que sempre existiu*". Num interrogatório subsequente ainda precisou: no dia do Juízo, os homens serão julgados "por aquela santíssima majestade que eu citei antes, *que existia antes que existisse o caos*". E, numa versão ulterior, substituiu Deus pela "santíssima majestade", o Espírito Santo por Deus: "Eu acredito que o eterno Deus daquele caos do qual eu já falei tenha retirado dali a mais perfeita luz, assim como se faz o queijo, e daquela luz fez os espíritos que nós chamamos anjos, entre os quais elegeu o mais nobre, e a ele deu toda sua sabedoria, toda sua vontade e todo seu poder, e este é o que nós chamamos Espírito Santo, o qual foi colocado por Deus na criação do mundo inteiro...". Quanto à anterioridade de Deus em relação ao caos, mudou ainda uma vez de opinião: "Esse Deus estava no caos como alguém que está na água e quer se expandir, como alguém que está num bosque e quer se expandir: seu intelecto, tendo recebido conhecimento, quis se expandir para criar este mundo". "Mas então", perguntou o inquisidor, "Deus foi sempre eterno e esteve sempre no caos?" "Eu acredito que sempre tenham estado juntos, nunca separados, isto é, nem o caos sem Deus, nem Deus sem o caos." Diante dessa miscelânea, o inquisidor tentou (era 12 de maio) obter um pouco de clareza antes de concluir definitivamente o processo.

26

INQUISIDOR: O senhor pareceu se contradizer nas respostas anteriores, quando falou de Deus, porque numa disse que Deus é eterno com o caos e, em outra, disse que ele foi feito do caos. Agora esclareça seu pensamento.

MENOCCHIO: A minha opinião é que Deus é eterno com o caos, mas não conhecia a si próprio e nem era vivo, mas depois se conheceu, e isso é o que eu entendo por ter sido feito do caos.

INQUISIDOR: O senhor disse anteriormente que Deus tinha intelecto; como é então que antes não conhecia a si mesmo e qual foi a causa que o fez se conhecer? Explique também o que aconteceu a Deus que possibilitou que ele, não estando vivo, se tornasse vivo depois.

MENOCCHIO: Acredito que tenha acontecido com Deus o mesmo que acontece às coisas deste mundo, que vão da imperfeição à perfeição, como uma criança, por exemplo, que, enquanto está no ventre da mãe, não compreende, nem vive, mas logo que sai começa a viver e, à medida que cresce, começa a entender; assim Deus, que era imperfeito enquanto estava no caos, não compreendia nem vivia, mas depois, se expandindo nesse caos, começou a viver e a compreender.

INQUISIDOR: Esse intelecto divino no princípio conhecia todas as coisas distintamente e em detalhes?

MENOCCHIO: Ele conhecia todas as coisas que deveriam ser feitas, sabia do homem e também que daquele deveriam nascer outros, mas não conheceu todos aqueles que deveriam nascer, como, por exemplo, os que tocam os rebanhos sabem de quais animais vão nascer outros, mas não sabem especificamente todos os que vão nascer. Assim, Deus via tudo, mas não via todos os detalhes do que viria a acontecer.

INQUISIDOR: No princípio esse intelecto divino teve conhecimento de todas as coisas: de onde recebeu essa informação, da sua própria essência ou por outra via?

MENOCCHIO: O intelecto recebia conhecimento do caos, onde todas as coisas se encontravam confundidas, e em seguida o caos deu ordem e compreensão a esse intelecto, assim como nós conhecemos a terra, a água, o ar e o fogo e aos poucos pudemos distingui-los.

INQUISIDOR: Esse Deus não possuía vontade e poder antes que fizesse todas as coisas?

MENOCCHIO: Sim, assim como nele crescia o conhecimento, também cresciam vontade e poder.

INQUISIDOR: Poder e querer são a mesma coisa para Deus?

MENOCCHIO: São distintas, assim como são para nós: quando existe o querer, é preciso que exista o poder para fazer alguma coisa. Por exemplo, o carpinteiro, se quiser fazer um banco, precisa de instrumentos para poder fazê-lo e, se não tiver a madeira, sua vontade é inútil. O mesmo dizemos sobre Deus; além do querer, é preciso o poder.

INQUISIDOR: Qual é o poder de Deus?

MENOCCHIO: Operar através de trabalhadores.

INQUISIDOR: Os anjos, que para o senhor são ministros de Deus na criação do mundo, foram feitos diretamente por Deus, ou então por quem?

MENOCCHIO: Foram produzidos pela natureza, a partir da mais perfeita substância do mundo, assim como os vermes nascem do queijo, e quando apareceram receberam vontade, intelecto e memória de Deus, que os abençoou.

INQUISIDOR: Poderia Deus fazer todas as coisas sozinho, sem a ajuda dos anjos?

MENOCCHIO: Sim; assim como alguém que constrói uma casa usa trabalhadores e ajudantes mas se diz que fez tudo sozinho, Deus, na criação do mundo, usou os anjos, mas se diz que foi Deus quem o fez. E, da mesma forma que aquele construtor poderia ter feito sua casa sozinho, mas levaria mais tempo, Deus poderia ter construído o mundo sozinho, mas em muito mais tempo.

INQUISIDOR: Se não tivesse existido a substância da qual foram produzidos todos os anjos, se não tivesse existido o caos, Deus teria podido fazer toda a máquina do mundo sozinho?

MENOCCHIO: Eu acredito que não se possa fazer nada sem matéria e Deus também não poderia ter feito coisa alguma sem matéria.

INQUISIDOR: Aquele espírito ou anjo supremo, pelo senhor chamado de Espírito Santo, é da mesma natureza e essência de Deus?

MENOCCHIO: Deus e os anjos são da mesma essência do caos, mas diferentes em perfeição, porque a substância de Deus é mais perfeita e não é a mesma do Espírito Santo, sendo Deus a luz mais perfeita; o mesmo digo de Cristo, que é de substância inferior à de Deus e à do Espírito Santo.

INQUISIDOR: O Espírito Santo é tão poderoso quanto Deus? E Cristo também é tão poderoso quanto Deus e o Espírito Santo?

MENOCCHIO: O Espírito Santo não é tão poderoso quanto Deus e nem Cristo é tão poderoso quanto Deus e o Espírito Santo.

INQUISIDOR: Aquele que o senhor chama de Deus foi feito, produzido por alguém?

MENOCCHIO: Não foi produzido por outros, mas recebe seu movimento das mudanças do caos e vai da imperfeição à perfeição.

INQUISIDOR: E o caos, quem o move?

MENOCCHIO: Ele se move sozinho.

27

Assim, na sua linguagem densa, recheada de metáforas ligadas ao cotidiano, Menocchio explicava sua cosmogonia tranquilamente, com segurança, aos inquisidores estupefatos e curiosos (caso contrário, por que teriam conduzido um interrogatório tão detalhado?). Apesar da grande variedade de termos teológicos, um ponto permanecia constante: a recusa em atribuir à divindade a criação do mundo — e, ao mesmo tempo, a obstinada reafirmação do elemento aparentemente muito bizarro: o queijo, os vermes-anjos nascidos do queijo.

Talvez seja possível detectar aqui um eco da *Divina comédia* ("Purgatório", X, 124-25):

> ... *vermes*
> *nascidos para formar angélica borboleta,*

sobretudo porque o comentário de Vellutello sobre esses versos ("*Angélica, isto é, divina, tendo sido criada por Deus para preencher os lugares que os anjos negros perderam, expulsos do céu*") está reproduzido literalmente numa outra passagem da cosmogonia de Menocchio: "E esse Deus fez depois Adão e Eva e o povo em multidão para *preencher os lugares dos anjos expulsos*". Seria muito estranho que a convergência de duas coincidências numa única página fosse obra do acaso. Mas, se Menocchio tivesse lido Dante — talvez para conhecer um mestre em verdades religiosas e morais —, por que justamente aqueles versos ("[...] vermes/ nascidos para formar angélica borboleta") ficaram gravados em sua mente?

Na verdade, Menocchio não havia retirado sua cosmogonia dos livros. "Foram produzidos pela natureza [os anjos], a partir da mais perfeita substância do mundo, assim como os vermes nascem do queijo, e quando apareceram receberam vontade, intelecto e memória de Deus, que os abençoou": parece claro pela resposta de Menocchio que a insistente remissão ao queijo e aos vermes tinha uma função puramente analógico-explicativa. A experiência cotidiana do surgimento de vermes do queijo putrefato servia para Menocchio explicar o nascimento dos seres viventes — os primeiros, os mais perfeitos, foram os anjos — do caos, da matéria "grande e indigesta", *sem recorrer à intervenção de Deus*. O caos precede a "santíssima majestade", que não é melhor definida; do caos nasceram os primeiros seres viventes — os anjos e mesmo Deus, que era o maior de todos — por geração espontânea, "produzidos pela natureza". A cosmogonia de Menocchio era substancialmente materialista e tendencialmente científica. A doutrina da geração espontânea da vida a partir do inanimado, compartilhada por todos os intelectuais do tempo (e continuaria sendo até os experimentos de Francesco Redi, mais de um século depois), era, de fato, mais científica que a doutrina da Igreja no que concerne à criação, baseada no Gênese. Walter Raleigh, em nome de "experiências sem arte", pôde relacionar a mulher que faz o queijo (queijo!) e o filósofo natural: ambos sabem que o coalho faz coagular o leite na batedeira, mesmo não sabendo explicar por quê.

Porém, não é através das experiências cotidianas de Menocchio que obteremos todas as explicações; talvez, melhor dizendo, elas não expliquem nada. A analogia entre a coagulação do queijo e a condensação da nebulosa destinada a formar o globo terrestre pode parecer óbvia para nós, mas com certeza não era para Menocchio. E não apenas isso. Sugerindo essa analogia, ele estava reproduzindo, sem saber, mitos antiquíssimos, remotos. Num mito indiano, mencionado já nos *Veda*, a origem do cosmo é explicada pela coagulação — semelhante à do leite — das águas do mar primordial, batidas pelos deuses criadores. Segundo os calmucos, no início dos tempos, as águas do mar se cobriram de uma camada sólida, como a que se forma sobre o leite, de onde saíram plantas, animais, homens e deuses. "No princípio este mundo era nada, e [...] a água do mar foi batida como a espuma e se coagulou como o queijo, do qual nasceu uma infinidade de vermes; esses vermes se tornaram homens, dos quais o mais potente e sábio foi Deus": foram mais ou menos essas (salvo as simplificações já citadas) as palavras ditas por Menocchio.

É uma coincidência espantosa — digamos até mesmo inquietante — para quem não possui explicações prontas e inaceitáveis, como a existência de um inconsciente coletivo, ou simples demais, como o acaso. Decerto, Menocchio falava de um queijo bem real, nada mítico, o queijo que vira ser feito (ou que talvez ele próprio tivesse feito) inúmeras vezes. Os pastores do Altai, entretanto, haviam traduzido a mesma experiência num mito cosmogônico. Apesar da diversidade, que não deve ser subestimada, a coincidência permanece. Não se pode excluir o fato de que ela constitua uma das provas, fragmentária e em parte extinta, da existência de uma tradição cosmológica que, ultrapassando as diferenças de linguagem, combina mito e ciência. É curioso que a metáfora do queijo que gira reapareça um século depois do processo de Menocchio num livro (destinado a criar grandes polêmicas) em que o teólogo inglês Thomas Burnet procurava aproximar a Escritura da ciência do seu tempo. Pode ser que se tratasse de um reflexo, talvez inconsciente, da antiga cosmogonia indiana à qual Burnet dedicava algumas páginas de sua obra. Mas no caso de Menocchio é impossível não pensar em transmissão direta — transmissão oral, de geração para geração. Essa hipótese parece menos improvável se pensarmos na difusão — durante os mesmos anos e justamente no Friuli — de um culto de base xamanista como o dos *benandanti*. A cosmogonia de Menocchio se localiza nesse terreno, ainda quase inexplorado, de relações e migrações culturais.

28

Nos discursos de Menocchio, portanto, vemos emergir, como que por uma fenda no terreno, um estrato cultural profundo, tão pouco comum que se torna quase incompreensível. Esse caso, diferentemente dos outros examinados até aqui, envolve não só uma reação filtrada pela página escrita, mas também um resíduo irredutível de cultura oral. Para que essa cultura *diversa* pudesse vir à luz, foram necessárias a Reforma e a difusão da imprensa. Graças à primeira, um simples moleiro pôde pensar em *tomar a palavra* e expor suas próprias opiniões sobre a Igreja e sobre o mundo. Graças à segunda, tivera *palavras* à sua disposição para exprimir a obscura, inarticulada visão de mundo que fervilhava dentro dele. Nas frases ou nos arremedos de frases arrancadas dos livros, encontrou os instrumentos para formular e defender suas próprias ideias durante anos, com seus conterrâneos num primeiro momento, e, depois, contra os juízes armados de doutrina e poder.

Desse modo, viveu pessoalmente o salto histórico de peso incalculável que separa a linguagem gesticulada, murmurada, gritada, da cultura oral, da linguagem da cultura escrita, desprovida de entonação e cristalizada nas páginas dos livros. Uma é como um prolongamento do corpo; a outra é "coisa da mente". A vitória da cultura escrita sobre a oral foi, acima de tudo, a vitória da abstração sobre o empirismo. Na possibilidade de emancipar-se das situações particulares está a raiz do eixo que sempre ligou de modo inextricável escritura e poder. Casos como o Egito e a China, onde castas respectivamente sacerdotais e burocráticas monopolizaram durante milênios a escritura hieroglífica e ideográfica, deixam isso claro. A invenção do alfabeto — que cerca de quinze séculos antes de Cristo quebrou pela primeira vez esse monopólio — não foi suficiente, contudo, para pôr a palavra à disposição de todos. Somente a imprensa tornou mais concreta essa possibilidade.

Menocchio era conscientemente orgulhoso da originalidade de suas ideias e, por isso, desejava expô-las às mais altas autoridades civis e religiosas. Ao mesmo tempo, porém, sentia necessidade de dominar a cultura dos seus adversários. Compreendia que a escritura e a capacidade de dominar e transmitir a cultura escrita eram fontes de poder. Não se limitou, portanto, a denunciar a "traição dos pobres" pelo uso de uma língua burocrática (e sacerdotal) como o latim. O horizonte de sua polêmica era mais amplo. "O que é que você pensa, os inquisidores não querem que nós saibamos o que eles sabem" — exclamou muitos anos depois da ocorrência dos fatos que estamos contando, dirigindo-se a um conterrâneo, Daniel Jacomel. Entre "nós" e "eles" a contraposição era clara. "Eles" eram os "superiores", os poderosos — não só os situados no vértice da hierarquia eclesiástica. "Nós", os camponeses. É quase certo que Daniel era analfabeto (durante o segundo processo, citou algumas palavras de Menocchio, todavia não assinou o depoimento). Menocchio, ao contrário, sabia ler e escrever, mas nem por isso pensava que a longa luta que iniciara com as autoridades dissesse respeito só a ele. O desejo de "procurar coisas maiores", que confessara de maneira vaga doze anos antes perante o inquisidor de Portogruaro, continuava a parecer-lhe não só legítimo, como potencialmente ao alcance de todos. Ilegítima, ou melhor, absurda devia lhe parecer, ao contrário, a pretensão dos clérigos em manter o monopólio de um conhecimento que podia ser comprado por "dois soldos" nas banquinhas de livreiros em Veneza. A ideia da cultura como privilégio fora gravemente ferida (com certeza não eliminada) pela invenção da imprensa.

29

Justamente nas páginas do tal *Fioretto della Bibbia* comprado em Veneza por "dois soldos" Menocchio encontrara os termos eruditos que desfilavam em suas confissões ao lado de palavras empregadas no dia a dia. Assim, no interrogatório de 12 de maio, encontramos "criança no ventre da mãe", "rebanho", "carpinteiro", "banco", "trabalhador", "queijo", "vermes", mas também "imperfeito", "perfeito", "substância", "matéria", "vontade, intelecto e memória". A primeira parte do *Fioretto*, em especial, caracteriza-se, à primeira vista, por uma mistura análoga de léxico humilde e sofisticado. Tomemos o capítulo III, "Como Deus não pode querer o mal e muito menos recebê-lo": "Deus não pode querer o mal nem recebê-lo, porque ordenou esses elementos de forma que um não interferisse no outro e assim estarão enquanto o mundo durar. Alguns dizem que o mundo durará eternamente, dando como razão que, quando um corpo morre, a carne e os ossos voltam àquela matéria da qual foram criados [...]. Podemos ver facilmente a função da natureza, como ela concilia as coisas discordantes de modo que todas as diversidades são reduzidas à unidade, e as combina em cada corpo, em cada substância: e combina também em plantas e sementes. Pela combinação do homem e da mulher, engendra as criaturas segundo o curso natural. Júpiter gera outras criaturas e, através de Júpiter, outras criaturas são geradas de acordo com a ordem da natureza. Entretanto, pode-se ver que a natureza está sujeita a Deus...".

"Matéria", "natureza", "unidade", "elementos", "substância"; a origem do mal; a influência dos astros; a relação entre criador e criatura. Exemplos como esses poderiam ser facilmente encontrados. Alguns conceitos cruciais e alguns dos temas mais discutidos na tradição cultural da Antiguidade e da Idade Média chegaram até Menocchio através de um pobre e desordenado compêndio, o *Fioretto della Bibbia*. É difícil supervalorizar sua importância. Antes de mais nada, deu a Menocchio instrumentos linguísticos e conceituais para que ele elaborasse e exprimisse sua visão de mundo. Além disso, com um método expositivo à maneira dos escolásticos — enunciação e subsequente refutação de opiniões errôneas —, contribuiu certamente para desencadear sua voraz curiosidade intelectual. O patrimônio doutrinal que o pároco de Montereale apresentava como um edifício compacto e inatacável revelava-se sujeito às interpretações mais contrastantes no *Fioretto*. No capítulo XXVI, por exemplo, "Como Deus inspira as almas nos corpos", Menocchio teve a oportunidade de ler:

"Muitos filósofos foram enganados e incorreram em grandes erros sobre a criação das almas. Alguns disseram que as almas são feitas eternamente. Outros dizem que todas as almas são uma e que os elementos são cinco, os quatro citados acima e ainda um outro, chamado *orbis*, e dizem que desse *orbis* Deus fez a alma de Adão e todas as outras. E por isso dizem que o mundo não acabará jamais, porque, quando o homem morre, retorna aos seus elementos. Outros dizem que as almas são aqueles espíritos malignos que caem e entram então nos corpos humanos e, se um morre, entram em outro corpo, e tanto fazem até que eles se salvam: dizem que, no fim do mundo, todos esses se salvarão. Outros dizem que o mundo não vai acabar e no início do 34º milênio uma nova vida irá começar e cada alma retornará ao seu corpo. Tudo isso são erros e quem os disse são pagãos, heréticos, cismáticos, inimigos da verdade e da fé, desconhecedores das coisas divinas. Respondendo aos primeiros que dizem...". Mas Menocchio não se deixava intimidar pelos ataques do *Fioretto*. E sobre essa questão não hesitou em se manifestar. O exemplo dos "muitos filósofos", em vez de fazê-lo submeter-se à interpretação da autoridade, levava-o a "procurar coisas maiores", a seguir a linha do seu próprio pensamento.

Assim, uma massa de elementos compostos — antigos e não tão antigos — convergiu para uma construção nova. Sobre um muro via-se um fragmento quase irreconhecível de um capitel ou o perfil semidestruído de um arco pontiagudo: mas o esboço do edifício era seu, de Menocchio. Com inconsciente desenvoltura servia-se de vestígios de pensamentos alheios como de pedras e tijolos. Porém, os instrumentos linguísticos e conceituais com os quais tomou contato não eram neutros nem inocentes. Aqui está a origem da maior parte das contradições, incertezas e incongruências de seus discursos. Empregando uma terminologia embebida de cristianismo, neoplatonismo e filosofia escolástica, Menocchio procurava exprimir o materialismo elementar, instintivo, de gerações e gerações de camponeses.

30

Para fazer jorrar o sangue vivo dos pensamentos de Menocchio é preciso romper a crosta formada por essa terminologia. O que Menocchio queria realmente dizer quando falava de Deus, da santíssima majestade de Deus, do espírito de Deus, do Espírito Santo, da alma?

Vamos partir do elemento mais evidente na linguagem de Menocchio: sua densidade metafórica. As palavras da experiência cotidiana já citadas — "criança no ventre da mãe", "rebanhos", "queijo" e outras — são introduzidas por metáforas. Ora, as imagens que brilham no *Fioretto della Bibbia* têm um claro e exclusivo objetivo: ser didáticas — ilustram com exemplos de fácil compreensão os argumentos que se deseja transmitir ao leitor. A função das metáforas nos discursos de Menocchio é outra; em certo sentido, inversa. Num universo linguístico e mental como o seu, fortemente marcado por uma fidelidade absoluta às palavras, mesmo as metáforas devem ser tomadas com rigor ao pé da letra. O conteúdo destas, jamais casual, faz transparecer a linha do verdadeiro e não explicitado discurso de Menocchio.

31

Comecemos por Deus. Para Menocchio, ele é acima de tudo um pai. O jogo das metáforas restitui, assim, ao epíteto tradicional e tão desgastado um sentido novo. Deus é um pai para os homens: "Todos somos filhos de Deus, da mesma natureza que a do que foi crucificado". Todos: cristãos, heréticos, turcos, judeus — "tem a mesma consideração por todos, e de algum modo todos se salvarão". Queiram ou não queiram, continuam sempre filhos do pai: "Chama todos, turcos, judeus, cristãos, heréticos, assim como um pai que possui muitos filhos e chama todos da mesma maneira; embora alguns não queiram, pertencem ao pai". No seu amor, o pai nem se importa que os filhos blasfemem contra ele: blasfemar "faz mal só a si próprio e não ao próximo, da mesma forma que, se eu tenho uma manta e decido desmanchá-la, faço mal só a mim mesmo e não aos outros, e acredito que quem não faz mal ao próximo, não comete pecado. Somos todos filhos de Deus e, se não fizermos mal uns aos outros, como, por exemplo, se um pai tem muitos filhos e um deles diz 'Maldito seja meu pai', o pai o perdoa, mas, se quebra a cabeça de um outro, o pai não pode perdoar. Ele tem que pagar por isso. E assim eu disse que blasfemar não é pecado porque não faz mal a ninguém".

Tudo isso está ligado, como vimos, à afirmação segundo a qual é menos importante amar a Deus do que amar ao próximo — próximo que deve ser também entendido da maneira mais literal possível. Deus é um pai amoroso mas distante da vida de seus filhos.

Todavia, além de pai, Deus parece ser para Menocchio a própria imagem da autoridade. Por mais de uma vez fala numa "santíssima majestade", ora distinta de Deus, ora identificada com o "espírito de Deus" ou com o próprio Deus. Além disso, Deus é comparado a um "grande capitão", que "enviou como embaixador junto aos homens seu filho". Ou, então, a um homem de bem: no paraíso "quem irá sentar naqueles lugares, verá todas as coisas e é parecido com o homem de bem que põe todas as suas coisas para serem vistas". O "Senhor Deus" é acima de tudo, e literalmente, um senhor: "Eu disse que, se Jesus Cristo era Deus eterno, não podia se deixar prender e ser crucificado; eu não estava certo sobre esse ponto, mas duvidava como disse, porque me parecia estranho que um senhor se deixasse prender assim. Eu suspeitava que, tendo sido crucificado, não tivesse sido Deus...".

Um senhor. Porém, a principal característica dos senhores é não trabalhar, porque têm quem trabalhe por eles. É esse o caso de Deus: "Quanto às indulgências, acredito que sejam boas, porque, se Deus pôs um homem em seu lugar, que é o papa, e mandou perdoar, isto é bom, porque é como se recebêssemos de Deus, já que são dadas por seu representante". Contudo, o papa não é o único agente de Deus: o Espírito Santo também "é como se fosse um feitor de Deus; esse Espírito Santo elegeu depois quatro capitães, quer dizer, agentes entre os anjos criados...". Os homens foram feitos "pelo Espírito Santo segundo a vontade de Deus e de seus ministros; e, como um feitor que participa da obra dos ministros, o Espírito Santo também pôs sua mão".

Deus é, portanto, não só um pai, mas um patrão — um proprietário de terras que não suja suas mãos trabalhando e confia as incumbências cansativas aos seus feitores. Estes também só "põem a mão" excepcionalmente: o Espírito Santo, por exemplo, fez a terra, as árvores, os animais, os homens, os peixes e todas as outras criaturas "através dos anjos, que trabalhavam para ele". É verdade que Menocchio não exclui (respondendo a uma pergunta dos inquisidores nesse sentido) a possibilidade de que Deus tivesse feito o mundo sem a ajuda dos anjos: "Assim como alguém que constrói uma casa usa trabalhadores e ajudantes, mas se diz que fez tudo sozinho, Deus, na criação do mundo, usou os anjos, mas se diz que foi Deus quem o fez. E, da mesma forma que aquele construtor poderia ter feito sua casa sozinho, mas levaria mais tempo, Deus poderia ter construído o mundo sozinho, mas em muito mais tempo". Deus tem o "poder": "Quando existe o querer, é preciso que exista o poder para fazer alguma coisa. Por exemplo, o carpinteiro, se quiser fazer um banco, precisa de instrumentos para poder fazê-lo e, se não tiver a madeira, sua vontade é inútil. O mesmo dizemos sobre Deus; além do querer, é preciso o poder". Mas esse poder consistia no "operar através de trabalhadores".

Essas metáforas recorrentes são com certeza uma resposta à necessidade de tornar mais próximas e compreensíveis as figuras centrais da religião, traduzindo-as em termos da experiência cotidiana. Menocchio, que declarara aos inquisidores que suas profissões, além da de moleiro, eram as de "carpinteiro, marceneiro, pedreiro", comparou Deus a um carpinteiro, a um pedreiro. Mas, da efervescência das metáforas, emerge um conteúdo mais profundo. A "criação do mundo" é mais uma vez, literalmente, uma ação material — "Eu acredito que não se possa fazer nada sem matéria e Deus também não poderia ter feito coisa alguma sem matéria" —, um trabalho manual. Todavia, Deus é um senhor e os senhores não usam as mãos para trabalhar. "Esse Deus fez, criou, produziu alguma criatura?" — perguntaram os inquisidores. "Ele providenciou que fosse dada a vontade para que todas as coisas fossem feitas" — respondeu Menocchio. Mesmo quando comparado a um carpinteiro ou pedreiro, Deus possui sempre "feitores" ou "trabalhadores" a seu serviço. Uma única vez, arrebatado pelo seu discurso cheio de entusiasmo contra a adoração das imagens, Menocchio falou do "Deus único que fez o céu e a terra". Na verdade, para ele, Deus não *fez* nada, da mesma forma que seu capataz, o Espírito Santo, nada fez também. Quem pôs mãos à obra na "criação do mundo" foram os "feitores", os "trabalhadores" — os anjos. E os anjos, quem os tinha feito? A natureza: "Foram produzidos pela natureza, a partir da mais perfeita substância do mundo, assim como os vermes nascem do queijo...".

"As primeiras criaturas que foram criadas no mundo foram os anjos", Menocchio pudera ler no *Fioretto della Bibbia*, "e, porque foram criados da mais nobre matéria que existia, pecaram por soberba e foram privados dos seus lugares." Mas lera também: "Vejam, porém, que a natureza é submissa a Deus, assim como o martelo e a bigorna ao ferreiro que fabrica o que quer, uma espada, uma faca ou outras coisas, e, embora use martelo e bigorna, não é o martelo que faz, mas o ferreiro". Isso, todavia, não podia aceitar. Sua visão teimosamente materialista não admitia a presença de um Deus criador. De um Deus, sim — mas era um Deus distante, como um patrão que deixa suas terras nas mãos dos "feitores" e dos "trabalhadores".

Um Deus distante ou então (o que dá no mesmo) muito próximo, diluído nos elementos, idêntico ao mundo. "Eu acredito que o mundo todo, isto é, ar, terra e todas as belezas deste mundo são Deus [...]: porque se diz que o homem é formado à imagem e semelhança de Deus, e no homem existe ar, fogo, terra e água, e disso segue que ar, terra, fogo e água são Deus."

E disso segue: mais uma vez o imperturbável raciocínio de Menocchio se movia por entre os textos (a Escritura, o *Fioretto*) com a mais extraordinária liberdade.

32

Mas nas discussões com seus conterrâneos Menocchio fazia afirmações muito mais impetuosas: "Quem é esse tal de Deus? É uma traição da Escritura, que o inventou para nos enganar; se fosse Deus se mostraria"; "Quem é que vocês pensam que seja Deus? Deus não é nada além de um pequeno sopro e tudo o mais que o homem imagina"; "O que é o Espírito Santo? [...] Não se vê esse tal de Espírito Santo". No entanto, quando lhe repetiram essas palavras durante o processo, Menocchio exclamou indignado: "Nunca se encontrará quem afirme que eu tenha dito que o Espírito Santo não existe; pelo contrário, minha maior fé neste mundo está justamente no Espírito Santo e na palavra do altíssimo Deus que ilumina o mundo todo".

O contraste entre os testemunhos dos habitantes de Montereale e os autos do processo é flagrante. Tentou-se resolvê-lo, atribuindo as confissões de Menocchio ao medo, ao desejo de se ver livre da condenação do Santo Ofício. O "verdadeiro" Menocchio seria aquele que rodava pelas ruas de Montereale negando a existência de Deus — o outro, o Menocchio do processo, um disfarce. Porém, essa suposição se choca com uma dificuldade substancial. Se Menocchio quisesse realmente esconder dos juízes os aspectos mais radicais de seu pensamento, por que insistia tanto na afirmação da mortalidade da alma? Por que continuava irredutível, negando a divindade de Cristo? Na verdade, afora alguma reticência ocasional no primeiro interrogatório, o comportamento de Menocchio durante o processo parece guiado por qualquer coisa, exceto pela prudência ou simulação.

Tentemos agora formular uma hipótese diversa, seguindo as pistas oferecidas pelas próprias declarações de Menocchio. Ele apresentava aos concidadãos ignorantes uma versão simplificada, exotérica, de suas ideias: "Se pudesse falar, falaria, mas não quero falar". A versão mais complexa, esotérica, era, entretanto, reservada para as autoridades religiosas e seculares, a elas desejava com ardor se dirigir: "Eu disse", declarou aos juízes de Portogruaro, "que, se me fosse permitida a graça de falar diante do papa, de um rei ou príncipe que me ouvisse, diria muitas coisas, e, se depois me matassem, não me incomodaria". A exposição mais completa das ideias de Menocchio deve, portanto, ser buscada justamente em suas declarações durante o processo. Mas ao mesmo tempo é preciso saber explicar como Menocchio conseguia fazer aqueles discursos, aparentemente contraditórios, aos habitantes de Montereale.

Infelizmente, a única solução que podemos propor é, desta vez, puramente conjectural, isto é, que Menocchio tivesse conhecido de forma indireta o *De Trinitatis erroribus*, de Servet, ou então que houvesse lido a desaparecida tradução italiana, introduzida na Itália por volta de 1550 por Giorgio Filaletto, conhecido como Turca, ou Turchetto. Com certeza trata-se de uma conjectura arriscada, já que o texto é muito complexo, repleto de termos filosóficos e teológicos, infinitamente mais difícil do que os livros lidos por Menocchio. Mas talvez não seja impossível encontrar algum eco dessa obra, mesmo débil e deformado, quase inaudível, nos discursos de Menocchio.

No centro da primeira obra de Servet está a reivindicação da plena humanidade de Cristo — humanidade deificada através do Espírito Santo. Ora, no primeiro interrogatório, Menocchio afirmou: "Minha dúvida é que [Cristo] [...] não tivesse sido Deus, mas um profeta qualquer, um homem de bem que Deus mandou pregar neste mundo...". Em seguida, precisou: "Eu acredito que seja homem como nós, nascido de um homem e de uma mulher como nós, e que não tinha nada além do que recebera do homem e da mulher, mas é bem verdade que Deus mandara o Espírito Santo escolhê-lo como seu filho".

Mas o que era para Servet o Espírito Santo? Ele começou enumerando os vários significados atribuídos a essa expressão pelas Escrituras: "Nam per Spiritum sanctum nunc ipsum Deum, nunc angelum, nunc spiritum hominis, instinctum quendam, seu divinum mentis statum, mentis impetum, sive halitum intelligit, licet aliquando differentia notetur inter flatum et spiritum. Et aliqui per Spiritum sanctum nihil aliud intelligi volunt, quam rectum hominis intellectum et rationem" (Pois por Espírito Santo entendia ora o próprio Deus, ora um anjo, ora o espírito do homem, concebido ou como um certo instinto, ou a natureza divina da alma, ou o impulso da mente ou o hálito, embora às vezes se note a diferença entre sopro e espírito. E alguns outros nada mais entendem como Espírito Santo que o uso correto da inteligência e razão humana): a mesma pluralidade de significados é encontrada, quase exatamente, nas confissões de Menocchio: "Acredito [...] seja Deus [...]. É aquele anjo ao qual Deus deu sua vontade [...]. Eu penso que o Senhor Deus nos tenha dado o livre-arbítrio e o Espírito Santo no corpo [...]. [Acredito que] o espírito venha de Deus e seja aquilo que, quando devemos fazer alguma coisa, nos inspira a fazê-la de tal ou tal maneira, ou então a não fazê-la".

Essa discussão terminológica de Servet destinava-se a demonstrar a inexistência do Espírito Santo como *pessoa* distinta da do Pai: "quasi Spiritus sanctus non rem aliquam separatam, sed Dei agitationem, energiam quandam seu inspirationem virtutis Dei designet" (como se o Espírito Santo designasse não algo separado, mas uma atividade de Deus, uma energia ou inspiração do poder de Deus). O pressuposto do seu panteísmo era a tese da presença operante do Espírito no homem e em toda a realidade. "Dum de spiritu Dei erat sermo", escreveu, lembrando-se da época na qual ainda ele estava ligado aos erros dos filósofos, "sufficiebat mihi si tertiam illam rem in quodam angulo esse intelligerem. Sed nunc scio quod ipse dixit: 'Deus de propinquo ego sum, et non Deus de longinquo'. Nunc scio quod amplissimus Dei spiritus replet orbem terrarum, continet omnia, et in singulis operatur virtutes; cum propheta exclamare libet 'Quo ibo Domine a spiritu tuo?' quia nec sursum nec deorsum est locus spiritu Dei vacuus" (Ao falar do Espírito de Deus era suficiente para eu compreender que a terceira pessoa era um tipo de ângulo. Mas agora sei que ele próprio disse: "Sou um Deus próximo, não um Deus distante"; agora sei que o espírito universal de Deus enche a terra, abarca todas as coisas e produz virtude em cada homem. Com o profeta proclamaria: "Ó senhor, onde encontro teu espírito?" não há lugar acima ou abaixo sem o espírito de Deus). "Quem é que vocês pensam que seja Deus? Tudo o que se vê é

Deus..." — ia Menocchio repetindo aos concidadãos. "O céu, a terra, o mar, o ar, o abismo e o inferno, tudo é Deus."

Para demolir um sistema filosófico e teológico que durava havia mais de um milênio, Servet usara todos os instrumentos disponíveis: o grego e o hebraico, a filologia de Valla e a cabala, o materialismo de Tertuliano e o nominalismo de Occam, a teologia e a medicina. Na ânsia de desfazer os acréscimos que se haviam acumulado em torno da palavra "Espírito", acabou por trazer à luz a etimologia original. A diferença entre "spiritus", "flatus", "ventus" pareceu-lhe naquele momento meramente convencional, ligada ao uso linguístico. Entre o "espírito" e o sopro existia uma profunda analogia: "Omne quod in virtute a Deo fit, dicitur eius flatu et inspiratione fieri, non enim potest esse prolatio verbi sine flatu spiritus. Sicut nos nom possumus proferre sermonem sine respiratione, et propeterea dicitur spiritus oris et spiritus labiorum [...]. Dico igitur quod ipsemet Deus est spiritus noster inhabitans in nobis, et hoc esse Spiritum sanctum in nobis [...]. Extra hominem nihil est Spiritus sanctus [...]" (Tudo o que é feito pelo poder de Deus dizemos que é feito por força de seu sopro e de sua inspiração, pois não se pode pronunciar uma palavra sem o sopro do espírito. Da mesma forma como não podemos pronunciar uma palavra sem a respiração e por isso se fala no espírito da boca e espírito dos lábios [...]. Afirmo, pois, que o próprio Deus é o nosso espírito que reside em nós e isso é o Espírito Santo em nós [...]. Fora do homem não existe nenhum Espírito Santo [...]). E Menocchio: "Quem é que vocês pensam que seja Deus? Deus não é nada além de um pequeno sopro [...]. O ar é Deus [...]. Nós somos Deus [...]. Acredito que [o Espírito Santo] esteja em todos os homens [...]. O que é o Espírito Santo? [...] Não se vê esse tal de Espírito Santo".

Evidentemente, a distância entre as palavras do médico espanhol e as do moleiro friulano é enorme. Por outro lado, sabe-se que, na Itália do século XVI, os escritos de Servet tinham ampla circulação, e não só entre pessoas cultas: talvez as confissões de Menocchio deem alguma indicação sobre o modo como esses escritos puderam ser lidos, entendidos ou subentendidos. Essa

115

hipótese permitiria resolver o contraste entre os testemunhos dos habitantes de Montereale e os autos do processo. Entre eles existiria não uma contradição, mas uma deliberada diferença de níveis. Nas impetuosas definições que Menocchio lançava aos concidadãos, seria preciso ver a tentativa consciente de traduzir as abstrusas concepções de Servet, como ele as compreendera, numa forma acessível a interlocutores ignorantes. A exposição da doutrina em toda sua complexidade ele reservava para outros: ao papa, reis, príncipes — ou, na falta de alguém melhor, ao inquisidor de Aquileia e ao magistrado de Portogruaro.

33

Por trás dos livros que Menocchio ruminava, identificamos um código de leitura e, por trás dele, um estrato sólido de cultura oral que, ao menos no caso da cosmogonia, vimos aflorar diretamente. Quando foi lançada a suposição de que uma parte dos discursos de Menocchio era um longínquo reflexo de um texto de nível elevadíssimo como o *De Trinitatis erroribus*, não se quis refazer, em sentido contrário, o caminho já percorrido. Os eventuais reflexos seriam de qualquer forma considerados como uma tradução, em termos de materialismo popular (posteriormente simplificado para os conterrâneos), de uma concepção culta cujo componente materialista era muito forte. Deus, o Espírito Santo, a alma não existem como substâncias separadas: existe somente a matéria impregnada de divindade, a mistura dos quatro elementos. Mais uma vez estamos diante da cultura oral de Menocchio.

O materialismo de Menocchio era religioso. Uma observação como a que fez sobre Deus — "é uma traição da Escritura que o inventou para nos enganar; se fosse Deus, se mostraria" — era simplesmente a negação do Deus do qual padres e livros lhe falavam. O Deus, ele o via em todas as partes: "O que é esse Deus Todo-Poderoso além de água, terra e ar?" — completava em seguida (sempre segundo o testemunho do padre Andrea Bionima).

Deus e o homem, o homem e o mundo pareciam-lhe ligados por uma rede de correspondências reveladoras: "Acredito que [os homens] sejam feitos de terra, porém do melhor metal que se possa encontrar, e isso porque se vê que o homem deseja os metais, sobretudo o ouro. São compostos pelos quatro elementos, participam dos sete planetas; entretanto, um participa mais de um planeta que o outro e um é mais mercurial e jovem, dependendo de ter nascido nesse ou naquele planeta". Nessa imagem perpassada pelo divino justificam-se até mesmo as bênçãos dos sacerdotes, porque "o demônio costuma entrar nas coisas e ali deixar o veneno" e "a água benta pelo sacerdote põe o diabo para fora" — embora acrescentasse: "Acredito que todas as águas sejam abençoadas por Deus", e, "se um leigo soubesse as palavras, valeriam tanto quanto as do sacerdote, porque Deus distribuiu a virtude igualmente para todos e não mais a um que a outro". Tratava-se, resumindo, de uma religião camponesa que tinha muito pouco em comum com a que o pároco pregava do púlpito. É verdade que Menocchio se confessava (fora da sua aldeia, contudo), comungava, e sem dúvida batizara seus filhos. E, apesar disso, negava a criação divina, a encarnação, a redenção; negava a eficiência dos sacramentos no que se refere à salvação; afirmava que amar ao próximo era mais importante do que amar a Deus; acreditava que o mundo inteiro fosse Deus.

Mas, nesse conjunto de ideias da mais completa coerência, havia uma falha: a alma.

34

Voltemos à identificação de Deus com o mundo. "Diz-se", exclamara Menocchio, "que o homem é formado à imagem e semelhança de Deus, e no homem existe ar, terra, fogo e água, e disso segue que ar, terra, fogo e água são Deus." A fonte dessa afirmação era o *Fioretto della Bibbia*. Dali extraíra — mas numa variante decisiva — o antiquíssimo conceito da correspondência entre o homem e o mundo, microcosmo e macrocosmo: "[...] E então o homem e a mulher, que foram os últimos a serem feitos de terra e de matéria básica, subiram aos céus, não com soberba, mas com humildade. A terra é feita de elementos comuns, pisados todos os dias em meio a outros elementos que estão ligados, unidos e cercados como no ovo, onde se vê a gema e ao redor dela a clara e por fora a casca; assim estão os elementos juntos no mundo. A gema seria a terra, a clara o ar, a pele fina entre a clara e a casca seria a água, e a casca o fogo. Dessa mesma forma estão juntos o frio e o calor, e o seco com o úmido se temperam. Nossos corpos são feitos e compostos por esses quatro elementos: a carne e os ossos seriam a terra, o sangue a água, a respiração o ar, e o calor o fogo. E por esses quatro elementos nossos corpos são compostos. E o nosso corpo está sujeito às coisas do mundo, mas a alma está sujeita só a Deus, porque *ela é feita à imagem dele* e composta de matéria mais nobre que a do corpo...". Foi, portanto, a recusa em admitir um princípio imaterial no homem — a alma —, distinto do corpo e de suas operações, que levara Menocchio a identificar não só o homem com o mundo, mas o mundo com Deus. "Quando o homem morre é como um animal, como uma mosca", repetia aos conterrâneos, talvez reproduzindo, mais ou menos conscientemente, os versos do Eclesiastes, "e [...] morto o homem, morrem a alma e todas as coisas".

No início do processo, porém, Menocchio negou que tivesse dito qualquer coisa do gênero. Procurava, sem muito sucesso, ser prudente, como seu velho amigo, o vigário de Polcenigo, lhe recomendara. E, respondendo à pergunta: "O que você pensa sobre as almas dos fiéis cristãos?", afirmou: "Eu disse que nossas almas retornam à majestade de Deus, o qual, dependendo do que elas tenham feito, faz o que quiser com elas: às boas indica o paraíso e às más o inferno, e a algumas o purgatório". Pensou ter encontrado cobertura na doutrina ortodoxa da Igreja (uma doutrina que absolutamente não compartilhava). Na realidade tinha se metido num tremendo vespeiro.

118

35

No interrogatório seguinte (16 de fevereiro) o vigário-geral começou lhe pedindo esclarecimentos sobre a "majestade de Deus" para depois desfechar o golpe final: "O senhor disse que nossas almas retornam à majestade de Deus e já afirmou antes que Deus não é nada além de ar, terra, fogo e água: como então as almas retornam à majestade de Deus?". A contradição era deveras real; Menocchio não soube o que responder: "É verdade que eu disse que ar, terra, fogo e água são Deus, e o que eu disse não posso negar; quanto às almas, elas vieram do espírito de Deus e, portanto, é preciso que retornem ao espírito de Deus". O vigário, insistindo: "O espírito de Deus e Deus são a mesma coisa? E o espírito de Deus está incorporado nos quatro elementos?".

"Eu não sei" — respondeu Menocchio. Permaneceu calado por algum tempo. Talvez estivesse cansado. Ou talvez não entendesse o que queria dizer "incorporado". Finalmente respondeu: "Eu acredito que todos nós, homens, temos um espírito de Deus, que, se fizermos o bem, fica alegre, e, se fizermos o mal, o espírito não gosta".

"O senhor acha que esse espírito de Deus é o mesmo que nasceu daquele caos?"

"Eu não sei."

"Confesse a verdade" — recomeçou, implacável, o vigário — "e vamos acabar com o interrogatório; disse que acredita que as almas retornam à majestade de Deus e que Deus é ar, água, terra e fogo; como então as almas retornam à majestade de Deus?"

"Eu acredito que nosso espírito, que é a alma, retorna a Deus, que foi de onde ele veio."

Como era teimoso esse camponês! Munido de toda sua paciência, de toda sua dialética, o vigário-geral Giambattista Maro, doutor *in utroque iure*, conclamou-o novamente a refletir e a dizer a verdade.

"Eu disse" — respondeu então Menocchio — "que todas as

coisas do mundo são Deus e acredito que as nossas almas retornem às coisas do mundo, como bem agradar a Deus." Calou-se por alguns momentos. "São, as tais almas, como os anjinhos que estão dependurados ao redor de Deus, o qual mantém perto de si os de maior mérito, e os que fizeram o mal manda-os dispersos pelo mundo."

36

E assim o interrogatório concluía com mais uma das contradições de Menocchio. Depois de ter repetido uma afirmação que, na falta de um termo melhor, poderíamos definir como panteísta ("todas as coisas do mundo são Deus") — afirmação que obviamente negava a possibilidade de qualquer sobrevivência individual ("acredito [...] que as nossas almas retornem às coisas do mundo...") —, Menocchio decerto fora tomado por uma dúvida. O medo ou a incerteza o deixara mudo por um momento. Em seguida, do fundo da sua memória, projetara-se uma representação vista em alguma igreja, talvez numa capela no campo: Deus circundado por um coro de anjos. Era isso que o vigário-geral queria?

Mas o vigário-geral estava pedindo algo bem diferente de uma fugaz alusão a uma imagem tradicional do paraíso — ainda mais acompanhada de um resto de crença popular de origem pré-cristã nas almas dos mortos que vão "dispersas pelo mundo". No interrogatório seguinte, pôs Menocchio na parede, enumerando suas negações anteriores da imortalidade da alma: "Mas fale a verdade e com mais clareza do que no interrogatório precedente". A essa altura, Menocchio se saiu com uma afirmação inesperada, que contradizia as que fizera nos dois primeiros interrogatórios. Admitiu ter falado sobre a imortalidade das almas com alguns amigos (Giuliano Stefanut, Melchiorre Gerbas, Francesco Fasseta), mas esclareceu: "Foram estas as palavras que eu disse: morto o corpo, morre a alma, mas o espírito continua".

Até esse momento, Menocchio havia ignorado essa distinção,

ou melhor, falara explicitamente "do nosso espírito, que é a alma". Agora, diante da pergunta admirada do vigário "se acreditava que no homem estejam corpo, alma e espírito e que essas três coisas são distintas uma da outra, que espírito seja uma coisa e alma uma outra", respondeu: "Sim, senhor, acredito que a alma seja uma coisa e o espírito outra. O espírito vem de Deus e, quando devemos fazer alguma coisa, nos inspira a fazê-la de tal ou tal maneira, ou então a não fazê-la". A alma, ou melhor (como explicou no decorrer do processo), as almas não são nada mais do que as operações da mente e acabam com o corpo: "Eu vos digo, no homem existe intelecto, memória, vontade, pensamento, crença, fé e esperança: Deus deu ao homem essas sete coisas e são como almas pelas quais fazemos as obras e a isso eu me referia quando dizia, morto o corpo, morre a alma". O espírito, ao contrário, "é separado do homem, tem a mesma vontade do homem, rege e governa o homem": depois da morte, retorna a Deus. Este é o espírito bom: "Acredito", explicou Menocchio, "que todos os homens do mundo sejam tentados, porque o nosso coração tem duas partes, uma iluminada e outra escura; na escura está o espírito ruim e na iluminada o espírito bom".

Dois espíritos, sete almas e um corpo composto pelos quatro elementos: como pudera sair da cabeça de Menocchio uma antropologia tão abstrusa e complicada?

37

Assim como a relação entre o corpo e os quatro elementos, também a enumeração das várias "almas" já se encontrava nas páginas do *Fioretto della Bibbia*: "E é verdade que a alma tem vários nomes no corpo, de acordo com as diversas funções que nele desempenha: se a alma dá vida ao corpo, é chamada de substância; se é a vontade, é chamada de coração; quando o corpo expira, é o espírito; enquanto ela entende e sente, pode-se dizer que é o juízo; enquanto ela imagina e pensa, é a imaginação ou memória; mas a inteligência está colocada na parte mais alta da alma, onde recebemos razão e conhecimento, já que nos assemelhamos a Deus...". Essa enumeração corresponde só em parte à de Menocchio, porém as analogias não deixam dúvidas. O ponto de divergência mais grave é dado pela presença, entre os nomes da alma, do espírito — além do mais com referência etimológica ao ato corpóreo de respirar. De onde vinha então a distinção feita por Menocchio entre uma alma mortal e um espírito imortal?

Essa distinção chegara até ele depois de uma longa e confusa viagem. É preciso voltar às discussões sobre o problema da imortalidade da alma surgidas durante as primeiras décadas do século XVI nos ambientes averroístas, sobretudo entre os professores de Pádua, influenciados pelo pensamento de Pomponazzi. Filósofos e médicos concordavam abertamente que, com a morte do corpo, a alma individual — distinta do intelecto ativo postulado por Averróis — perece. Reelaborando esses temas num contexto religioso, o franciscano Girolamo Galateo (que estudara em Pádua e que fora condenado à prisão perpétua por heresia) sustentava que as almas dos beatos, depois da morte, dormem até o dia do Juízo. Provavelmente seguindo as pegadas do ex-franciscano, Paolo Ricci, conhecido mais tarde como Camillo Renato, reformulou a doutrina do sono das almas, distinguindo entre a *anima*, condenada a perecer junto com o corpo, e o *animus*, destinado a ressurgir no final dos tempos. Através da influência direta de Renato, exilado em Valtellina, essa doutrina foi assimilada, não sem resistência, pelos anabatistas vênetos: "Sustentavam que a *anima* fosse a vida e, quando o homem morria, o espírito, que mantinha o homem vivo, ia até Deus e a vida ia para a terra e não sabia mais o que era bem ou mal e dormia até o dia do Juízo, quando Nosso Senhor ressuscitaria todos" — exceto os malvados, para os quais não existe vida futura de espécie alguma, já que não existe "outro inferno além do sepulcro".

Dos professores da Universidade de Pádua a um moleiro friulano, a cadeia de influências e contatos é decerto singular, mas historicamente plausível, mesmo porque conhecemos o provável último elo — o pároco de Polcenigo, Giovan Daniele Melchiori, amigo de infância de Menocchio. Em 1579-1580, ou seja, poucos anos antes do processo contra Menocchio, ele havia sido submetido a julgamento pelo tribunal da Inquisição de Concórdia e reconhecido como ligeiramente suspeito de heresia. As acusações dos paroquianos contra ele eram muitas e variadas: desde "ser de putaria e rufião" até tratar sem respeito as coisas sacras (por exemplo, as hóstias consagradas). Contudo, o ponto que nos interessa é outro: a afirmação feita por Menocchio, quando falava com os concidadãos na praça da aldeia, que "vai-se para o paraíso só no dia do Juízo". Durante o processo, Menocchio negou que tivesse pronunciado essas palavras, mas admitiu ter falado da diferença entre morte corporal e morte espiritual, baseando-se num livro de um "padre de Fano", do qual não se lembrava o nome, intitulado *Dircorsi predicabili*. E ministrou aos inquisidores, com grande segurança, um verdadeiro sermão: "Eu me lembro de ter dito, falando de morte corporal e espiritual, que existem dois tipos de morte, uma muito diferente da outra. A morte corporal é comum a todos; a morte espiritual nos priva da vida e da graça; a morte corporal nos priva dos amigos, a morte espiritual dos santos e dos anjos; a morte corporal nos priva dos bens terrenos, a morte espiritual dos bens celestes; a morte corporal nos priva dos lucros do mundo, a morte espiritual nos priva de qualquer mérito de Jesus Cristo, nosso salvador; a morte corporal nos priva do reino terrestre, a morte espiritual do reino celeste; a morte corporal nos priva da razão, a morte espiritual da razão e do intelecto; a morte corporal nos priva do movimento corpóreo e a morte espiritual faz com que nos tornemos imóveis como uma pedra; a morte corporal faz o corpo cheirar mal, a morte espiritual faz a alma cheirar mal; a morte corporal dá o corpo à terra, a morte espiritual a alma ao inferno; a morte dos ruins se chama péssima, como se lê no salmo de Davi *mors peccatorum pessima*, a morte dos bons é chamada preciosa, como se lê no mesmo, *pretiosa in conspettu Domini mors sanctorum eius*; a morte dos ruins se chama morte, a morte dos bons se chama sono, como se lê em são João Evangelista, *Lazzarus amicus noster dormit*, e em outro local *non est mor-*

123

tua puella sed dormit; os ruins temem a morte e não querem morrer, os bons não temem a morte, mas dizem com são Paulo *cupio dissolvi et esse cum Christo*. E essa é a diferença entre a morte corporal por mim entendida e pregada, e, se eu tiver caído em erro, estou pronto a me redimir e me modificar".

Mesmo não tendo o volume à mão, Menocchio se lembrava muito bem — até mesmo literalmente — do seu conteúdo. De fato, era assim que aparecia no capítulo XXXIV, "Prédicas para uma vida cristã", manual muito difundido entre pregadores, redigido pelo frade (não padre) ermitão Sebastião Ammiani da Fano. Mas naquele jogo calculado de inocentes contraposições retóricas, Menocchio havia isolado justamente a frase que permitia uma interpretação herética: "A morte dos ruins se chama morte, a morte dos bons se chama sono". Sem dúvida, tinha consciência das implicações dessas palavras, já que chegara a afirmar que "vai-se para o paraíso só no dia do Juízo". Bem menos conscientes e informados pareciam, ao contrário, os inquisidores. A qual heresia relacionar as ideias de Menocchio? A acusação que lhe foi imputada de ter aderido "ad perfidam, impiam eroneam, falsam et pravam hereticorum sectam [...] nempe Armenorum, nec non Valensium et Ioannis Vicleff" (à pérfida, ímpia, errônea, falsa e depravada seita dos heréticos [...] armenos e não à dos valdenses e de John Wyclif) refletia essa perplexidade. Aparentemente, os inquisidores de Concórdia desconheciam as implicações anabatistas da doutrina do sono das almas. Diante de teses suspeitas mas de origem obscura, iam buscar nos manuais de controvérsia definições antigas de muitos séculos. O mesmo se deu, como veremos, no caso de Menocchio.

No processo contra Menocchio, não se menciona uma palavra sobre a distinção entre "alma" mortal e "espírito" imortal, apesar de ser esse o pressuposto da tese do sono das almas até o dia do Juízo por ele defendida. Essa distinção deve ter chegado a Menocchio através dos discursos do vigário de Polcenigo.

38

"Eu acredito que o nosso espírito, que é a alma, retorna a Deus, de onde ele veio" — dissera Menocchio em 16 de fevereiro (segundo interrogatório). "Morto o corpo, morre a alma, mas o espírito continua" — tinha se corrigido em 22 de fevereiro (terceiro interrogatório). Na manhã de 1º de maio (sexto interrogatório), parecia retornar à tese original: "Alma e espírito são a mesma coisa".

Fora interrogado sobre Cristo: "O filho, o que ele era: homem, anjo ou o Deus verdadeiro?". "Um homem", respondera Menocchio, "mas nele estava o espírito." E em seguida: "A alma de Cristo ou era um daqueles anjos antigos ou então foi feita de novo pelo Espírito Santo com os quatro elementos, ou da natureza mesmo. Não se podem fazer bem as coisas se não são em três, e assim como Deus havia dado o saber, o querer e o poder ao Espírito Santo, deu também a Cristo, para que pudessem se consolar juntos [...]. Quando dois não concordam numa opinião, existe um terceiro; quando dois dos três concordam, o terceiro os segue: e então o Pai deu querer, saber e poder a Cristo para que ele também julgasse...".

A manhã estava acabando; dentro de pouco tempo o interrogatório seria interrompido para o almoço e transferido para a tarde do mesmo dia. Menocchio falava, falava, misturava provérbios com referências do *Fioretto della Bibbia*, embcbcdava-se com as palavras. Passara parte do inverno e da primavera na prisão. Era de esperar que aguardasse com impaciência a aproximação do fim do processo, que já durava quase três meses. Mas ser interrogado e ouvido com tanta atenção por frades tão cultos (havia até um escrivão que transcrevia suas respostas) devia ser quase inebriante para quem até aquele momento tivera um público composto quase exclusivamente de camponeses e artesãos semianalfabetos. Não eram papas, reis, príncipes, diante dos quais sonhara falar, mas já era alguma coisa. Menocchio repetia o que já havia dito, acrescentava, omitia, contradizia-se. Cristo era "homem como nós, nascido de um homem e de uma mulher como nós [...], mas é bem verdade que Deus mandara o Espírito Santo escolhê-lo como seu filho [...]. Como Deus o elegeu profeta e lhe deu a grande sabedoria e a inspiração do Espírito Santo, acredito que tenha feito milagres [...]. Acredito que tenha o espírito como o nosso, porque alma e espírito são a mesma coisa". Mas o que significava dizer que alma e espírito são a mesma coisa? "O senhor disse anteriormente", o inquisidor interrompeu, "que, morto o corpo, morre a alma: mas eu pergunto se a alma de Cristo morreria se ele morresse." Menocchio tergiversou, enumerou as sete almas dadas por Deus ao homem: intelecto, memória... Durante o interrogatório da tarde os inquisidores insistiram: o intelecto, a memória, a vontade de Cristo perecem com a morte do corpo dele? "Sim, senhores, porque lá em cima sua utilização não é necessária." Portanto, Menocchio abandonara a tese da sobrevivência do espírito, identificando-o com a alma destinada a perecer com o corpo? Não, porque pouco depois, falando sobre o dia do Juízo, afirmou que "os lugares estavam repletos de espíritos celestes, mas serão preenchidos por espíritos terrenos selecionados entre os melhores e mais inteligentes", e entre eles o de Cristo, "porque o espírito do seu filho é terreno". E agora?

Parece impossível — talvez até mesmo inútil — tentar se orientar nesse emaranhado de palavras. Contudo, por trás das contradições verbais que cercavam Menocchio, havia uma contradição efetiva.

39

Ele não conseguia deixar de pensar numa vida pós-morte. É verdade que o homem, morrendo, retorna aos elementos dos quais é composto, mas uma aspiração irreprimível levava-o a imaginar alguma forma de sobrevivência depois da morte. Por isso, fixara-se na complicada contraposição entre a "alma" mortal e o "espírito" imortal. Pela mesma razão a hábil pergunta do vigário-geral — "disse [...] que Deus é ar, água, terra e fogo;

como então as almas retornam à majestade de Deus?" — deixara-o mudo, justamente ele, sempre tão pronto a replicar, discutir, divagar. É evidente que a ressurreição da carne lhe parecia absurda, insustentável: "Senhor, eu não acredito que possamos ressuscitar com o corpo no dia do Juízo, o que me parece impossível, porque, se ressuscitássemos, céu e terra ficariam cobertos pelos corpos. A majestade de Deus verá nossos corpos com o intelecto, da mesma forma que nós, fechando os olhos e querendo criar uma coisa, usamos a mente e o intelecto". O inferno lhe parecia uma invenção de padres: "Eu gosto que se pregue para os homens viverem em paz, mas pregar o inferno, Paulo disse isso, Pedro disse aquilo, acho que é mercadoria, invenção de homens que sabem mais do que os outros. Li na Bíblia que Davi escreveu os salmos enquanto estava sendo perseguido por Saul" — acrescentou, tentando dar a entender que o verdadeiro inferno é aqui, nesta terra. Mas, em seguida, contraditoriamente, admitia a validade das indulgências ("acredito que sejam boas") e das orações pelos mortos ("porque Deus lhe[s] dá uma pequena vantagem e o[s] ilumina um pouco mais"). Fantasiava em especial sobre o paraíso: "Eu acredito que seja um lugar que circunde o mundo inteiro e que dali se vejam todas as coisas do mundo, até mesmo os peixes do mar: e quem está ali é como se estivesse numa festa...". O paraíso é uma festa — o fim do trabalho, a negação do cansaço diário. No paraíso, "intelecto, memória, vontade, pensamento, crença, fé e esperança", isto é, "as sete coisas [...] dadas ao homem por Deus, como um carpinteiro que, querendo fazer suas obras, usa o machado e a serra, a lenha e outros instrumentos, assim Deus deu algumas coisas ao homem, para este fazer sua tarefa", são inúteis: "Lá em cima não são necessárias". No paraíso a matéria se torna dócil, transparente: "Os olhos corporais não podem ver todas as coisas, mas com os olhos da mente todas as coisas serão transpassadas, montes, muralhas, todas as coisas...".

"É como estar numa festa." O paraíso camponês de Menocchio, mais do que o além cristão, lembrava o paraíso maometano sobre o qual lera descrições brilhantes nas páginas de Mandeville:

"[...] paraíso é um lugar delicado, onde se encontram todas as frutas de todas as estações, rios sempre cheios de leite, mel, vinho e água doce. E [...] lá existem casas belas e nobres segundo o mérito de cada um, adornadas por pedras preciosas, ouro e prata. Todos terão suas donzelas, usufruirão delas e cada vez serão mais bonitas...". Mas, aos inquisidores que lhe perguntaram: "Acredita que exista o paraíso terrestre?", respondeu com amargo sarcasmo: "Eu acredito que o paraíso terrestre esteja onde existam gentis-homens que possuem muitos bens e vivem sem se cansar".

40

Além de fantasiar sobre o paraíso, Menocchio desejava um "mundo novo": "Meu espírito era elevado", dissera ao inquisidor, "e desejava que existisse um mundo novo e um novo modo de viver, pois a Igreja não vai bem e não deveria ter tanta pompa". O que Menocchio queria dizer com essas palavras?

Nas sociedades baseadas na tradição oral, a memória da comunidade tende involuntariamente a mascarar e a reabsorver as mudanças. À relativa plasticidade da vida material corresponde uma acentuada imobilidade da imagem do passado. As coisas sempre foram assim; o mundo é o que é. Apenas nos períodos de aguda transformação social emerge a imagem, em geral mítica, de um passado diverso e melhor — um modelo de perfeição, diante do qual o presente aparece como declínio, degeneração. "Quando Adão cavava e Eva tecia, quem era nobre?" A luta para transformar a ordem social torna-se então uma tentativa consciente de retorno àquele mítico passado.

Menocchio também contrapunha a Igreja rica e corrupta que conhecia à Igreja primitiva, pobre e pura: "Gostaria que [a Igreja] fosse governada com amor como quando foi instituída por Nosso Senhor Jesus Cristo [...] há as missas pomposas, [mas] o Senhor Jesus Cristo não quer pompas". Todavia, diferentemente da maior parte dos seus companheiros, a capacidade de ler lhe possibilitara apropriar-se de uma imagem de passado que ultrapassava essa sumária contraposição. O *Fioretto della Bibbia*, em parte, mas sobretudo o *Supplementum supplementi delle croniche*, de Foresti, traziam uma narração analítica das vicissitudes humanas desde a criação do mundo até o presente, misturando história sacra e história profana, mitologia e teologia, descrições de batalhas e de países, listas de príncipes e filósofos, hereges e artistas. Não temos testemunhos explícitos das reações de Menocchio a essas leituras. Com certeza não o deixaram "confuso" como as viagens de Mandeville. A crise do etnocentrismo passava, no século XVI (e assim seria por muito tempo ainda), pela geografia, mesmo sendo fantástica, e não pela história. Apesar disso, uma pista quase imperceptível talvez nos permita detectar o ânimo com o qual Menocchio lia a crônica de Foresti.

O *Supplementum* foi diversas vezes reimpresso e traduzido em idioma vulgar, tanto antes como depois da morte do seu autor (1520). O exemplar que passou pelas mãos de Menocchio deve ter sido uma tradução posterior, atualizada por algum desconhecido, que nela incluiu fatos ocorridos até o seu próprio tempo. Leu as páginas dedicadas ao cisma de "Martinho, conhecido como Lutero, frade da ordem dos ermitãos de santo Agostinho", organizadas por um editor anônimo — decerto um confrade de Foresti e como ele ermitão. O tom daquelas páginas era particularmente benévolo, embora no final se transformasse numa clara condenação. "[...] O motivo pelo qual [Lutero] caiu em tal iniquidade", escreveu o anônimo, "parece ser o sumo pontífice (embora *in rei veritate* não seja verdade), mas na verdade foram alguns homens malignos que, debaixo de pretensa santidade, fizeram coisas novas e excessivas." Esses homens eram os franciscanos aos quais primeiro Júlio II e depois Leão X confiaram a pregação das indulgências. "E como a ignorância é a mãe de todos os erros, e o hábito da riqueza inflamara os ânimos de tais frades pela posse de dinheiro, estes caíram em insânia e se tornaram causa de grande escândalo devido às loucuras que pronunciavam pregando as indulgências. Em outra parte da Cristandade, na Alemanha, eles se expandiram muito e, quando diziam alguma loucura e alguns homens queriam repreendê-los (homens de consciência e doutrina justas), imediatamente os declaravam excomungados. Entre eles estava Martinho Lutero, o qual era de fato um homem culto e instruído...". A origem do cisma para o tal anônimo estava nas "loucuras" da ordem rival que, diante da justa reação de Lutero, o excomungou. "Depois disso, o tal Martinho Lutero, que era de sangue muito nobre e tinha grande reputação com todos, começou a pregar publicamente contra as indulgências, dizendo que eram falsas e injustas. Em pouco tempo tinha revirado tudo pelo avesso. E, como a maior parte das riquezas estava nas mãos dos clérigos e havendo muito rancor entre os estados espiritual e temporal, ele facilmente encontrou seguidores e começou o cisma na Igreja Católica. Vendo que havia obtido amplo apoio, separou-se por completo da Igreja romana e criou uma nova seita e um novo modo de viver com suas muitas e diversas opiniões e fantasias. E isso foi o que aconteceu a um grande número de países que se rebelaram contra a Igreja Católica e não lhe devem mais obediência em coisa alguma..."

"Criou uma nova seita e um novo modo de viver"; "Desejava que existisse um mundo novo e um novo modo de viver, pois a Igreja não vai bem e não deveria ter tanta pompa". No momento em que a aspiração a uma reforma religiosa (sobre a alusão ao "mundo novo" falaremos adiante) se revelava, ditada por seu "espírito elevado", Menocchio talvez estivesse, conscientemente ou não, reproduzindo a representação de Lutero dada pela crônica de Foresti. Não repetia, é evidente, as ideias religiosas — nas quais, aliás, a crônica não se detinha, limitando-se a condenar o "novo tipo de doutrina" proposto por Lutero. Mas acima de tudo não podia contentar-se com a conclusão reticente e, poder-se-ia dizer, ambígua do anônimo: "E desse modo cegara a plebe ignorante; e os que tinham conhecimento e doutrina, ouvindo falar das más ações do estado eclesiástico, aderiram, sem considerar que esta conclusão não é verdadeira: se os clérigos e eclesiásticos levam uma vida degradada, a Igreja romana não é boa; porque, apesar de eles levarem uma vida degradada, a Igreja romana é boa e perfeita; e, ainda que os cristãos levem uma vida degradada, a fé cristã é boa e perfeita". As "leis e os mandamentos da Igreja" pareciam a Menocchio, assim como para Caravia, "mercadorias" para engordar os padres: para ele, renovação moral do clero e modificação profunda da doutrina andavam juntas. Através de um veículo imprevisto, as crônicas de Foresti, Lutero lhe fora apresentado como o protótipo do rebelde religioso — aquele que soubera unir "o povo ignorante e os que têm conhecimento e doutrina" contra a hierarquia eclesiástica, explorando o "rancor" do "estado temporal" contra esta última "por estar a maior parte das riquezas nas mãos dos clérigos". "Tudo pertence à Igreja e aos padres" — Menocchio exclamara, dirigindo-se aos inquisidores. Quem sabe havia refletido também nas semelhanças entre a situação friulana e a dos territórios localizados além dos Alpes, onde a Reforma fora vitoriosa.

41

Os contatos que porventura Menocchio tenha mantido com "os que têm conhecimento e doutrina" não são conhecidos — com exceção de um caso que examinaremos mais adiante. Sabemos, porém, de suas obstinadas tentativas de difundir as próprias ideias entre o "povo ignorante". Mas aparentemente ninguém lhe dera atenção. Esse fracasso, na sentença que fechou o primeiro processo, foi considerado um sinal da intervenção divina, que impedira a corrupção das almas simples dos habitantes de Montereale.

Somente um, um marceneiro analfabeto, Melchiorre Gerbas, "tido por pessoa de pouco juízo", ouvira atentamente os discursos de Menocchio. Contava-se dele, "nas tavernas, que não acreditava em Deus e blasfemava muito", e mais de uma testemunha associara seu nome ao de Menocchio por ter "criticado e falado mal das coisas da Igreja". Então, o vigário-geral quis saber quais eram suas relações com Menocchio, que acabara de ser encarcerado. No início, Melchiorre afirmara que se tratava de simples relações de trabalho ("ele me dá madeira para eu trabalhar e eu lhe pago"), mas em seguida admitira ter blasfemado pelas tavernas de Montereale, repetindo uma frase ouvida por Menocchio: "[...] tendo me dito Menocchio que Deus não é nada mais que ar, e eu também acreditando nisso...".

Essa atitude de cega subordinação não é difícil de ser entendida. Pela sua capacidade de ler, escrever, discutir, Menocchio parecia a Melchiorre ter à sua volta um halo quase mágico. Com uma Bíblia que lhe havia sido emprestada, Melchiorre andara pela cidade dizendo com ar de mistério que Menocchio tinha um livro com o qual podia "fazer coisas maravilhosas". Porém, as pessoas sabiam muito bem que existiam diferenças entre eles. "Este aqui [...] é suspeito de heresia, mas não igual ao tal de Menocchio" — alguém comentara, falando de Melchiorre. Um outro observara: "Disse tais coisas mais por ser louco e porque bebe". Mesmo o vigário-geral entendera que estava diante de um homem de índole muito diversa da do moleiro. "Quando disse que Deus não existia, realmente acreditava que não existisse Deus?" — perguntou docemente. E Melchiorre respondeu em seguida: "Não, padre, porque eu acredito que Deus esteja no céu e na terra e pode me fazer morrer quando quiser; eu disse aquelas palavras porque me foram ensinadas por Menocchio". Administraram-lhe algumas penitências e o deixaram ir. Esse era o único seguidor de Menocchio — ao menos o único confesso — em Montereale.

Aparentemente, nem com a mulher e os filhos manteve confidências: "Que Deus os guarde dessas opiniões". Apesar de suas relações na aldeia, devia se sentir muito só. "Naquela tarde", confessou, "em que o padre inquisidor me disse: 'Venha amanhã a Maniago', fiquei quase desesperado, queria sair pelo mundo e fazer o mal [...]. Queria acabar com os padres, pôr fogo nas igrejas e andar sem rumo; mas, por causa das minhas crianças, me contive..." Essa explosão de impotente desespero diz tudo sobre seu isolamento. A única reação que lhe viera diante da injustiça que o atingira fora a violência individual, imediatamente reprimida. Vingar-se dos seus algozes, destruir os símbolos da opressão e se tornar bandido. Uma geração antes, os camponeses incendiaram os castelos dos nobres friulanos. Mas os tempos eram outros.

42

Não lhe restava nada mais do que o sonho de um "mundo novo". Essas são palavras que o tempo desgastou, como uma moeda que passa por muitas mãos. Vamos tentar recuperar seu significado original.

Menocchio, como já vimos, não acreditava que o mundo tivesse sido criado por Deus. Além disso, negava de maneira explícita o pecado original, afirmando que o homem "começa a pecar quando começa a mamar o leite da mãe, apenas fora do ventre da mãe". E Cristo era para ele nada mais do que um homem. Coerentemente, portanto, qualquer ideia de milenarismo lhe era estranha. No decorrer de suas confissões jamais aludiu ao Segundo Advento. Logo, o "mundo novo" que desejava era uma realidade exclusivamente humana, a ser alcançada por meios humanos.

Dessa forma, não reconhecemos o uso banalmente metafórico da expressão que, quando empregada por Menocchio, ainda continha toda a sua riqueza. Tratava-se de fato de uma metáfora ao quadrado. No início do século fora imprimida, sob o nome de Amerigo Vespucci, uma carta dirigida a Lorenzo di Pietro de' Medici que se intitulava, justamente, *Mundus novus*. O tradutor da carta do italiano para o latim, Giuliano di Bartolomeo del Giocondo, explicava no prefácio a razão do título: "Superioribus diebus satis ample tibi scripsi de reditu meo ab novis illis regionibus [...] *quasque novum mundum appellare licet*, quando apud maiores nostros nulla de ipsis fuerit habita cognitio et audientibus omnibus sit novissima res" (Alguns anos atrás eu te escrevi longamente a respeito da minha volta daquelas regiões novas [...] *que se podem chamar novo mundo*, uma vez que delas os nossos antepassados não tiveram nenhum conhecimento e para as pessoas que nos ouvem é uma coisa totalmente nova). Não as Índias, como Colom-

133

bo acreditara, e muito menos novas terras, mas um mundo até agora desconhecido. *"Licit appellare"*: a metáfora era muito recente e ele quase pedia desculpas ao leitor. Circulou com essa acepção até entrar no uso comum. Menocchio, porém, como vimos, empregava-a em sentido diverso, referindo-se não a um novo continente, mas a uma nova sociedade a ser construída.

Não sabemos quem foi o responsável por essa alteração. Contudo, por trás disso, existia a imagem de uma transformação rápida e radical da sociedade. Numa carta de 1527 a Martim Butzer, Erasmo falou com amargura sobre o aspecto tumultuoso que a Reforma luterana assumira, observando que, antes de mais nada, deveria ter se procurado o consentimento dos príncipes e dos bispos para evitar qualquer sedição; e, depois, muitas coisas deveriam ser modificadas, entre elas a missa, mas "modificadas sem tumulto". Hoje existem pessoas, concluiu, que não aceitam mais nada da tradição (*quod receptum est*), como se um mundo novo pudesse ser criado instantaneamente (*quasi subito novus mundus condi posset*). Transformação lenta e gradual por um lado, virada rápida e violenta (revolucionária, diríamos nós) por outro: a contraposição era clara. Nas palavras de Erasmo, porém, não havia implicação geográfica na expressão *novus mundus*: a ênfase dizia mais respeito ao termo (*condere*) usado para indicar a fundação de cidades.

O deslocamento da metáfora do "mundo novo" do contexto geográfico para o social foi explicitado, contudo, pela literatura utopista em vários níveis. Tomemos o *Capitolo, qual narra tutto l'essere d'un mondo nuovo, trovato nel mar Oceano, cosa bella, et dilettevole*, que surgiu anônimo em Modena, por volta de meados do século XVI. Trata-se de uma entre as muitas variações sobre o antigo tema do país da Cocanha (nomeado explicitamente no *Capitolo* e também na *Begola contra la Bizaria*, que o precede), localizado aqui entre as terras descobertas para lá do Oceano:

> *Navegantes do Mar Oceano acharam*
> *há pouco tempo um divinal país,*
> *um país jamais visto nem ouvido...*

A descrição repisa os motivos usuais da grandiosa utopia camponesa:

Uma montanha de queijo ralado
se vê sozinha em meio da planura,
e um caldeirão puseram-lhe no cimo...
Um rio de leite nasce de uma grota
e corre pelo meio do país,
seus taludes são feitos de ricota...
Ao rei do lugar chamam Bugalosso;
por ser o mais poltrão, foi feito rei;
qual um grande paiol, é grão e grosso
e do seu cu maná lhe vai manando
e quando cospe cospe marzipã;
tem peixes, não piolhos, na cabeça.

Mas esse "mundo novo" não é só o país da abundância: é também um país que não conhece os vínculos das instituições sociais. Não existe família, porque lá vigora a mais completa liberdade sexual:

Não é preciso saia nem saiote
lá, nem calça ou camisa em tempo algum,
andam nus todos, homens e mulheres.
Não faz frio nem calor, de dia ou noite,
vê-se cada um e toca-se à vontade:
oh que vida feliz, oh que bom tempo...
Lá não importa ter-se muitos filhos
a criar, como aqui entre nós;
pois quando chove, chovem raviólis
Ninguém se preocupa em casar as filhas,
que são posse comum e cada qual
satisfaz os seus próprios apetites.

Não existe propriedade, porque o trabalho não é necessário, e tudo é comum a todos:

> *Todos têm o que querem facilmente*
> *e quem jamais pensasse em trabalhar*
> *pra forca iria e o céu não o salva...*
> *Lá não há camponês nem citadino,*
> *todos são ricos, têm o que desejam,*
> *que de frutos os plainos se carregam.*
> *Não se dividem campos nem herdades,*
> *pois recursos abundam para todos*
> *e o país vive plena liberdade.*

Esses elementos, reencontráveis (embora em menos detalhes) em quase todas as versões do país da Cocanha feitas no século XVI, são muito provavelmente exagero da imagem, já mítica, que os primeiros viajantes forneceram das terras descobertas além do Oceano e de seus habitantes: nudez e liberdade sexual, ausência da propriedade privada e de qualquer distinção social, num cenário de uma natureza extraordinariamente fértil e acolhedora. Desse modo, o mito medieval do país de Bengodi assumia uma forma carregada de utopismo primitivista. Não apenas os temas sérios, mas também os proibidos podiam circular livremente, desde que inseridos num contexto cômico, paradoxal, hiperbólico, com corujas que cagam casacos e asnos amarrados com salsichas — e devidamente ironizados no final com a fórmula do rito:

> *Se alguém quiser lá ir, ensino a rota:*
> *embarque em Mameluco, que é o porto,*
> *depois navegue em mar só de lorota*
> *e quem lá chegue é rei de todo corno.*

Já Anton Francesco Doni usou uma linguagem totalmente diversa numa das primeiras e mais conhecidas utopias italianas do século XVI: o diálogo, inserido no *Mondi* (1552), intitulado justamente "Um mundo novo". O tom aqui é seriíssimo; o conteúdo, diferente. A utopia de Doni não é camponesa como a do país da Cocanha, mas rigorosamente urbana, localizada numa cidade cuja planta tem forma de estrela. Além disso, os habitantes do "mundo novo" descrito por Doni levam uma vida sóbria ("me agrada esta ordem que apagou o vitupério das bebedeiras [...] o empanturramento de cinco, seis horas à mesa"), totalmente distante das pândegas da Cocanha. Entretanto, mesmo Doni fundia o antigo mito da idade do ouro com o quadro de inocência e de pureza primitivas traçado pelos primeiros relatórios sobre o continente americano. A alusão àquelas terras estava implícita, somente: o mundo descrito por Doni era apenas "um mundo novo diverso deste". Graças a essa ambígua expressão, pela primeira vez na literatura utópica o modelo da sociedade perfeita podia ser projetado no tempo, no futuro, e não no espaço, numa terra inacessível. Mas as características mais notáveis desse "mundo novo" foram extraídas dos relatórios dos viajantes (assim como da *Utopia*, de Thomas More, que o próprio Doni publicara, com uma introdução): a comunhão das mulheres e dos bens. Como vimos, essa fazia parte também da imagem do país da Cocanha.

Menocchio poderia ter lido sobre as descobertas americanas nas minguadas alusões do *Supplementum*, de Foresti. Talvez pensando nelas afirmou com sua habitual despreocupação: "Por ter lido sobre tantas espécies de raças humanas, eu acredito que diferentes povos foram criados em diferentes partes do mundo". Provavelmente, não conheceu o "mundo novo" citadino e sóbrio de Doni, mas sim pelo menos alguns ecos do camponês e carnavalesco mundo do *Capitolo*, ou de outros textos análogos. Em ambos, porém, havia elementos que podiam lhe agradar. No mundo retratado por Doni, a religião privada de ritos e cerimônias, apesar da presença marcante do templo no centro da cidade: como desejara Menocchio no decorrer do processo, uma religião reduzida ao mandamento "Conhecer Deus, agrade cer-lhe e amar o próximo". No mundo descrito pelo *Capitolo*, a imagem da felicidade ligada à abundância, ao prazer dos bens materiais, à ausência do trabalho. É verdade que Menocchio, acusado de ter violado o preceito quaresmal, justificou seu jejum em termos dietéticos e não religiosos: "O jejum foi feito para o intelecto, para que os humores não caiam; eu, por mim, gostaria que se comesse três ou quatro vezes ao dia e não se bebesse vinho para que os humores não caíssem mais". Mas uma tal apologia da sobriedade era instantaneamente transformada num ataque polêmico, dirigido talvez (a transcrição neste ponto está incompleta) contra os frades que estavam à sua frente: "[...] e não fazer como estes [...] que comem numa refeição o que não comeriam em três". Num mundo cheio de injustiças sociais, mortificado pela ameaça constrangedora da fome, a imagem de uma vida sóbria soava como um protesto.

> *Escavo a terra buscando*
> *raízes várias e estranhas*
> *com que untamos os focinhos:*
> *fosse assim toda manhã*
> *e bem menos mal seria.*
> *Coisa triste é a carestia.*

Esses são os versos de um poema contemporâneo "Lamento de uno poveretto uomo sopra la carestia", ao que o poema seguinte, "L'universale allegrezza dell'abondantia", responde:

> *Gozemos, façamos festa,*
> *todos nós em companhia,*
> *que após a ímpia carestia*
> *não nos dê mais sofrimento...*
> *Viva o pão e viva o trigo,*
> *viva a riqueza e a abundância,*
> *vamos cantar, pobrezinhos,*
> *pois é chegada a esperança...*
> *Após trevas vem a luz,*
> *depois do mal vem o bem,*
> *a riqueza nos conduz*
> *e nos salva do perigo;*
> *trigo seco traz consigo*
> *pois só nos mantemos com*
> *o belo pão branco e bom.*

Esse contraste em versos nos dá o contraponto realístico das hiperbólicas fantasias sobre o país da Cocanha. Diante das "raízes várias e estranhas", "o belo pão branco e bom", comido em companhia nos períodos de abundância, é uma "festa". "É como estar numa festa" — fora o que Menocchio dissera sobre o paraíso: uma festa que não acabasse mais, livre da oscilação periódica entre "escuridão e luz", carestia e abundância, quaresma e carnaval. O país da Cocanha, para lá do Oceano, era também uma grande festa. Talvez o "mundo novo" desejado por Menocchio fosse parecido.

De qualquer modo, as palavras de Menocchio trazem por alguns momentos à tona as profundas raízes *populares* da utopia, tanto cultas como plebeias, frequentemente consideradas meros exercícios literários. Talvez essa imagem de um "mundo novo" contivesse algo de muito velho, ligado a uma memória mítica de uma remota era de bem-estar. Quer dizer, não rompia a imagem cíclica da história humana, o que era de esperar de uma época que via firmarem-se os mitos da *R*enascença, da *R*eforma, da Nova Jerusalém. Não podemos excluir nada disso. Todavia, permanece o fato de que a imagem de uma sociedade mais justa era projetada de maneira consciente num futuro não escatológico. Não o Filho do Homem no alto, sobre as nuvens, mas homens como Menocchio — os camponeses de Montereale que ele tentara inutilmente convencer, por exemplo —, através de sua luta, deveriam ser os mensageiros do "mundo novo".

43

Os interrogatórios terminaram em 12 de maio. Menocchio foi levado mais uma vez para o cárcere. Alguns dias se passaram. Por fim, em 17 de maio recusou o advogado que lhe fora oferecido e entregou uma longa carta aos juízes, na qual pedia perdão pelos erros do passado — a mesma carta que lhe fora inutilmente pedida, três meses antes, pelo filho.

44

"Em nome do Pai, do Filho e do Espírito Santo.

Eu, Domenego Scandela, cognominado Menocchio de Montereale, sou cristão batizado, sempre vivi como cristão, fiz sempre obras de cristão, sempre fui obediente aos meus superiores e aos meus pais espirituais tanto quanto eu podia, e sempre, manhã e noite, me colocava sob o sinal da cruz, dizendo 'em nome do Pai, do Filho e do Espírito Santo'; eu dizia o pai-nosso e a ave-maria e acredito que sejam, uma, oração do Senhor, e, outra, da Nossa Senhora, embora seja verdade que pensei, acreditei e disse, como aparece nas minhas confissões, coisas contra os mandamentos de Deus e da Santa Igreja. Eu disse isso por vontade do falso espírito, o qual me cegara o intelecto, a memória e a vontade, fazendo-me pensar, acreditar e falar no falso e não na verdade e assim eu confesso ter pensado, acreditado, dito o falso e não a verdade, e assim dei a minha opinião, mas não disse que ela é a verdade. Vou dar como exemplo quatro palavras sobre José, filho de Jacó: ele falou com seu pai e irmãos sobre certos sonhos seus que significavam que eles deveriam adorá-lo; os irmãos se puseram a brigar com ele e queriam matá-lo, mas Deus não quis, e então o venderam a uns mercadores do Egito; lá foi para a prisão por causa de uns erros, e depois o rei faraó teve um sonho em que parecia ver sete vacas gordas e sete vacas magras e ninguém sabia interpretar tal sonho. Disseram-lhe que havia um jovem na prisão que saberia interpretá-lo, e assim ele foi retirado da prisão e levado diante do rei; ele lhe disse que as vacas gordas significavam sete anos de abundância e as magras sete anos de carestia. E assim o rei lhe deu fé e o fez príncipe e governador de todo o reino do Egito. Veio a abundância e José se proveu de grão para mais de vinte anos; depois veio a carestia, e não se trocava grão por dinheiro, o que ocorria também em Canaã. Jacó sabia que no Egito vendia-se grão; mandou dez dos seus filhos com seus animais para o Egito. Eles foram reconhecidos pelo irmão, que, com a permissão do rei, mandou alimentar o pai e toda a família com o que tinha de melhor. E assim viveram juntos no Egito, mas os irmãos se arre-

140

pendiam de tê-lo vendido, e José, vendo-os assim, lhes disse: 'Não foi culpa de vocês, mas vontade de Deus para que eu provesse à nossa necessidade, e fiquem alegres porque eu os perdoo de todo o coração'. E eu, por ter falado com meus irmãos e pais espirituais, fui por eles acusado e vendido ao grande pai inquisidor, e ele fez com que me trouxessem a este Santo Ofício, e me puseram na prisão. Mas eu não acho que seja culpa deles, e sim vontade de Deus. Não sei se eles são irmãos ou pais espirituais, mas eu os perdoo para que assim Deus me perdoe da mesma maneira. Deus quis que eu fosse conduzido a este Santo Ofício por quatro razões: primeiro, para que eu confessasse meus erros; segundo, para que eu fizesse penitência por meus pecados; terceiro, para me livrar do falso espírito; quarto, para dar exemplo a meus filhos e a todos os meus irmãos espirituais para que não incorressem nesses erros. Entretanto, se eu pensei, acreditei, falei e fui contra os mandamentos de Deus e da Santa Igreja, estou doente e aflito, arrependido e infeliz e digo *mea colpa mea masima colpa*, e peço perdão e misericórdia, pela remissão dos meus pecados, à Santíssima Trindade, Pai, Filho e Espírito Santo, e também à gloriosa Virgem Maria, a todos os santos e santas do paraíso e à sua santíssima, reverendíssima e ilustríssima justiça que me perdoe e tenha misericórdia. Eu peço em nome da paixão de Nosso Senhor Jesus Cristo, que não se declare a minha sentença com ira e injustiça, mas com amor, caridade e misericórdia. Os senhores sabem que Nosso Senhor Jesus Cristo foi misericordioso e perdoou e perdoará sempre: perdoou Maria Madalena, que foi pecadora, perdoou são Pedro, que o negou, perdoou o ladrão, que tinha roubado, perdoou os judeus, que o crucificaram, perdoou são Tomé, que duvidou do que viu e quis tocar. Dessa forma eu acredito firmemente que ele me perdoará e terá misericórdia de mim. Fiz penitência na prisão escura durante 104 dias, para vergonha, ruína e desespero da minha casa e de meus filhos, mas eu peço aos senhores, pelo amor de Nosso Senhor Jesus Cristo e de sua mãe gloriosa, a Virgem Maria, que a transformem em caridade e misericórdia; não queiram ser a causa da separação da minha companheira e dos filhos que Deus me deu para minha alegria e consolação. Eu prometo assim não incorrer mais naqueles erros, ser obediente a todos os meus superiores e pais espirituais em tudo o que eles me ordenarem e a nada mais. Espero sua santíssima, reverendíssima e ilustríssima sentença como ensinamento do viver como cristão, e assim poder ensinar meus filhos a serem verdadeiros cristãos. Foram estas as causas dos meus erros: primeira, eu acreditava em dois mandamentos, amar a Deus e amar ao próximo, e acreditava que isto bastasse; segunda, por ter lido o livro do Mandavilla, sobre tantas espécies de raças e diversas leis, que me confundiu; terceira, meu intelecto e memória me faziam saber o que não era necessário; quarta, o falso espírito estava sempre me rondando para que eu pensasse o falso e não a verdade; quinta, a discordância que existia entre mim e o nosso pároco; sexta, eu trabalhava muito, ficava fraco e assim não podia cumprir todos os mandamentos de Deus e da Santa Igreja. Faço minha defesa na esperança do perdão e da misericórdia, sem ira ou injustiça, e assim peço a Nosso Senhor Jesus Cristo e aos senhores misericórdia, perdão, sem ira ou injustiça. E não levem em conta minha falsidade e ignorância."

45

O próprio aspecto das páginas escritas por Menocchio, com as letras coladas umas às outras, mal ligadas entre si (segundo um tratado contemporâneo de caligrafia, assim fariam "os transmontanos, as mulheres e os velhos"), mostra claramente que o autor não tinha muita familiaridade com a escrita. Impressão bem diferente causa o traçado fluente e nervoso de dom Curzio Cellina, escrivão em Montereale e um dos acusadores de Menocchio no período do segundo processo.

Com certeza Menocchio não frequentara escola alguma de nível superior, e aprender a escrever deve ter lhe custado muito, mesmo fisicamente, o que se percebe por alguns sinais que mais parecem talhados na madeira do que traçados sobre o papel. Já com a leitura devia ter familiaridade bem maior. Embora fechado "na prisão escura durante 104 dias", evidentemente sem livros à disposição, conseguira descobrir na memória frases que foram lentamente e durante muito tempo assimiladas da história de José, lida na Bíblia e no *Fioretto*. É a essa familiaridade com a página escrita que devemos as características particulares da carta enviada aos inquisidores.

Nela podemos distinguir as seguintes passagens: 1. Menocchio afirma ter sempre vivido como bom cristão, embora reconheça ter violado os mandamentos de Deus e da Igreja; 2. declara que a origem de tal contradição está no "falso espírito" que o levou a crer e a falar no falso — apresentado por ele, porém, como "opinião" e não como verdade; 3. compara-se a José; 4. enumera quatro causas pelas quais Deus quis que ele fosse aprisionado; 5. compara os juízes a Cristo misericordioso; 6. implora o perdão dos juízes; 7. enumera as seis causas dos próprios erros. A essa ordenada estrutura externa corresponde, no plano interno, uma linguagem repleta de simetrias, aliterações, figuras retóricas como a anáfora ou a derivação. Basta examinar a primeira frase: "Sou cristão batizado, sempre vivi como cristão, fiz sempre obras de cristão..."; "sempre vivi [...], fiz sempre [...], sempre..."; "e sempre, manhã e noite, me colocava sob o sinal da cruz...". Naturalmente Menocchio fazia retórica sem saber, assim como ignorava que as primeiras quatro "causas" que ele enumerou eram causas finais e as outras seis causas eficientes. Mas a densidade das aliterações e figuras retóricas de sua carta não era casual, e sim imposta pela exigência de se expressar numa linguagem capaz de se fixar facilmente na memória. Antes de se tornarem sinais numa página, aquelas palavras devem ter sido ruminadas por muito tempo. Todavia, desde o início haviam sido pensadas como palavras escritas. A "fala" de Menocchio — do que podemos conjecturar das transcrições feitas pelos escrivães do Santo Ofício — era diferente, se não por outra razão, porque intricada de metáforas, absolutamente ausentes na carta enviada aos juízes.

A associação (constatada) entre Menocchio e José e a (desejada) entre os juízes e Cristo não são de fato metafóricas. A Escritura fornece uma rede de *exempla* a que a realidade presente se

143

adapta ou deve se adaptar. Porém, justamente a fórmula do *exemplum* faz com que aflore, extrapolando as intenções de Menocchio, o conteúdo latente da carta. Menocchio se considera uma espécie de José não só porque é também uma vítima inocente, mas porque é capaz de revelar verdades desconhecidas por todos. Os que, como o pároco de Montereale, o acusaram e o fizeram prender, são comparáveis aos irmãos de José, envolvidos pelos imperscrutáveis desígnios de Deus. Mas o protagonista é ele, Menocchio-José. É ele quem perdoa os irmãos malvados, na verdade instrumentos cegos de uma vontade superior. Esse paralelo desmentia antecipadamente as súplicas de misericórdia com que terminava a carta. Até mesmo Menocchio percebeu algo falso: "Não sei se eles são irmãos ou pais espirituais" — acrescentou, tentando restabelecer a relação de reverência filial que era negada, de fato, por suas atitudes. Entretanto, tomou suas precauções, não se sujeitando cegamente aos conselhos do filho, que através do pároco lhe havia sugerido que prometesse "toda obediência à Santa Igreja". Embora reconhecesse os próprios erros, se por um lado Menocchio os inseria numa perspectiva de entrega à Providência, por outro explicava-os com motivos que, excetuando-se a alusão ao "falso espírito", não cediam muito ao ponto de vista dos inquisidores. Esses motivos decerto foram enumerados em ordem decrescente de importância. Há duas remissões a textos, uma implícita e outra explícita: uma passagem das Escrituras (Mateus, 22:36-40), interpretada literalmente, e as *Viagens* de Mandeville, lidas segundo a chave já examinada. Além disso, há mais duas motivações de caráter interior: a inquietação do "intelecto e da mente" e a tentação do "falso espírito", o qual, dissera no processo, vive na parte "escura" do coração dos homens. E, finalizando, há duas circunstâncias externas: sua inimizade com o pároco e a debilidade física muitas vezes invocada para justificar suas violações do jejum preceituado. Então, temos os livros, as reações aos livros ("acreditava em dois mandamentos [...] que me confundiu"), as deduções a partir dos livros, os comportamentos. Nessa lista de motivos, só aparentemente heterogênea, existia uma concatenação indubitável. Apesar do patético apelo final ("E não levem em conta minha falsidade e ignorância"), Menocchio não renunciava a discutir, a argumentar.

46

No mesmo dia em que Menocchio entregou a carta, os juízes se reuniram para emitir a sentença. Durante o processo, a atitude deles mudara imperceptivelmente. De início, fizeram Menocchio notar as contradições em que caíra; depois, tentaram reconduzi--lo ao caminho certo; por fim, em vista de sua obstinação, renunciaram a qualquer tentativa de convencê-lo e se limitaram a perguntas exploratórias, como se desejassem chegar a um quadro completo de suas aberrações. E unanimemente declararam Menocchio "non modo formalem hereticum [...] sed etiam heresiarcam" (não só um herético formal [...] mas também um heresiarca). E assim, no dia 17 de maio, a sentença foi promulgada.

O que impressiona de imediato é o seu tamanho — quatro ou cinco vezes maior que as sentenças comuns. É um sintoma da importância atribuída ao caso de Menocchio pelos juízes, mas principalmente um sintoma da dificuldade em inserir suas inauditas afirmações nas formas estereotipadas de documentos do gênero. O espanto dos juízes era tanto que transparecia sob a seca linguagem judicial: "invenimus te [...] in multiplici *et fere inexquisita* heretica pravitate deprehensum" (pudemos constatar que te deixaste envolver numa perversão herética múltipla e quase inaudita). Esse processo extraordinário terminava, portanto, com uma sentença igualmente extraordinária (acompanhada de sua correspondente abjuração, também muito longa).

Desde o início, os juízes frisaram o fato de que Menocchio falara sobre as suas opiniões heréticas e que argumentara contra a fé católica "non tantum cum religiosas viris, sed etiam cum simplicibus et idiotis" (não apenas com religiosos, mas também com pessoas simples e ignorantes), pondo em risco a fé daqueles. Evidentemente tratava-se de uma agravante: a qualquer custo, os camponeses e artesãos de Montereale deveriam ser mantidos afastados de doutrinas tão perigosas. Seguia uma minuciosa refutação das teses defendidas por Menocchio. Usando de um verdadeiro *crescendo* retórico, absolutamente inabitual em sentenças inquisitoriais, os juízes insistiam na audácia e obstinação do réu: "ita pertinacem in istis heresibus", "indurato animo permansisti", "audacter negabas", "profanas et nefandis verbis [...] lacerasti", "diabolico animo affirmasti", "intacta non reliquisti sancta ieiunia", "nonne reperimus te etiam contra sanctas conciones latrasse?", "profano tuo iudicio [...] damnasti", "eo te duxit malignus spiritus quod ausus es affirmare", "tandem polluto tuo ore [...] conatus es", "hoc nefandissimum excogitasti", "et ne remaneret aliquod impollutum et quod non esset a te contaminatum [...] negabas", "tua lingua maledica convertendo [...] dicebas", "tandem latrabas", "venenum apposuisti", "et quod non dictu sed omnibus auditu horribile est", "non contentus fuit malignus et perversus animus tuus de his omnibus [...] sed errexit cornua et veluti gigantes contra sanctissiman ineffabilem Trinitatem pugnare cepisti", "expavescit celum, turbantur omnia et contremescunt audientes tam inhumana et horribilia quae de Iesu Cristo filio Dei profano ore tuo locutus es" (de tal forma obstinado nessas heresias; permaneceste com a alma insensível; negavas com atrevimento, ofendeste com palavras profanas e nefandas; afirmaste com espírito diabólico; não poupaste os santos jejuns; por acaso não vimos que ladraste também contra as santas palavras?; condenaste com teu julgamento profano; foi por influência do espírito maligno que ousaste afirmar; enfim tentaste com tua boca imunda; imaginaste essa coisa totalmente abominável; e para que nada permanecesse imaculado e que não fosse por ti contaminado [...] negavas; adulterando com tua língua maldita [...] dizias; enfim latias; colocaste o veneno; e o que é terrível que não só se diga mas se ouça; teu espírito mau e perverso não se contentou com essas coisas todas [...] mas levantou os seus cornos e, como os gigantes, te puseste a lutar contra a inefável Santíssima Trindade; o céu se espanta, tudo se conturba e estremecem os que ouvem as coisas tão desumanas e horríveis que com tua voz profana falaste de Jesus Cristo, filho de Deus). Não há dúvida de que, por meio dessa exagerada verborragia, os juízes estivessem tentando exprimir um sentimento bem real: seu espanto e horror diante do acúmulo de heresias jamais vistas antes. Aos olhos dos inquisidores, estas deviam se configurar como um verdadeiro vórtice infernal.

Mas dizer "jamais vistas antes" não é de todo verdadeiro. Os inquisidores haviam conduzido dezenas e dezenas de processos no Friuli envolvendo luteranos, bruxas, *benandanti*, blasfemadores e até mesmo anabatistas, sem nunca ter encontrado algo parecido. Só no que diz respeito à afirmação de Menocchio de que para se confessar bastava contar os próprios pecados a Deus, eles invocaram a tese análoga defendida pelos "heréticos", isto é, pelos seguidores da Reforma. Quanto ao resto, procuraram ocasionais analogias e precedentes num passado mais remoto, recorrendo à sua própria educação teológica e filosófica. Assim, a referência de Menocchio ao caos foi associada à doutrina de um filósofo antigo, não nomeado: "in lucem redduxisti et firmiter affirmasti vera[m] fuisse alias reprobatam opinionem illam antiqui filosophi, asserentis eternitatem caos a quo omnia prodiere quae huius sunt mundi" (retomaste e afirmaste com convicção ser verdadeira a opinião, já condenada, de antigo filósofo, que admitia a eternidade do caos do qual se originaram todas as coisas existentes no nosso mundo). A afirmação de que "Deus é autor do bem, mas não faz o mal, mas o diabo é autor do mal e não faz o bem" foi relacionada à heresia dos maniqueus: "tandem opionem Manicheorum iterum in luce revocasti, de duplici principio boni scilicet et mali..." (enfim retomaste a opinião dos maniqueus a respeito dos dois princípios, o do bem e o do mal). Com um procedimento análogo, a tese da equivalência de todas as fés foi identificada com a doutrina de Orígenes sobre a apocatástase: "heresim Origenis ad lucem revocasti, quod omnes forent salvandi, Iudei, Turci, pagani, christiani et infideles omnes, cum istis omnibus aequaliter detur Spiritus sanctus..." (retomaste a heresia de Orígenes, ao afirmar que todos devem salvar-se, judeus, turcos, pagãos, todos, cristãos e infiéis, uma vez que da mesma forma a todos é dado o Espírito Santo). Algumas asserções de Menocchio pareceram aos juízes não só heréticas como contrárias à própria razão natural, como, por exemplo: "Quando estamos no ventre da mãe, somos como que nada, carne morta", ou outra, sobre a inexistência de Deus: "circa infusionem animae contrariaris non solum Ecclesiae sanctae, sed etiam omnibus filosofantibus [...] Id quod omnes consentiunt, nec quis negare audet, tu ausus es cum insipiente dicere 'non est Deus'..." (a respeito da infusão da alma, contrarias não só o ensino da Santa Igreja como o de todos os pensadores [...] o que todos admitem e ninguém ousa negar, tu, a exemplo do tolo, ousaste dizer: "Deus não existe").

No *Supplementum supplementi delle croniche*, de Foresti, Menocchio teve a oportunidade de ler referências passageiras à doutrina de Orígenes e dos maniqueus. Mas considerá-las fundamentos das ideias de Menocchio é, obviamente, exagero. A sentença confirmava o profundo fosso, evidente em todo o processo, que separava a cultura de Menocchio da dos inquisidores.

Estes últimos tinham como obrigação compelir o réu a retornar à Igreja. Menocchio foi condenado a abjurar publicamente todas as suas heresias, a cumprir várias penitências salutares, a vestir para sempre um hábito marcado com a cruz, em sinal de penitência, e a passar no cárcere, à custa dos filhos, o resto da sua vida ("te sententialiter condemnamus ut inter duos parietes immureris, ut ibi semper et toto tempore vitae tuae maneas" — Condenamos-te por sentença deste tribunal a que sejas emparedado, para que aí permaneças sempre e durante todo o tempo de tua vida).

47

Menocchio permaneceu no cárcere de Concórdia quase dois anos. Em 18 de janeiro de 1586, Ziannuto, seu filho, apresentou, em nome dos irmãos e da mãe, uma súplica ao bispo Matteo Sanudo e ao inquisidor de Aquileia e Concórdia, que era então o frade Evangelista Peleo. A súplica fora escrita pelo próprio Menocchio:

"Embora eu, pobre Domenego Scandella prisioneiro, tenha outras vezes suplicado ao Santo Ofício da Inquisição, se era digno de sua graça, que me permitisse fazer melhor a penitência pelos meus erros, retorno agora, forçado pela extrema necessidade, a implorar-lhes que levem em consideração que já se transcorreram três anos desde que eu deixei minha casa e fui condenado a tão cruel prisão. Eu não sei como não morri pela impureza do ar, impedido de poder ver minha querida mulher por causa da distância, ocupada com a família, com os filhos que por causa de sua pobreza foram obrigados a me abandonar, e então eu necessariamente vou acabar morrendo. Portanto, arrependido e sofrendo por tantos pecados, peço perdão, primeiro ao senhor Deus, em seguida a este Santo Tribunal, e lhes peço a graça de me libertar. Comprometo-me a lhes dar garantias idôneas de viver nos preceitos da Santa Igreja romana como também de fazer as penitências que este Santo Ofício me impuser, e peço a Nosso Senhor toda a felicidade para os senhores."

Por trás das estereotipadas expressões de humildade, limpas de dialetismos (uso de *Chiesa* no lugar de *Gesia*, por exemplo), percebe-se a intervenção de um advogado. Menocchio se expressara de maneira bem diversa, dois anos antes, quando com suas próprias mãos escrevera em sua defesa. Porém, desta vez o bispo e o inquisidor resolveram dar a misericórdia que tinham negado no passado. Antes de mais nada, mandaram chamar o carcereiro Giovan Battista de' Parvi. Este informou que a prisão onde Menocchio se encontrava era "forte e segura", trancada por três portas "fortes e seguras", e não existia "cárcere algum mais forte ou mais rude do que aquele na cidade de Concórdia". Menocchio só saíra dali para declamar a abjuração, carregando uma vela, diante da porta da catedral da cidade, no dia da sentença e no dia da feira de santo Estêvão, e também para ouvir a missa e comungar (mas, na maioria das vezes, comungava na prisão). Fizera jejum em várias sextas-feiras, "exceto durante o período em que esteve tão gravemente doente que se duvidava que sobrevivesse". Depois da doença, interrompera os jejuns, "mas muitas vezes, durante outras vigílias, me disse: 'Amanhã me traga só pão que eu quero fazer vigília e não me traga carne nem outra coisa gorda'". "Mais de uma vez", prosseguiu o carcereiro, "me encostei à porta, quieto, para ouvir o que dizia ou fazia e ouvi que rezava." Outras vezes, Menocchio fora visto lendo um livro que lhe fora trazido por um padre, "o *Officio della Madonna*, onde se encontram os sete salmos e outras orações"; além disso, pedira "uma imagem para poder fazer suas orações, e seu filho então a comprou". Poucos dias antes, dissera que "sempre se dirigia a Deus, reconhecia que sofria por seus pecados e erros e que Deus o ajudara, porque não acreditava que pudesse viver quinze dias sofrendo como sofria na prisão, e, entretanto, tinha aguentado até aquele momento". Falara com frequência ao carcereiro "daquelas loucuras de antes, dizendo que sabia muito bem que eram loucuras, mas que não se afastara jamais a ponto de crer firmemente nelas, mas, por tentação do diabo, tão extravagantes pensamentos tinham penetrado sua mente". Em suma, parecia de fato arrependido, mesmo que (observou com prudência o carcereiro) "não se possa conhecer facilmente o coração dos homens; só Deus é que pode". Então, o bispo e o inquisidor mandaram trazer Menocchio. Chorava, suplicava ajoelhado, pedia humildemente perdão: "Eu estou profundamente arrependido de ter ofendido meu senhor Deus e gostaria de não ter dito as loucuras que disse. Cegado pelo demônio, nem mesmo sabendo o que estava dizendo [...]. Não só não me lamento de ter cumprido a penitência que me foi imposta e de estar na prisão, como me senti em grande júbilo, e Deus me confortava tanto nas orações que fazia a ele, que parecia que eu estava no paraíso". Se não fosse pela mulher e pelos filhos, acrescentou juntando as mãos e levantando os olhos para o céu, continuaria na prisão pelo resto de sua vida, a fim de expiar as ofensas que fizera a Cristo. Mas era "paupérrimo": com dois moinhos e dois terrenos arrendados, tinha de manter mulher, sete filhos e netos. A prisão, "rude, terrosa, escura e úmida", lhe arruinara por completo a saúde: "Fiquei quatro meses sem levantar da cama e durante este ano as pernas incharam, e ainda tenho o rosto inchado também, como podem ver, e quase perdi a audição, me tornei fraco e quase fora de

150

mim". "Et vere", anotou o escrivão do Santo Ofício, "cum haec dicebat, aspectu et re ipsa videbatur insipiens, et corpore invalidus, et male affectus" (E realmente, enquanto dizia essas palavras, demonstrava na aparência e na própria realidade estar ensandecido, sem forças no corpo e seriamente adoentado).

O bispo de Concórdia e o inquisidor do Friuli reconheceram nisso tudo sinais de uma autêntica conversão. Convocaram imediatamente o magistrado de Portogruaro e alguns nobres do lugar (entre os quais o futuro historiador do Friuli, Giovan Francesco Palladio degli Olivi) e comutaram a sentença. Como cárcere perpétuo para Menocchio foi determinada a aldeia de Montereale, ficando-lhe proibido afastar-se dali. Ficava-lhe expressamente proibido também falar ou mencionar suas ideias perigosas. Deveria se confessar com regularidade e usar sobre a roupa o hábito com a cruz, sinal da sua infâmia. Um amigo, Daniele de Biasio, se responsabilizou por ele, comprometendo-se a pagar duzentos ducados em caso de violação da sentença. Arrasado física e mentalmente, Menocchio voltou para Montereale.

48

Retomou seu lugar na comunidade. Apesar dos problemas que tivera com o Santo Ofício, apesar da condenação e da prisão, em 1590 foi novamente nomeado *cameraro* (administrador) da igreja de Santa Maria de Montereale. O novo pároco, Giovan Daniele Melchiori, amigo de infância de Menocchio (veremos mais para a frente o que havia acontecido com o pároco anterior, Odorico Vorai, que denunciara Menocchio ao Santo Ofício), deve ter intervindo para tal nomeação. Aparentemente ninguém se escandalizava com o fato de que um herege, ou melhor, heresiarca, administrasse os fundos da paróquia, uma vez que o próprio pároco já tivera problemas com a Inquisição.

O cargo de *cameraro* era frequentemente confiado a moleiros, talvez porque possuíssem meios para antecipar o dinheiro necessário à administração da paróquia. O *cameraro*, por sua vez, se valia disso atrasando o reembolso correspondente aos dízimos doados pelos fiéis. Quando em 1593 Matteo Sanudo, bispo de Concórdia, apareceu em Montereale, durante uma visita a toda a diocese, quis examinar as contas dos *camerari* dos últimos sete anos. Verificou que entre os devedores estava Domenico Scandella, isto é, Menocchio, com duzentas liras — o débito mais elevado depois do de Bernardo Corneto. Tratava-se de um fenômeno comum, regularmente alvo de queixas das visitas pastorais ao Friuli desse período. Nesse caso, também, o bispo (que com certeza não deve ter associado o nome Scandella ao homem que condenara nove anos antes) tentou introduzir uma administração mais rigorosa e cuidadosa. Reprovou "o pouco cuidado com as contas, apesar de já terem sido dadas ordens a respeito pelo visitante anterior. Se estas tivessem sido observadas, sem dúvida as coisas da igreja estariam muito melhores"; ordenou que se comprasse um "livro grande", no qual o pároco, sob pena de suspensão dos serviços divinos (*a divinis*), deveria registrar, a cada ano, as entradas, "parte por parte, respectivamente quem as paga, a distribuição do grão dia a dia, os gastos com a igreja e, finalmente, os salários dos *camerari*"; estes deverão anotar as entradas num "registro (*vacchetta*) e, depois, transferir para o livro". Acrescentou que os *camerari* devedores deveriam saldar as dívidas "sob pena de serem privados do ingresso na igreja e de sepultura eclesiástica em caso de morte"; daí a seis meses o pároco deveria levar a Portogruaro as contas de 1592, sob pena de multa e — mais uma vez — de suspensão *a divinis*. Se Menocchio pagou ou não a sua dívida não sabemos. Talvez sim, já que na visita pastoral subsequente, feita pelo mesmo bispo Sanudo em 1599-1600, foram registrados débitos dos *camerari* de Montereale somente posteriores a 1592.

Um testemunho do mesmo período (1595) confirma que o prestígio de Menocchio entre seus conterrâneos permaneceu intacto. Entre o conde Giovan Francesco Montereale e um de seus arrendatários surgiu uma "pequena dificuldade" a propósito de dois pedaços de terra e uma casa de colono. A pedido do conde foram nomeados dois avaliadores para apontar as melhorias feitas à casa pelo arrendatário precedente. Piero della Zuanna foi escolhido para representar o conde e Menocchio, o arrendatário. A causa era difícil, considerando-se que uma das partes era o próprio senhor local; mas, evidentemente, confiava-se na capacidade de discutir e argumentar de Menocchio.

No mesmo ano, Menocchio alugou, junto com o filho Stefano, um novo moinho, numa localidade conhecida como "abaixo das cercas de cima" (*de sotto le siege de sora*). A locação foi por nove anos: os locatários se comprometiam a pagar todos os anos quatro alqueires de trigo, dez de centeio, dois de aveia, dois de milho e dois de grão sarraceno, mais um porco de 150 libras de peso; uma cláusula especificava o correspondente em dinheiro (seis soldos por libra) caso o peso do porco fosse superior ou inferior ao estabelecido. Além disso, eram previstas as "honrarias": alguns capões e meia peça de linho. O último era um tributo simbólico, já que o moinho era usado para o beneficiamento de tecido. Os arrendatários recebiam o moinho em consignação, equipado com dois asnos "bons e úteis", uma roda (*leviera*) e seis máquinas para beneficiamento de tecido, e se comprometiam a restituí-lo "melhorado em vez de deteriorado" aos locadores, que eram os tutores dos herdeiros de Pietro de Macris. O arrendatário precedente, Florito di Benedetto, declarado insolvente, prometeu pagar os aluguéis atrasados nos cinco anos seguintes: Menocchio e Stefano, atendendo a pedidos dele, declararam-se seus fiadores.

Tudo isso indica que a situação dos dois Scandella deveria ser, naquele momento, bem sólida. Menocchio participava integralmente da vida da comunidade. Ainda em 1595, ele foi o portador de uma mensagem do lugar-tenente da *Patria* do Friuli ao magistrado local. Foi um dos catorze representantes — entre os quais, o magistrado — da "vizinhança" de Montereale encarregados de eleger os responsáveis pela redação dos cadastros.

Passado algum tempo, porém, Menocchio teve dificuldades — com a morte do filho (Ziannuto, provavelmente) que o sustentava. Tentou se manter exercendo outras profissões: professor na escola, tocador de violão nas festas. Nessa altura tornara-se

153

urgente libertar-se do estigma do hábito penitencial e da proibi-ção de afastamento de Montereale, que lhe foram impostos pela sentença. Foi então a Udine procurar pelo novo inquisidor, fra-de Giovan Battista da Perugia, pedindo-lhe a dispensa das duas obrigações. Quanto ao hábito, recebeu uma resposta negativa, "porque", explicou o inquisidor numa carta ao bispo de Concór-dia, datada de 26 de janeiro de 1597, "não se deve dar essa dis-pensa com tanta facilidade"; foi-lhe concedido, entretanto, "pra-ticar [...] livremente, em qualquer lugar, exceto nos suspeitos, o que pudesse de algum modo ajudar na pobreza sua e da família".

Os estragos do velho processo estavam sendo, pouco a pou-co, apagados. Contudo, sem que Menocchio soubesse, o Santo Ofício recomeçara a se ocupar dele.

49

No carnaval do ano anterior, Menocchio deixara Montereale e fora para Udine, com a permissão do inquisidor. Na praça, ao cair da tarde, encontrara um tal Lunardo Simon e começara a conversar com ele. Os dois já se conheciam; Lunardo percor-ria as festas tocando violino e Menocchio, como vimos, fazia o mesmo com seu violão. Algum tempo depois, tomando conhe-cimento da bula contra os heréticos, Lunardo escreveu ao vigá-rio do inquisidor, frade Gerolamo Asteo, contando aquela con-versa; pessoalmente, com algumas variações, confirmou a carta. O diálogo na praça fora mais ou menos assim: "Eu ouvi dizer", falou Menocchio, "que você está querendo ser padre: é verda-de?". Lunardo: "Não é uma boa história?". "Não, porque é coi-sa de pobre." Lunardo respondera, devolvendo a gozação: "Não [devo] ser frade para continuar pobre?". "Todos os santos, ere-mitas e tantos outros que levavam vida de santo, ninguém sabe onde foram parar." "Nosso Senhor Deus não quer que se sai-bam esses segredos agora." "Se eu fosse turco não ia querer me tornar cristão, mas sou cristão e também não quero me tornar turco." "*Beati qui non viderunt, et crediderunt.*" "Eu não acredito se não ver. Acredito que Deus seja o pai de todo o mundo e que pode fazer e desfazer." "Os turcos e os judeus também acreditam, mas não acreditam que tenham nascido da Virgem Maria." "Por que quando Cristo estava na cruz e os judeus lhe disseram: 'Se você é Cristo, desça da cruz', ele não desceu?" "Foi para não obedecer aos judeus." "Foi porque Cristo não podia." "Então, você não acredita no Evangelho?" "Não, eu não acredito. Quem é que você pensa que fez o Evangelho? São coisas de padres e frades que não têm mais nada para fazer. Ficam pensando nessas coisas e depois escrevem." "O Evangelho não é feito nem pelos padres, nem pelos frades, mas foi feito antes deles" — objetara Lunardo e fora embora, julgando seu interlocutor uma "pessoa herética".

Deus pai e patrão; que "faz e desfaz"; Cristo homem; os Evangelhos obra de padres e frades ociosos; a equivalência das religiões. Portanto, apesar do processo, da infâmia da abjuração, do cárcere, das clamorosas manifestações de arrependimento, Menocchio recomeçara a defender suas velhas opiniões, que evidentemente seu coração jamais renegara. Mas Lunardo Simon só conhecia Menocchio de nome ("um tal de Menocchio, moleiro de Montereale"): e, não obstante ser sabido por todos que se tratava de um reincidente, já condenado pelo Santo Ofício "como luterano", a denúncia foi abandonada. Somente dois anos depois, em 28 de outubro de 1598, por acaso ou em consequência de uma revisão sistemática dos atos precedentes, os inquisidores suspeitaram de que Menocchio e Domenico Scandella fossem a mesma pessoa. Então, a máquina do Santo Ofício foi novamente acionada. O frade Gerolamo Asteo, que nesse meio-tempo havia se tornado inquisidor-geral do Friuli, começou a recolher novas informações sobre Menocchio. Soube que dom Odorico Vorai, autor da denúncia que havia muitos anos fizera Menocchio ir para o cárcere, pagara caro pela sua delação: "Fora perseguido pelos parentes de Menocchio e expulso de Montereale". Quanto a Menocchio, "acreditou-se e acredita-se que tenha as mesmas opiniões falsas de antes". A essa altura, o inquisidor dirigiu-se para Montereale e interrogou o novo pároco, dom Giovan Daniele Melchiori. Este lhe

155

contou que Menocchio deixara de usar o hábito com a cruz e que ultrapassava os limites da cidade, transgredindo as disposições do Santo Ofício (o que, como já vimos, era só em parte verdadeiro). Mas confessava e comungava mais de uma vez por ano: "Na minha opinião é um cristão e um homem de bem" — concluiu. Não sabia o que pensavam dele os habitantes do lugar. Porém, depois de ter feito e assinado tais afirmações, Melchiori voltou atrás: evidentemente temia ter se exposto demais. Conseguiu que se acrescentasse "pelo que se pode ver exteriormente" à frase "Na minha opinião é um cristão e um homem de bem".

Dom Curzio Cellina, capelão de San Rocco e escrivão da aldeia, foi mais explícito. "Eu o considero cristão porque o vejo confessando e comungando" — confirmou. Mas, por trás dessa submissão aparente, via transparecer a antiga inquietação: "Esse tal Menocchio tem certos humores, que quando vê a lua, as estrelas, outros planetas e ouve o trovão ou qualquer outra coisa, imediatamente quer dizer o que pensa sobre o que aconteceu. Mas logo cita a opinião da maioria como se dissesse que todos sabem mais do que ele sozinho. Eu acho que esses seus humores são ruins e que cita os outros por temor". Portanto, a condenação e o cárcere do Santo Ofício haviam deixado marcas profundas. Aparentemente, Menocchio não ousava mais — pelo menos ali na sua aldeia — falar com a insolência de antes. Todavia, nem mesmo o medo conseguira sufocar sua independência intelectual: "imediatamente quer dizer o que pensa". O que era novo, entretanto, era a amarga e irônica consciência do próprio isolamento: "cita a opinião da maioria como se dissesse que todos sabem mais do que ele sozinho".

O isolamento era principalmente interior. O próprio dom Cellina observou: "Eu o vejo conversando com muita gente e acho que é amigo de todo mundo". Quanto a ele próprio, declarou não ter "nem amizade estreita nem inimizade com esse tal de Menocchio: mas o amo como cristão e me sirvo dele como faço com os outros, quando necessito dele para qualquer coisa". No plano externo, como vimos, Menocchio fora totalmente reintegrado na comunidade: fora pela segunda vez nomeado *cameraro* da paróquia; alugara junto com o filho outro moinho. Mas, apesar disso, sentia-se excluído — talvez também por causa das dificuldades econômicas que enfrentara nos últimos anos. O símbolo tangível dessa exclusão era o hábito penitencial. Menocchio vivia com essa obsessão. "Eu sei", comentou Cellina, "que ele usou durante muito tempo um hábito com a cruz, dada pelo Santo Ofício, e que colocava por debaixo da sua roupa". E Menocchio lhe dissera que "queria ir até o Santo Ofício para obter uma licença para não usá-lo mais; dizia que, por usar aquele hábito, os homens se recusavam a conversar e discutir com ele". Era só impressão, é claro. Contudo, a impossibilidade de se expressar como no passado lhe pesava. "Quando o ouviram falar" da lua, das estrelas, observou Cellina, "foi-lhe dito que devia se calar." O que ele afirmava precisamente Cellina não se lembrava, nem mesmo quando o inquisidor lhe sugeriu que talvez Menocchio estivesse atribuindo aos planetas a capacidade de constrição do livre-arbítrio dos homens. Em todo caso, negou, decidido, que Menocchio falasse "por brincadeira": "Eu acredito que fale sério e que tenha humor ruim".

Mais uma vez, as investigações do Santo Ofício foram interrompidas. Não é difícil entender o motivo: no fundo, o moleiro heresiarca fora reduzido ao silêncio, ao conformismo exterior; não representava mais perigo para a fé dos seus concidadãos. Em janeiro de 1599, uma congregação do Santo Ofício friulano decidiu interrogar o "réu", isto é, Menocchio. Mas essa decisão também foi abandonada.

50

Entretanto, o diálogo que Lunardo reproduziu indicava que a aparente reverência de Menocchio aos ritos e sacramentos da Igreja mascarava uma obstinada fidelidade aos velhos pensamentos. Mais ou menos no mesmo período, um certo Simon, judeu convertido que vagabundeava pedindo esmolas, chegou a Montereale e foi hospedado por Menocchio. Durante uma noite inteira

157

os dois falaram de questões religiosas. Menocchio disse "coisas importantíssimas sobre a fé": que os Evangelhos haviam sido escritos pelos padres e frades "porque vivem no ócio" e que Nossa Senhora, antes de se casar com José, "tinha tido duas outras crianças e por isso são José não queria aceitá-la como esposa". Tratava-se, na essência, dos mesmos temas sobre os quais se pusera a conversar com Lunardo na praça de Udine: a polêmica contra o parasitismo do clero, a recusa do Evangelho, a negação da divindade de Cristo. Além disso, falara naquela noite de um "livro lindíssimo", que, infelizmente, perdera e que Simon "achou que fosse o Alcorão".

Talvez tenha sido a recusa dos dogmas centrais do cristianismo — e em primeiro lugar o da Trindade — o que induziu Menocchio, assim como outros heréticos do mesmo período, a procurar o Alcorão. Infelizmente, a informação de Simon não é segura e não sabemos o que de fato Menocchio extraíra daquele "livro lindíssimo". Com certeza ele sabia que mais cedo ou mais tarde sua heterodoxia seria descoberta: "Ele sabia que morreria por causa disso" — confessou a Simon. Mas não queria fugir porque um compadre seu, Daniele de Biasio, quinze anos antes, responsabilizara-se por ele diante do Santo Ofício: "Senão já teria fugido para Genebra". E assim decidira continuar em Montereale. Já andava pensando no seu próprio fim: "Morrendo, os luteranos o salvarão e virão buscar suas cinzas".

Sabe-se lá a quais "luteranos" Menocchio se referia. Talvez a um grupo com o qual mantivera relações clandestinas — ou a algum indivíduo que encontrara muitos anos antes e depois nunca mais vira. O véu de martírio em que Menocchio via sua própria morte envolvida leva a pensar que tudo não passava de fantasias senis. Além disso, não lhe sobrara mais nada. Ficara sozinho: a mulher e o filho mais querido estavam mortos. Parecia viver em conflito com os outros filhos: "E se os *meus* filhos quiserem fazer ao modo deles, que tenham boa sorte" — declarou a Simon com desprezo. Mas a mítica Genebra, a pátria (ele pensava) da liberdade religiosa, estava muito distante; isso e a tenaz solidariedade ao amigo que ficara ao seu lado num momento difícil impediram sua fuga. Evidentemente, por outro lado, não podia sufocar a apaixonada curiosidade pelos assuntos da fé. E assim deixava-se ficar ali, esperando pelos seus perseguidores.

51

Alguns meses depois chegou até o inquisidor uma nova denúncia contra Menocchio. Parece que ele pronunciara uma blasfêmia que passara de boca em boca, de Aviano a Pordenone, provocando reações escandalizadas. Um taverneiro de Aviano, Michele del Turco, conhecido como Pignol, foi interrogado. Sete ou oito anos antes (alguém lhe contara) Menocchio teria exclamado: "Se Cristo fosse Deus, teria sido um [...], deixando que o metessem na cruz". "Não completou o que Cristo teria sido", acrescentou o taverneiro, "mas eu entendi que queria dizer que seria um frouxo (*coglione*), desculpem-me o palavrão [...]. Quando ouvi tais palavras, meus cabelos arrepiaram e mudei de assunto imediatamente. Eu o considero pior que um turco." Menocchio, concluiu, continuava "obstinado em suas antigas opiniões".

Agora não eram os habitantes de Montereale os únicos que contavam, um para o outro, as frases ditas por Menocchio: a notoriedade do tal moleiro, que nem mesmo a prisão do Santo Ofício conseguira trazer para o caminho certo, ultrapassava os estreitos limites da aldeia. Suas perguntas provocativas, suas brincadeiras blasfemas eram contadas até mesmo anos depois: "Vocês pensam que Cristo Nosso Senhor era filho da Virgem Maria, mas como, se essa Virgem Maria era uma puta?". "Como é que vocês querem que Cristo tenha sido concebido pelo Espírito Santo se ele nasceu de uma puta?" "São Cristóvão é maior que Deus porque ele carregou o mundo inteiro nas costas." (Curiosamente essa mesma observação jocosa aparece num livro que com certeza Menocchio nunca viu: uma coletânea de símbolos, repleta de insinuações heterodoxas, do humanista bolonhês Achille Bocchi.) "Acredito que tivesse o espírito ruim e não se metesse a falar por medo", disse Zannuto Fasseta di Montereale, que ouvira Menocchio "tocar música". Mas o velho im-

159

pulso de sempre levava Menocchio a falar de questões religiosas com os conterrâneos novamente. Certo dia, voltando de Menins para Montereale, perguntara a Daniel Jacomel: "Quem você acha que seja Deus?". "Eu não sei" — o outro respondera, desenxabido ou talvez surpreso. "Não é nada mais que o ar." Ruminava os velhos pensamentos, não se dava por vencido. "O que é que você acha, os inquisidores não querem que a gente saiba o que eles sabem." Ele, porém, se sentia capaz de enfrentá-los: "Gostaria de dizer quatro palavras do *Pater noster* diante do inquisidor, e ver o que ele diria e responderia".

Desta vez foi longe demais — deve ter pensado o inquisidor. Por volta do fim de junho de 1599, Menocchio foi preso e confinado no cárcere de Aviano. Algum tempo depois foi transferido para Portogruaro. Em 12 de julho compareceu diante do inquisidor, frade Gerolamo Asteo, do vigário de Concórdia, Valerio Trapola, e do magistrado do lugar, Pietro Zane.

52

"Eductus e carceribus quidam senex..." (retirado da prisão um velho...), anotou o escrivão. Quinze anos eram passados desde que Menocchio fora interrogado pela primeira vez pelo Santo Ofício. E passara três deles na prisão. Nessa altura já estava velho: magro, cabelos brancos, barba grisalha, sempre vestido como moleiro — túnica e gorro cinza-claro. Tinha 67 anos. Depois da condenação, exercera diversas profissões: "Fui marceneiro, moleiro, hospedeiro, dei aula de ábaco, ensinei crianças a ler e a escrever e também toquei violão nas festas". Quer dizer, tentara se manter fazendo uso de suas aptidões — inclusive saber ler e escrever, que havia contribuído para pô-lo em dificuldades. Ao inquisidor que lhe perguntara se não fora interrogado pelo Santo Ofício anteriormente, respondeu: "Fui chamado [...] e fui interrogado sobre o Credo e outras fantasias que me passaram pela cabeça por ter lido a Bíblia e por ter inteligência aguçada; mas sempre fui e permaneço cristão".

O tom era evasivo — "fantasias" —, acompanhado da orgulhosa consciência costumeira das próprias aptidões intelectuais. Explicou detalhadamente ter cumprido as penitências que lhe foram impostas, ter confessado e comungado e ter deixado Montereale apenas com a permissão dos inquisidores. Em relação ao hábito, desculpou-se: "Eu juro pela minha fé que às vezes eu o usava e outras não; nos dias de inverno, quando fazia frio, eu o usava sempre, mas por baixo da roupa", e isso porque quando "usava-o, perdia meu sustento, não sendo chamado para certas tarefas e para trabalhos [...] porque os homens me tomavam por excomungado quando me viam com aquela roupa. Por isso eu não usava". Suplicara inutilmente ao padre inquisidor: "Não quis me dar a licença para abandonar o hábito".

Porém, quando lhe perguntaram se ainda tinha dúvidas sobre as questões pelas quais fora condenado, não soube mentir. Em vez de negar peremptoriamente, admitiu: "Muitas fantasias me passaram pela cabeça, mas eu nunca prestei muita atenção e nem sequer ensinei o mal a alguém". E ao inquisidor que o pressionava perguntando se "não tinha alguma vez discutido sobre artigos da fé com alguém; quem eram eles? quando? onde?", respondeu ter falado "sobre artigos da santa fé com alguns, por brincadeira, mas realmente não sei com quem, nem onde, nem quando". Uma resposta incauta. O inquisidor o repreendeu com severidade: "Como 'brincar' com as coisas da fé? É justo brincar com coisas da fé? O que é que entende por 'brincar'?". "Falando mentiras" — objetivou sem entusiasmo Menocchio. "Quais mentiras? Fale com clareza!" "Eu verdadeiramente não saberia repeti-las."

Mas o inquisidor insistia nas perguntas. "Não sei", disse Menocchio, "alguém poderia ter interpretado mal, mas eu nunca senti nada contrário à fé." Tentou rebater todos os golpes, um por um. Não dissera que Cristo não fora capaz de descer da cruz: "Eu acredito que Cristo tivesse poder para descer". Não dissera que não acreditava no Evangelho: "Eu acredito que o Evangelho seja a verdade". E aqui deu mais um passo em falso: "Eu disse que os padres e frades, que estudaram, fizeram o Evangelho através da

161

boca do Espírito Santo". O inquisidor, fulminante: dissera isso realmente? quando? onde? para quem? e quem eram os tais frades? Menocchio, exasperado: "Os senhores querem que eu saiba sobre a fé o que eu não sei". "Por que falou se não sabia?" "O diabo algumas vezes nos tenta para dizer alguma palavra..."

Mais uma vez Menocchio tentava atribuir ao diabo suas dúvidas, seu tormento, para em seguida, todavia, revelar um ponto de vista racional. No *Supplementum*, de Foresti, lera que "vários fizeram os Evangelhos, como são Pedro, são Tiago e outros, mas foram suprimidos pela justiça". Mais uma vez, a força corrosiva da analogia pusera-se em ação em sua mente. Se alguns Evangelhos são apócrifos, obra humana e não divina, por que não seriam todos os outros? Dessa maneira, afloravam todas as implicações da afirmação defendida quinze anos antes, isto é, que a Escritura era redutível a "quatro palavras". Evidentemente, durante todo esse tempo, continuara a seguir o fio de suas velhas ideias. E agora, mais uma vez, se apresentava a possibilidade de exprimi-las a quem (pensava ele) era capaz de entendê-las. Cegamente esqueceu toda prudência, toda cautela: "Eu acredito que Deus tenha feito todas as coisas, terra, água e ar". "Mas e o fogo, onde é que o metemos", interviu com irônica superioridade o vigário do bispo de Concórdia, "por quem é que foi feito?" "O fogo está em todos os lugares, como Deus, mas os outros três elementos são as três pessoas: o Pai é o ar, o Filho a terra e o Espírito Santo a água." E acrescentou: "Eu acho que seja assim, mas não sei se é a verdade, e acredito que os espíritos que estão no ar combatem entre eles e que os raios sejam sua raiva".

Assim, Menocchio, em sua trabalhosa viagem de volta no tempo, reencontrava sem saber, além da imagem cristã do cosmo, a dos antigos filósofos gregos. Esse Heráclito camponês descobrira no fogo, extremamente móvel e indestrutível, o elemento primordial. A realidade toda, para Menocchio, era permeada por ele ("está em todos os lugares"): uma realidade unitária, apesar das muitas manifestações, cheia de espíritos, embebida de divindade. Por isso afirmava que Deus era o fogo. Menocchio também havia imaginado uma correspondência capciosa, detalhada, entre os outros três elementos e as pessoas da Trindade: "Eu acredito que o Pai seja o ar, porque o ar é elemento mais alto que a terra e a água; acho que o Filho seja a terra, porque o Filho é produto do Pai; e assim como a água vem do ar e da terra, assim o Espírito Santo vem do Pai e do Filho". Porém, por trás desse paralelismo, que era imediatamente renegado com uma prudência tardia e inútil ("mas eu não pretendo sustentar essas coisas"), aflorava a convicção mais profunda de Menocchio: Deus é uno, e ele é o mundo. E sobre esse ponto o inquisidor fez vibrar seu ataque: quer dizer então que acreditava que Deus tivesse um corpo? "Eu sei que Cristo tinha corpo" —, replicou Menocchio, evasivo. Ganhar de um interlocutor como esse não era fácil. De seu arsenal escolástico, sacou um silogismo. "O senhor disse que o Espírito Santo é água; a água é corpo, portanto, conclui-se que o Espírito Santo tem corpo?" "Eu digo essas coisas por comparação" — respondeu Menocchio, talvez até mesmo com uma ponta de pretensão: ele também sabia discutir, sabia se servir dos instrumentos da lógica e da retórica.

Então o inquisidor voltou ao ataque: "No processo aparece que o senhor disse que Deus não é nada mais que o ar". "Eu não me lembro de ter dito isso, mas disse sim que Deus é todas as coisas." "Acredita que Deus seja todas as coisas?" "Meus senhores, eu realmente acredito nisso." Mas em que sentido? O inquisidor não entendia bem. "Eu acredito que Deus seja tudo o que quiser" — explicou Menocchio. "Deus pode ser uma pedra, uma serpente, o diabo ou coisas semelhantes?" "Deus pode ser tudo o que é bom." "Portanto, Deus poderia ser uma criatura, já que as criaturas são boas?"

"Não sei o que dizer" — respondeu Menocchio.

53

Na verdade, a distinção entre criador e criatura, e a própria ideia de um Deus criador lhe eram profundamente estranhas. Estava muito claro para ele que suas ideias eram muito diversas das do inquisidor, mas num certo ponto as palavras para exprimir tal diversidade lhe faltavam. Decerto as armadilhas lógicas de frade Gerolamo Asteo não conseguiriam convencê-lo de que estava errado, da mesma maneira que os juízes que o processaram quinze anos antes não conseguiram. Tentou de imediato tomar a dianteira, procurando inverter o mecanismo do interrogatório: "Façam o favor de me escutar, senhores...". Através da lenda dos três anéis, Menocchio reforçou a doutrina da tolerância, que já formulara no primeiro interrogatório. Ali, porém, a argumentação era religiosa: todas as fés se equivalem (incluídas as heresias), já que "Deus deu o Espírito Santo a todos". Agora, entretanto, a ênfase era na equivalência entre as várias igrejas como realidades ligadas à vida social. "Senhor, eu acredito sim que cada um ache que a sua fé seja a melhor, mas que não se saiba qual é a correta: mas, porque meu avô, meu pai e os meus são cristãos, eu quero continuar cristão e acreditar que essa seja a melhor fé." O pedido para permanecer no âmbito das religiões tradicionais era justificado pela lenda dos três anéis; todavia, é difícil deixar de ver nessas palavras o amargo fruto da experiência vivida por Menocchio após a condenação pelo Santo Ofício. Era melhor simular, melhor aderir na aparência aos ritos tidos pessoalmente como "mercadorias". Esse recuo obrigava Menocchio a deixar em segundo plano o tema da heresia, da ruptura aberta e consciente com a religião tradicional. Ao mesmo tempo, porém, ele acabava por considerar, muito mais do que no passado, a religião como uma realidade puramente mundana. Afirmar que se é cristão apenas por acaso, por tradição, pressupunha um distanciamento crítico bastante grande — o mesmo distanciamento que nesse período levara Montaigne a escrever: "Nous sommes Chrestiens à mesme titre que nous sommes ou Perigordins ou Alemans". Como vimos, tanto Montaigne como Menocchio, cada um a seu modo, haviam passado pela experiência perturbadora da relativização das crenças e instituições.

A adesão — consciente e não passiva — à religião de seus antepassados era, contudo, somente exterior. Menocchio ia à missa, confessava e comungava, mas dentro de si ruminava ve-

164

lhos e novos pensamentos. Ao inquisidor declarou achar que "era filósofo, astrólogo e profeta", embora acrescentasse de maneira submissa, se desculpando, que "os profetas também falhavam". Explicava: "Eu achava que era profeta porque o espírito mau me fazia ter vaidade e sonhos e me convencia de que eu sabia a natureza dos céus e outras coisas semelhantes, e acredito que os profetas falassem o que os anjos lhes ditassem".

No primeiro processo, como podemos lembrar, Menocchio nunca se referira a revelações sobrenaturais. Agora, entretanto, aludia a experiências místicas, embora confessando-as de forma ambígua — "vaidade", "sonhos". Talvez a leitura do Alcorão surtira efeito (o "livro lindíssimo" identificado pelo judeu convertido Simon), livro que fora ditado pelo arcanjo Gabriel ao profeta Maomé. Talvez no diálogo apócrifo entre o rabino Abdallah ibn Salvam e Maomé, inserido no primeiro capítulo da tradução italiana do Alcorão, ele pensasse ter descoberto a "natureza dos céus": "Ele disse, continue e me diga por que o céu se chama céu. Ele respondeu, porque ele é criado pela fumaça, fumaça do vapor do mar. Ele disse, de onde vem o verde? Ele respondeu, do monte Caf e o monte Caf o recebeu das esmeraldas do paraíso; e este monte cinge o círculo da terra, sustenta o céu. Perguntou, o céu tem porta? Respondeu, tem portas suspensas. Perguntou, e as portas têm chaves? Respondeu, têm as chaves que são dos tesouros de Deus. Perguntou, do que são feitas as portas? Respondeu, de ouro. Perguntou, você fala a verdade, mas me diga: o nosso céu, como foi criado? Respondeu, o primeiro da água verde, o segundo da água clara, o terceiro de esmeraldas, o quarto de ouro puríssimo, o quinto de jacintos, o sexto de uma reluzente nuvem, o sétimo do esplendor do fogo. Disse, sobre isso você fala a verdade. Mas, acima desses sete céus, o que é que existe? Respondeu, um mar vivaz e sobre ele um mar nebuloso, e assim, seguindo a ordem, um mar aéreo, sobre ele o mar penoso, sobre ele o mar tenebroso, e sobre ele o mar de divertimento, e sobre ele a Lua, sobre ela o Sol e sobre ele o nome de Deus, e sobre ele a suplicação..." e assim sucessivamente.

Trata-se de conjecturas. Não temos provas de que o "livro lindíssimo" do qual Menocchio falara com entusiasmo era de fato o Alcorão; e, mesmo se tivéssemos certeza, não poderíamos reconstruir a leitura feita por Menocchio. Um texto totalmente distante de sua experiência e de sua cultura deveria parecer-lhe indecifrável — e, por isso, induzi-lo a projetar sobre suas páginas pensamentos e fantasias. Mas dessas projeções (se é que existiram) não sabemos nada. E, em geral, sobre essa última fase da vida intelectual de Menocchio conseguimos detectar muito pouco. Ao contrário de quinze anos antes, o medo o levou, pouco a pouco, a renegar quase tudo o que era repetido pelo inquisidor. Porém, mais uma vez, mentia com dificuldade; apenas depois de estar "raciocinando muito pouco" é que afirmou nunca ter "duvidado que Cristo era Deus". Em seguida, caiu em contradição, dizendo que "Cristo não possuía o poder do Pai, já que tinha corpo humano". "Está uma confusão" — objetaram-lhe. E Menocchio: "Eu não sei o que eu disse; eu sou ignorante". Humildemente afirmou que, quando dissera que os Evangelhos haviam sido escritos por "padres e frades que estudaram", estava se referindo aos evangelistas, "os quais acredito que tenham estudado muito". Procurava dizer tudo o que esperavam que dissesse: "É verdade que os inquisidores e outras autoridades não querem que nós saibamos o que eles sabem, porém é preciso que nos calemos". Todavia, em certos momentos não conseguia se conter: "Eu não acreditava que o paraíso existisse porque não sabia onde estava".

No final do primeiro interrogatório, Menocchio entregou um papel em que escrevera algo sobre as palavras do *Pater noster* "et ne nos inducas in tentationem, sed libera nos a malo", acrescentando: "E, assim, eu queria pedir a graça de ser libertado das minhas atribulações".

Depois, antes de ser levado novamente para o cárcere, assinou com as velhas mãos trêmulas.

54

Ali estava escrito:

"Em nome de Nosso Senhor Jesus Cristo e de sua mãe, Virgem Maria, e de todos os santos do paraíso, eu imploro por socorro e conselho. Ó magno, onipotente e santo Deus, criador do céu e da terra, eu lhe peço, pela sua santíssima bondade e misericórdia infinita, que queira iluminar meu espírito, minha alma e meu corpo para que pense, diga e faça só o que agrade sua divina majestade, e assim seja em nome da Santíssima Trindade, Pai, Filho e Espírito Santo, amém. Eu, Menego Scandella, pobre miserável que caiu em desgraça ante o mundo e meus superiores, arruinando minha casa, minha vida e toda a minha pobre família, não sei mais o que dizer, nem fazer, a não ser dizer estas poucas palavras. Primeiro: *Set libera nos a malo et ne nos inducas in tentazionem et demite nobis debita nostra sicut ne nos dimitimus debitoribus nostris, panem nostrum cotidianum da nobis hodie*, e assim eu peço ao Nosso Senhor Jesus Cristo e aos meus superiores que por misericórdia queiram dar sua ajuda, com pouco dano por isso. E eu, Menego Scandella, aonde for, pregarei a todos os fiéis cristãos que observem tudo o que a Santa Madre Igreja católica romana ordena, e seus superiores, isto é, os inquisidores, bispos, vigários, párocos, capelães, curas de suas dioceses e que eles tirem proveito da minha experiência. Eu, Menego, pensava que a morte me livrasse dos meus pavores, que não amolasse mais ninguém, mas fez justamente o contrário, levando-me um filho que era capaz de me livrar de qualquer problema e preocupação; depois me levou a mulher, que era quem cuidava de mim, e os filhos e filhas que me restaram me consideram louco, dizem que eu fui a ruína deles, e essa é a verdade, se eu tivesse morrido há quinze anos, eles estariam livres de problemas com este pobre desgraçado.

E se eu tive algum pensamento, ou disse qualquer palavra em vão, nunca acreditei nisso e nem fiz nada contra a Santa Igreja, porque o Senhor Deus me fez ver que tudo aquilo que eu pensava ou dizia era vaidade, não sabedoria.

167

E assim eu creio que seja a verdade, e não quero pensar nem acreditar a não ser no que a Santa Igreja acredita e fazer o que me ordenarem os padres e meus superiores."

55

No pé da página desse "escrito", o pároco de Montereale, Giovan Daniele Melchiori, fizera algumas anotações a pedido do próprio Menocchio, datadas de 22 de janeiro de 1597. Declarava-se que, "se o interior puder ser julgado pelo exterior", Menocchio levava uma vida de "cristão e ortodoxo". Tal cautela, como sabemos (e como talvez soubesse o pároco também), era mais que oportuna. Mas a vontade de submissão expressa no "escrito" era com certeza sincera. Evitado pelos filhos, que o consideravam um peso, uma desonra para a aldeia, uma ruína para a família, Menocchio procurava com afã ser reintegrado à Igreja que por uma vez já o afastara, marcando-o visivelmente como réprobo. Por isso, fazia o patético gesto de reverência aos "superiores": "inquisidores" (em primeiro lugar, o que é compreensível) e depois "bispos, vigários, párocos, capelães, curas". Um ato de reverência inútil, em certo sentido, porque, no momento em que fora escrito, as investigações do Santo Ofício ainda não haviam recomeçado. Porém, o impulso irrefreável de "procurar as coisas grandes" atormentava Menocchio, deixava-o "confuso", fazia que se sentisse culpado e como alguém "que caiu em desgraça ante o mundo". Agora invocava desesperadamente a morte. Mas a morte se esquecera dele: "[...] fez justamente o contrário, levando-me um filho [...]; depois me levou a mulher". Então se amaldiçoava: "[...] se eu tivesse morrido há quinze anos" — quando, para desgraça sua e de seus filhos, começaram os problemas com o Santo Ofício.

56

Após um novo interrogatório (19 de julho) perguntaram a Menocchio se queria um advogado. Respondeu: "Eu não quero outra defesa a não ser a misericórdia; todavia, se pudesse ter um advogado, eu o teria, mas sou pobre". Durante o primeiro processo, Ziannuto lutara muito em favor do pai, procurara-lhe um advogado; porém, Ziannuto estava morto e os outros filhos não mexeram um dedo. Foi-lhe designado um advogado, Agostinho Pisensi, que em 22 de julho apresentou aos juízes uma longa defesa "do pobre coitado Dominici Scandella". Nela afirmava que os testemunhos recolhidos eram de segunda mão, contraditórios e deficientes pela clara animosidade; isso demonstrava nitidamente a "pura simplicidade e ignorância" do acusado, para o qual se pedia absolvição.

Em 2 de agosto a congregação do Santo Ofício se reuniu: Menocchio foi declarado, por unanimidade, um "relapso", um reincidente. O processo terminara. Decidiu-se, no entanto, submeter o réu a tortura, para arrancar-lhe o nome dos cúmplices. Isso aconteceu em 5 de agosto; no dia anterior, a casa de Menocchio fora revistada e, na presença de testemunhas, haviam sido abertas todas as caixas e confiscados "todos os livros e escritos". De que escritos se tratava, infelizmente não sabemos.

57

Pediram-lhe que confessasse o nome de seus cúmplices, se não quisesse ser torturado. Respondeu: "Senhor, não me lembro de ter discutido com ninguém". Tiraram sua roupa e observaram — como era prescrito pelos regulamentos do Santo Ofício — se era apto para a tortura. Enquanto isso, continuavam a interrogá-lo. Respondeu: "Discuti com tantos que agora não me lembro". Então foi amarrado e novamente lhe perguntaram a verdade sobre seus cúmplices. Mais uma vez respondeu: "Não me lembro". Levaram-no para a câmara de tortura, repetindo sempre a mesma pergunta. "Pensei muito", disse, "tentando me lembrar com quem eu tinha discutido, mas nunca consegui me lembrar." Foi preparado para a tortura com cordas: "Ó Senhor Jesus Cristo, misericórdia, Jesus, misericórdia, eu não me lembro de ter discutido com ninguém, eu poderia até morrer por ter seguidores ou companheiros, mas eu li por conta própria, ó Jesus, misericórdia". Deram-lhe o primeiro puxão: "Ó Jesus, Jesus, coitado de mim, coitado de mim". "Com quem você discutiu?" — perguntaram-lhe. Respondeu: "Jesus, Jesus, não sei de nada". Incitaram-no a dizer a verdade: "Eu a direi de boa vontade; me deixem sozinho para eu pensar".

Fizeram-no descer. Pensou por um momento e depois disse: "Não me lembro de ter discutido com ninguém, nem sei de alguém que tenha a mesma opinião e não tenho certeza de nada". Ordenaram que lhe fosse dado outro puxão. Enquanto o levantavam, gritou: "Ai de mim, ai de mim, mártir, Senhor Jesus Cristo". Em seguida: "Senhor, deixem-me em paz que direi qualquer coisa". Posto outra vez no chão, disse: "Discuti com o senhor Zuan Francesco Montereale, dizendo-lhe que não se sabia qual era a melhor fé". (No dia seguinte, explicou: "O citado senhor Gio. Francesco me recuperou das minhas loucuras".) Não conseguiram nada mais dele. Foi então desamarrado e levado novamente para a prisão. O escrivão observou que a tortura fora aplicada "com moderação". Durara meia hora.

Pode-se imaginar o estado de ânimo dos juízes pela monótona repetição da pergunta. Talvez fosse o mesmo — mistura de tédio e desgosto — que o núncio Alberto Bolognetti testemunhara naquela época, falando do Santo Ofício e lamentando "o aborrecimento, para quem não é um modelo de paciência, de ter de ouvir as fraquezas de muitos, especialmente durante a tortura, em que deve ser anotada palavra por palavra". O silêncio obstinado do velho moleiro devia lhes parecer incompreensível.

Assim, nem mesmo a dor física fora capaz de abater Menocchio. Não dera os nomes — ou melhor, dera um só, o do senhor de Montereale, o que parecia ter sido feito intencionalmente para dissuadir os juízes de uma investigação mais aprofundada. Sem dúvida tinha alguma coisa para esconder, mas, quando dizia "ter lido por conta própria", decerto não estava muito longe da verdade.

58

Com seu silêncio, Menocchio pretendia frisar para os juízes, até o último instante, que seus pensamentos haviam surgido no isolamento, em contato exclusivo com os livros. Contudo, nós já vimos que ele projetava sobre a página impressa elementos tirados da tradição oral.

É essa tradição, profundamente radicada nos campos europeus, que explica a persistência tenaz de uma religião camponesa, intolerante quanto aos dogmas e cerimônias, ligada aos ciclos da natureza, fundamentalmente pré-cristã. Em muitos casos tratava-se de matéria realmente estranha ao cristianismo, como com os guardas de rebanhos dos campos de Eboli, que, em meados do século XVII, pareciam aos consternados jesuítas "homens, que de homens só têm a forma, não muito diferentes em capacidade e pensamento dos animais de que cuidavam; totalmente ignorantes não só das orações ou outros mistérios próprios da Santa Fé, mas do próprio conhecimento de Deus". Porém, mesmo em situações de menor isolamento geográfico e cultural é possível descobrir indícios de uma religião camponesa, que assimilara e remodelara elementos estranhos — a começar pelos do cristianismo. O velho camponês inglês que pensava em Deus como "um bom velho", em Cristo como "um belo jovem", na alma como "um grande osso cravado no corpo", e no além como "um lindo campo verde" para onde se iria caso se se comportasse bem, decerto não ignorava os dogmas do cristianismo: simplesmente os traduzia em imagens que correspondiam à sua realidade, às suas aspirações e fantasias.

Nas confissões de Menocchio assistimos a um processo semelhante. Naturalmente, seu caso é muito mais complexo, porque envolve a mediação da escrita e o esfacelamento de grande parte da religião tradicional, derrubada pelos golpes das tendências mais radicais da Reforma. Mas o procedimento é o mesmo; não se trata de um caso excepcional.

Cerca de vinte anos antes do processo contra Menocchio, um desconhecido camponês de Lucca, que se escondia sob o pseudônimo de Scolio, falou de suas próprias visões num longo poema de argumento religioso e moral, entremeado por reflexos da poesia de Dante, que permaneceu inédito: o *Settennario*. O tema central é insistentemente reiterado: as várias religiões têm um núcleo comum, constituído pelos dez mandamentos. Aparecendo sobre uma nuvem de ouro, Deus explica a Scolio:

> *... vários profetas enviei*
> *e diversos, porque diversos eram*
> *os a que meus profetas destinavam-se;*
> *eu lhes dei outrossim diversa lei*
> *pois diversos costumes encontrei:*
> *o médico varia as purgações*
> *conforme às naturais constituições.*
> *Envia o imperador três capitães*
> *um à África, outro à Ásia, outro à Europa:*
> *aos Judeus cabe, e aos Turcos, e aos Cristãos,*
> *receber uma cópia da sua lei;*
> *segundo os vários como estranhos usos,*
> *a cada qual confere uma lei própria,*
> *embora a todos dê dez mandamentos,*
> *os mesmos, que comentam variamente.*
> *Mas há um só Deus e uma fé somente...*

Entre os "capitães" enviados pelo "imperador", está também Maomé, "reputado pelos criminosos como sendo entre os malvados o melhor: / embora fosse profeta e grande guerreiro de Deus", colocado no final de uma lista que compreende Moisés, Elias, Davi, Salomão, Cristo, Josué, Abraão e Noé. Turcos e cristãos devem acabar com as lutas e chegar à conciliação:

> *Turco, tu, e tu, Cristão, por meu decreto*
> *não andareis mais como antigamente:*
> *pois o Turco irá dar um passo à frente*
> *e tu, Cristão, darás um passo retro.*

Isso é possível porque os dez mandamentos constituem a base não só das três grandes religiões mediterrâneas (note-se a tradição da lenda dos três anéis), mas também das religiões passadas e das que ainda virão: a quarta, não especificada; a quinta, que "Deus nos deu nos nossos dias" e que é representada pela profecia de Scolio, e as duas futuras, que completam o fatídico número sete.

O conteúdo religioso da profecia de Scolio é, como podemos ver, muito simples. Basta respeitar os dez mandamentos, os "grandes preceitos da natureza". Os dogmas, começando pelo da Trindade, são negados:

> *Não se adore nem creia que um Deus só*
> *não tenha companheiro, amigo ou filho:*
> *é filho seu e servo e amigo quem*
> *seus preceitos cumpre e ao dito atém-se.*
> *Não adoreis outrem, ou Esp'ito Santo:*
> *Sou Deus e Deus está em toda parte.*

Os únicos sacramentos mencionados são o batismo e a eucaristia. O primeiro é reservado aos adultos:

> *Circuncise-se em todo oitavo dia*
> *e se batize após trinta anos, isto*
> *como Deus e os profetas ordenaram*
> *e como são João batizou ao Cristo.*

A eucaristia é substancialmente desvalorizada: "E se eu lhes disse", afirma Cristo,

> *que o pão abençoado*
> *era o meu corpo e era o meu sangue o vinho,*

> *vo-lo disse porque me era dileto,*
> *porque era um cibo e um sacrifício pio*
> *mas não vo-lo ordenei como decreto*
> *e sim porque a Deus lembram pão e vinho.*
> *Em nada importam vossos argumentos*
> *e sim cumprir com os dez mandamentos.*

Não se trata somente de inquietação pelas discussões teológicas sobre a presença real; pela boca de Cristo, Scolio chega a negar qualquer valor sacramental ao batismo e à eucaristia:

> *O meu batismo com o sacrifício,*
> *a minha morte e a comunhão e a hóstia*
> *mandamentos não são mas um ofício*
> *a ser feito às vezes em minha memória.*

O que conta, visando à salvação, mais uma vez é apenas a observação literal dos dez mandamentos, "sem glosa ou comentário algum", sem interpretações ditadas por "silogismo ou lógica extravagante". As cerimônias religiosas são inúteis; o culto deve ser muito simples:

> *Que não haja colunas nem figuras*
> *nem música nem órgãos, instrumentos,*
> *nem campanários, sinos ou pinturas,*
> *nem relevos nem frisos, ornamentos:*
> *sejam todas as coisas simples, puras*
> *e só se escutem os dez mandamentos...*

A palavra de Deus é muito simples e ele quis que Scolio escrevesse seu livro numa língua que não fosse "inchada, escura, culta e afetada/ mas larga e plana".

Apesar das afinidades (provavelmente independentes das ligações diretas e, em todo caso, não documentadas) com as doutrinas dos anabatistas, as afirmações de Scolio parecem partir muito mais daquela corrente subterrânea de radicalismo camponês. Para Scolio o papa não é o Anticristo (mesmo estando sua figura, como veremos, destinada a desaparecer no futuro); o exercício da autoridade não é, como para os anabatistas, intrinsecamente intolerável. É bem verdade que os detentores do poder devem governar paternalmente:

> *Se o Senhor meu te fez seu intendente*
> *e te incumbiu da administração,*
> *se te fez duque, papa, imperador,*
> *se deu-te humanidade e discrição,*
> *se te deu graça, empenho, honra, vigor,*
> *hás de ser nosso pai e defensor,*
> *o que tens não é teu, é doutros, meu;*
> *salvo a tua honradez, tudo é de Deus.*

A sociedade sonhada por Scolio é pia e austera, como nas utopias camponesas: livre das profissões inúteis ("Não existam lojas ou artes manuais / senão as mais importantes e principais;/ estime-se como vaidade toda sabedoria de médicos e vivam sem doutores"), baseada em agricultores e guerreiros, governada por um único soberano, que é o próprio Scolio.

> *[...] que o jogo e as putas, com o botequim,*
> *o bêbado e o bufão, tenham um fim*
> *e quem faça o mister de lavrador*
> *prime no que útil e louvável for;*
> *que todo quanto pela fé combata*
> *receba louvação e boa paga;*
> *soberba, crápula, arrogância, pompa,*
> *superstição, vanglória — findem todas.*
> *Interditem-se almoços, ceias fartas*
> *onde a ebriez e a crápula fazem praça;*
> *que aromas, banhos, danças, jogos, sons,*
> *vestir, calçar sejam pobres e poucos;*
> *que um só monarca reine, homem carnal,*
> *sobre o espiritual e temporal,*

> *que um homem seja o só rei e senhor,*
> *e haja um só rebanho e um único pastor.*

Nessa sociedade futura, as injustiças desaparecerão: a "idade do ouro" retornará. A lei "breve, clara e comum" estará

> *em mão de todos*
> *porque, por tal razão, dará bons frutos;*
> *posta em vulgar, para que a entendam bem,*
> *fugindo ao mal e perseguindo o bem.*

Um igualitarismo rígido abolirá as disparidades econômicas:

> *Homem ou mulher, basta-lhe ter boca*
> *para já merecer com que viver.*
> *Que não logre ninguém ter mais do que*
> *o honesto pra viver e se vestir,*
> *comendo melhor ou melhor vestindo-se,*
> *pois quem quer mandar tem de obedecer.*
> *É ímpio, desumano que desfrutes*
> *enquanto um outro, ou eu, por ti sofremos.*
> *Deus nos fez ricos, nunca nos fez servos:*
> *por que desejas que te sirva e ceve?*
> *Nato em cidade, em vila ou em castelo,*
> *seja de baixa ou superior linhagem,*
> *diferença não haja entre este e aquele:*
> *que ninguém tenha a mínima vantagem.*

Mas essa sociedade sóbria e pia é só uma das faces — a face terrena — da utopia camponesa de Scolio. A outra, a ultraterrena, é bem diferente: "Só é lícito no céu, não neste mundo,/ viver em abundância e feliz". O além que é revelado a Scolio numa de suas primeiras visões é realmente um reino de abundância e prazer:

> *Deus me levou no sábado seguinte*
> *a um monte de onde vê-se o mundo inteiro;*

que paraíso, que lugar tão belo!
Muro de gelo e fogo circundavam
belos jardins, belíssimos palácios,
vergéis, florestas, prados, rios, lagos;
iguarias do céu, preciosos vinhos
havia ali e almoços, ceias, ganhos;
em ouro, seda e linho os aposentos;
donzelas escolhidas, pajens, leitos,
árvores, relvas, bichos, isso tudo
dez vezes por dia renovava os frutos.

Percebe-se aqui um eco do paraíso do Alcorão — associado ao sonho camponês da opulência material, que é expresso logo em seguida através de elementos que relembram um mito já encontrado. O Deus que aparece para Scolio é uma divindade andrógina,
uma *donnhoma*, com "as mãos abertas, os dedos erguidos". De cada
dedo, simbolizando um dos dez mandamentos, brota um rio no
qual beberão os seres viventes:

De mel suave é cheio o rio primeiro,
de duro e fluido açúcar o segundo,
ambrosia tinha o terceiro, e o quarto
néctar, maná o quinto, o sexto pão:
tão branco e leve não se viu no mundo,
faz até morto reviver jocundo.
Bem disse, e com verdade, um homem pio
que na cara do pão Deus se figura.
De águas preciosas é composto o sétimo,
o oitavo de manteiga branca e fresca,
o nono de perdizes saborosas,
gordas, do próprio paraíso vindas;
de leite o décimo, com ricas pedras
é feito o leito deles a que aspiro,
as ribas de ouro, lírios, violetas,
rosas, prata, flores e esplendor do sol.

Esse paraíso (e Scolio sabia muito bem) se parecia com o país da Cocanha.

59

As semelhanças entre as profecias de Scolio e os discursos de Menocchio são evidentes. Não se explicam, é óbvio, pela presença de fontes comuns — a *Divina comédia*, o Alcorão —, conhecidas decerto por Scolio e provavelmente também por Menocchio. O elemento decisivo é um estrato comum de tradições, mitos, aspirações, transmitidos oralmente através das gerações. Em ambos os casos, fora o contato com a escrita na escola que fizera esse estrato profundo de cultura oral aflorar. Menocchio deve ter frequentado uma escola de ábaco; Scolio escrevia sobre si mesmo:

> *Fizeram-me pastor, após aluno,*
> *e depois artesão, e então pastor*
> *de gado numeroso, e logo aluno,*
> *mais tarde artesão e outra vez pastor;*
> *eu aprendi as sete artes mecânicas,*
> *e já pastor e logo aluno fui.*

"Filósofo, astrólogo e profeta" — era como Menocchio se definia —; Scolio, como "astrólogo, filósofo e poeta", além de "profeta dos profetas". Mas, apesar disso, existem algumas diferenças nítidas. Scolio dá a impressão de estar confinado num ambiente camponês, quase totalmente privado de contatos com a cidade; Menocchio viajou, foi várias vezes a Veneza. Scolio nega qualquer valor aos livros que não sejam os quatro livros sagrados, isto é, o Velho e o Novo Testamento, o Alcorão e o seu *Settennario*:

> *No obedecer a Deus hás de aprender,*
> *não no estudar ou tampouco no ler.*
> *Todo doutor seja interdito e expulso,*

que não possa estudar nem escrever;
leitor, compositor ou impressor,
não escreva mais livro nem o imprima;
que lógico, arguidor ou pregador
só possa discutir ou predicar
os três livros sagrados que disse eu,
e este livro, que é de Deus mais que meu.

Menocchio comprara o *Fioretto della Bibbia*, mas também pedira emprestado o *Decameron* e as *Viagens* de Mandeville; afirmara que a Escritura poderia ser resumida em quatro palavras, todavia sentira a necessidade de se apropriar ainda do patrimônio de conhecimentos de seus adversários, os inquisidores. Percebe-se, portanto, no caso de Menocchio, um espírito livre e agressivo, decidido a acertar contas com a cultura das classes dominantes; no caso de Scolio, a posição é mais reservada — esgotando a própria carga polêmica na condenação moralista da cultura urbana, no desejo vago de uma sociedade igualitária e patriarcal. Mesmo desconhecendo os traços do "mundo novo" desejado por Menocchio, cremos que podemos imaginá-lo, ao menos em parte, diverso do representado pela utopia desesperadamente anacrônica de Scolio.

Mais próximo de Menocchio parece estar um outro moleiro, Pellegrino Baroni, conhecido por Pighino, "o gordo", que vivia numa aldeia dos Alpes modenenses, Savignano sul Panaro. Foi processado em 1570 pelo Santo Ofício de Ferrara, mas nove anos antes fora obrigado a abjurar alguns erros em matéria de fé. Seus concidadãos o consideravam "mau cristão", "herético", "luterano"; alguém o definira como "excêntrico e fraco da cabeça", ou então até mesmo "acima de tudo [...] um bobalhão". Na verdade, Pighino era qualquer coisa, menos bobalhão: durante o processo soube manter a discussão com os inquisidores, demonstrando, além de grande força de vontade, uma inteligência sutil e certa astúcia. Porém, não é difícil entender a confusão dos habitantes da aldeia e a indignação do pároco diante dos discursos de Pighino. Ele negava a interferência dos santos, a con-

179

fissão, os jejuns prescritos pela Igreja — e até aqui estaríamos no âmbito de um "luteranismo" genético. No entanto, afirmava também que todos os sacramentos, inclusive a eucaristia (aparentemente, o batismo não), haviam sido instituídos pela Igreja e não por Cristo e que mesmo sem eles se poderia alcançar a salvação. Além disso, afirmava que no paraíso "seremos todos iguais, tanto receberá as graças o grande como o pequeno"; que a Virgem Maria "nascera de uma serva"; que "não existia inferno ou purgatório e que eram invenção dos padres e frades para lucrar"; que, "se Cristo tivesse sido homem de bem, não teria sido crucificado"; que, "morto o corpo, morre a alma", e que "todas as fés eram boas para quem as observasse corretamente". Embora tivesse sido torturado várias vezes, Pighino negou de maneira obstinada ter cúmplices, afirmando que suas opiniões eram fruto de uma iluminação recebida durante a leitura dos Evangelhos em língua vulgar — um dos quatro livros que lera. Os outros eram o Saltério, a gramática de Donato e o *Fioretto della Bibbia*.

O destino de Pighino foi diferente do de Menocchio. Condenado a viver perpetuamente na aldeia de Savignano, dali fugiu para escapar da hostilidade de seus conterrâneos; mas logo em seguida se apresentou ao Santo Ofício de Ferrara, aos seus torturadores, pedindo perdão. Aquelas alturas, era um homem derrotado. O inquisidor, por caridade, acabou arrumando-lhe um cargo de criado do bispo de Modera.

O fim dos dois moleiros foi, portanto, diverso, mas as semelhanças entre suas vidas são surpreendentes. Decerto, trata-se de algo mais que uma extraordinária coincidência.

Na Europa pré-industrial, o fraco desenvolvimento das comunicações obrigava mesmo os pequenos centros habitados a ter pelo menos um moinho, de água ou de vento. A profissão de moleiro era então uma das mais comuns. A presença maciça de moleiros nas seitas heréticas da Idade Média e mais ainda entre os anabatistas não apresenta, assim, nada de excepcional. Entretanto, quando em meados do século XVI o poeta satírico Andrea da Bergamo afirmou que "um verdadeiro moleiro é meio luterano", parecia estar fazendo uma alusão mais específica.

A hostilidade secular entre camponeses e moleiros consolidara a imagem do moleiro esperto, ladrão, enganador, por definição destinado às penas do inferno. É um estereótipo amplamente testemunhado pela tradição popular, lendas, provérbios, fábulas, contos. "Fui até o inferno e vi o Anticristo", diz um canto popular toscano,

> *pela barba um moleiro segurava*
> *e tinha um alemão por sob os pés*
> *e um taverneiro e um magarefe presos:*
> *lhe perguntei qual era o mais malvado*
> *e ele me disse: "Atenta que te mostro.*
> *Vê bem quem é que com as mãos rapina:*
> *o moleiro que mói a alva farinha.*
> *Vê bem quem é que com as mãos agarra:*
> *o moleiro que mói a farinha alva.*
> *Da quarta parte salta a alqueire inteiro:*
> *o mais ladrão de todos é o moleiro.*

A acusação de heresia casava muito bem com tal estereótipo. Contribuía para alimentá-la o fato de o moinho ser um lugar de encontros, de relações sociais, num mundo predominantemente fechado e estático. Um lugar de troca de ideias, como a taverna e a loja. Com certeza, os camponeses que se amontoavam nas portas do moinho, em "terreno mole e pantanoso, ruim/ de mijo das mulas do lugar" (são palavras do mesmo Andrea da Bergamo), para moer os grãos, deviam falar sobre muitas coisas. E o moleiro dava a sua opinião. Não é difícil imaginar cenas como a que aconteceu certo dia diante do moinho de Pighino. Este, dirigindo-se a um grupo de camponeses, começara a falar sobre "padres e frades" — até um companheiro seu, Domenico de Masafiis, voltar e convencer todos a ir embora, dizendo: "Meus filhos, seria bom se vocês deixassem o serviço do Ofício para os padres e frades e não falassem mal deles, e deixassem Pelegrino di Grassi

[Pighino] de lado". As próprias condições de trabalho faziam dos moleiros — analogamente aos taverneiros, comerciantes, artesãos ambulantes — um grupo profissional aberto às ideias novas e propenso a difundi-las. Além disso, os moinhos, situados em geral longe das habitações e dos olhares indiscretos, serviam muito bem de abrigo para reuniões clandestinas. O caso de Modena, onde em 1192 a perseguição aos cátaros levou à destruição dos moinhos dos Patarines (*molendina paterinorum*), não deve ter sido uma exceção.

Finalmente, a posição social particular dos moleiros tendia a isolá-los da comunidade em que viviam. Já mencionamos a tradicional hostilidade dos camponeses. A ela é preciso acrescentar o vínculo de dependência direta que ligava os moleiros aos feudatários, que durante séculos mantiveram o privilégio da moagem. Não sabemos se esse era também o caso de Montereale: o moinho para beneficiar os tecidos, alugado por Menocchio e seu filho, era, por exemplo, propriedade de particulares. Entretanto, uma tentativa como a de convencer o senhor do lugar, Giovan Francesco, conde de Montereale, de que "não se sabia qual era a fé verdadeira", usando como argumento a lenda dos três anéis, fora possível justamente pela atipicidade da figura social de Menocchio. Sua profissão de moleiro o distinguia de imediato da multidão anônima de camponeses com os quais Giovan Francesco di Montereale jamais teria sonhado em discutir questões religiosas. Mas Menocchio também era um camponês que trabalhava na terra — "um camponês vestido de branco", como o descreveu o ex-advogado Alessandro Policreto, que o encontrara rapidamente antes do primeiro processo. Tudo isso talvez nos ajude a compreender a complexa relação existente entre Menocchio e a comunidade de Montereale. Apesar de ninguém ter aprovado suas ideias, com exceção de Melchiorre Gerbas (mas é difícil avaliar as eventuais reticências das testemunhas perante os inquisidores), muito tempo passara, cerca de trinta anos, até que Menocchio fosse denunciado às autoridades religiosas. E quem o denunciara, afinal, fora o pároco da aldeia instigado por outro padre. A despeito de sua singularidade, as afirmações de Menocchio não deviam parecer aos camponeses de Montereale tão estranhas às suas existências, crenças e aspirações.

60

No caso do moleiro de Savignano sul Panaro, as relações com os ambientes cultos e socialmente elevados haviam sido ainda mais íntimas. Em 1565, o frade Gerolamo da Montalcino, que fazia uma visita à diocese em nome do bispo de Modena, encontrou Pighino, anteriormente apontado como "concubinário luterano". Em seu relato sobre a visita o frade o descreveu como "um pobre camponês doente, muito feio, baixo de estatura", e acrescentou: "Falando com ele, espantei-me com algumas coisas falsas mas inteligentes que dizia, tanto que julguei que as tivesse aprendido na casa de algum cavalheiro". Cinco anos mais tarde, ao ser processado pelo Santo Ofício ferrarense, Pighino afirmou ter prestado serviços em várias casas de cavalheiros bolonheses: Natale Cavazzoni, Giacomo Mondino, Antonio Bonasone, Vincenzo Bolognetti, Giovanni d'Avolio. Quando lhe perguntaram se em alguma dessas casas discutiam-se questões religiosas, negou peremptoriamente, mesmo sob ameaça de tortura. Foi então posto em confronto com o frade que o encontrara anos antes em Savignano. O frade Gerolamo declarou que, naquela ocasião, Pighino lhe dissera que havia aprendido aquelas coisas "falsas mas inteligentes" na casa de um cavalheiro de Bolonha, com uma pessoa que lhe dava "lições", sem especificá-las. O frade não se lembrava bem, muito tempo havia se passado. Esquecera tanto o nome do cavalheiro em questão como o de um padre — ele achava — que lhe dera aquelas "lições". Todavia Pighino negou tudo: "Padre, eu não me lembro de jeito algum". Nem mesmo a tortura do fogo à qual foi submetido (a das cordas não foi aplicada porque sofria de hérnia) o fez confessar.

Mas de que estava escondendo informações não temos a menor dúvida. Talvez seja possível enxergar através de suas reticências. No dia seguinte ao encontro com o frade (11 de setembro de 1570), os inquisidores perguntaram novamente a Pighino o nome dos cavalheiros de Bolonha aos quais servira. Ele repetiu a lista, com uma variante que passou despercebida: no lugar do nome de Vincenzo Bolognetti, deu o de Vincenzo Bonini. Talvez fosse Bolognetti o cavalheiro que Pighino tentava encobrir com seu silêncio. Se assim for (não sabemos com certeza), quem foi que deu as "lições" que tanto impressionaram Pighino?

Poderia ter sido o famoso herético Paolo Ricci, mais conhecido como Camillo Renato. Chegando a Bolonha em 1538, Ricci (que então usava o nome humanista Lisia Fileno) ali permaneceu como preceptor dos filhos de alguns nobres citadinos por dois anos: os Danesi, os Lambertini, os Manzoli, os Bolognetti. E foi aos Bolognetti que se referiu numa passagem da *Apologia*, a qual escreveu em 1540 para se defender das acusações do Santo Ofício. Nesta, Fileno partia das crenças ingenuamente antropomórficas dos camponeses e da massa em geral que atribuíam a Nossa Senhora poder igual ou superior ao de Cristo, e propunha uma religião cristocêntrica, livre de superstições: "Iterum rustici fere omnes et cuncta plebs, et ego his meis auribus audivi, firmiter credit parem esse divae Mariae cum Iesu Christo potestatem in distribuendis gratiis, alii etiam maiorem. Causa est quia inquiunt: terrena mater non solum rogare sed etiam cogere filium ad praestandum aliquid potest; ita namque ius maternitatis exigit, maior est filio mater. Ita, inquiunt, credimus esse in coelo inter beatam Virginem Mariam et Iesum Christum filium" (Quase todos os camponeses e todo o povo simples da cidade, e eu os ouvi com os meus próprios ouvidos, creem firmemente que o poder divinal de Maria é igual ao de Jesus Cristo na distribuição das graças; outros creem até que é maior. O motivo é porque, dizem, a mãe terrena pode não só pedir como também forçar o filho a prestar algum favor; assim postula o direito da maternidade, a mãe é maior que o filho. Cremos, dizem, que no céu o mesmo se dá com a bem-aventurada Virgem Maria e seu filho Jesus Cristo). Na margem anotou: "Bononiae audita MDXL in domo equitis Bolognetti" (ouvido em Bolonha, 1540, na casa do cavalheiro Bolognetti).

Trata-se, como se pode notar, de uma lembrança bem precisa. E se um dos "rústicos" encontrados por Fileno na casa de Bolognetti fosse Pighino? Nesse caso, podemos extrair das confissões reticentes feitas pelo moleiro de Savignano aos inquisidores ferrarenses um eco dos discursos de Fileno, ouvidos trinta anos antes, embora Pighino tivesse situado suas opiniões heréticas num tempo menos distante — inicialmente onze, depois vinte ou 22 anos antes —, coincidente com a primeira leitura dos Evangelhos em vernáculo. Mas a própria incerteza quanto a essa data poderia estar encobrindo o propósito deliberado de confundir os inquisidores. Quanto ao fato de Paolo Ricci/Lisia Fileno ser um frade secularizado e não um padre, como dissera frade Gerolamo da Montalcino, não é um problema, já que se tratava de mera suposição.

Certamente, um encontro e uma conversa entre o sofisticado humanista Lisia Fileno e o moleiro Pighino Baroni, conhecido como "o gordo", são também suposições, embora fascinantes. O que se sabe na verdade é que, em outubro de 1540, Fileno foi preso "nos campos modenenses onde andava subvertendo os camponeses", como escreveu Giovanni Domenico Sigibaldi ao cardeal Morone. Com Fileno encontrava-se outro personagem, que "tinha a mesma profissão luteranizante": "Seu nome era Turchetto, filho de um turco ou de uma turca". É bem provável que se tratasse de Giorgio Filaletto, conhecido como Turca, autor da misteriosa tradução italiana do *De Trinitatis erroribus*, que com certeza Menocchio teve em suas mãos. Enveredando por um ou outro caminho, acaba-se enredado nos delicados fios que ligam, nesse período, os heréticos de formação humanista e o mundo camponês.

Mas, depois de tudo o que foi dito até aqui, será inútil insistir na impossibilidade de atribuir esses fenômenos de radicalismo religioso camponês a influências externas — e de cima. Os discursos de Pighino também são testemunhos de uma aceitação não passiva dos temas que circulavam então nos ambientes heréticos. Suas afirmações mais originais — como a da origem servil de Maria, a da igualdade dos "grandes" e dos "pequenos" no

185

paraíso — refletem claramente o igualitarismo camponês que nos mesmos anos aparecia no *Settennario*, de Scolio. A convicção de que, "morto o corpo, morre a alma" é inspirada por um instintivo materialismo camponês. Nesse caso, porém, o percurso de Pighino fora mais complexo. A tese da mortalidade da alma era contrariada pela da igualdade dos beatos no paraíso. Ao inquisidor que lhe fizera ver tal contradição, Pighino explicou: "Eu acreditava que as almas beatas deveriam ficar no paraíso por um longo tempo, mas num certo momento, quando Deus quisesse, desapareceriam no nada, sem sentir dor alguma". Pouco antes admitira haver acreditado "que as almas acabariam um dia e desapareceriam no nada: e isso por causa daquelas palavras do Senhor que dizem: 'O céu e a terra passarão, mas minha palavra não passará', de onde eu concluía que, se o céu tivesse que acabar um dia, mais ainda teria a nossa alma". Isso nos lembra a tese do sono das almas após a morte, defendida nos ambientes bolonheses por Fileno, como se vê em sua *Apologia*, de 1540. Seria, portanto, mais um elemento a favor da identificação do "professor" desconhecido de Pighino com Fileno. Mas é de notar que a formulação de Pighino era muito mais materialista do que as que circulavam nos ambientes heréticos da época, já que afirmava a aniquilação final das almas *beatas* — e não apenas das dos *danados*, como defendiam os anabatistas vênetos, que reservavam a ressurreição no dia do Juízo Final para as almas dos justos. Pode ser que Pighino interpretasse erradamente o significado dos discursos ouvidos em Bolonha — muito tempo já se passara —, talvez repletos de terminologia filosófica. Porém, em todo caso, tal distorção é significativa, como também o tipo de argumentação escritural que usava. Fileno, na *Apologia*, dizia ter visto com seus próprios olhos referências à tese do sono das almas não só nos escritos patrísticos, como também na Escritura, embora não precisasse onde. Pighino, em vez de lembrar a passagem em que são Paulo conforta os irmãos da igreja de Tessalônica, falando da ressurreição final dos que dormiam em Cristo, lançava mão de uma passagem muito menos óbvia, em que a alma não era sequer mencionada. Por que deduzir a aniquilação final da alma da aniquilação do mundo? Muito provavelmente, Pighino refletira numa série de passagens do *Fioretto della Bibbia* — um dos pouquíssimos livros que lera, como sabemos (embora num primeiro momento afirmasse, talvez por prudência, que possuía o livro, mas "não o lera").

"E todas as coisas que Deus criou do nada", afirmava o *Fioretto*, "são eternas e durarão para sempre: E as coisas eternas são: anjos, luz, mundo, homem, alma." Um pouco mais adiante, porém, uma tese diversa era desenvolvida: "[...] Alguma coisa tem começo e terá fim — o mundo, e as coisas criadas que são visíveis. Outras têm começo e não terão fim: os anjos e nossas almas, que não terão jamais fim". Em seguida, como vimos anteriormente, mencionava, entre os "grandes erros" defendidos por "muitos filósofos" sobre a criação das almas, este: "[...] que todas as almas são uma e que os elementos são cinco, os quatro citados acima e ainda um outro, chamado *orbis*, e dizem que desse *orbis* Deus fez a alma de Adão e todas as outras. E por isso dizem que o mundo não acabará jamais, porque, quando o homem morre, retorna aos seus elementos". Se a alma é imortal, o mundo é eterno, defendiam os filósofos (averroístas), refutados pelo *Fioretto*; se o mundo é perecível (como a um certo ponto afirmava o *Fioretto*), a alma é mortal, "concluía" Pighino. Essa inversão radical pressupunha uma leitura do *Fioretto* ao menos em parte semelhante à de Menocchio: "Eu acredito que o mundo todo, isto é, ar, terra e todas as belezas deste mundo são Deus [...]: porque se diz que o homem é formado à imagem e semelhança de Deus, e no homem existe ar, terra, fogo e água, e disso segue que ar, terra, fogo e água são Deus". Através da identidade entre o homem e o mundo, baseada nos quatro elementos, Menocchio deduzira ("e disso segue") a identidade entre o mundo e Deus. A dedução de Pighino ("eu concluía") sobre a mortalidade final da alma a partir da não eternidade do mundo implicava a identidade entre homem e mundo. Sobre a relação de Deus com o mundo, Pighino, mais reticente que Menocchio, nada dizia.

Atribuir a Pighino uma leitura do *Fioretto* semelhante à de Menocchio pode parecer arbitrário. Mas é significativo que am-

187

bos caíssem na mesma contradição, imediatamente apontada pelos inquisidores, tanto no Friuli como em Ferrara: qual o sentido do paraíso se se nega a imortalidade da alma? Vimos como essas objeções jogavam Menocchio num turbilhão inextricável de contradições. Pighino resolveu a questão falando de um paraíso terrestre, seguido da aniquilação final das almas.

Na verdade, esses dois moleiros, que viveram a centenas de quilômetros um do outro e morreram sem se conhecer, falavam a mesma língua, respiravam a mesma cultura. "Não li outros livros além dos que já indiquei nem aprendi estes erros com alguém, mas fantasiando sozinho, ou então foi o diabo que me meteu essas coisas no espírito como eu acho, porque me perseguiu muitas vezes; eu o combati em visões e aparições, tanto de noite como de dia, lutando contra ele como se fosse um homem. E por fim percebi que era um espírito" — disse Pighino. Menocchio dissera: "Nunca discuti com alguém que fosse herético, mas eu tenho a cabeça sutil e quis procurar as coisas maiores que não conhecia [...]. As palavras que eu disse antes, as dizia por tentação [...] foi o espírito maligno que me fazia acreditar naquelas coisas [...]. O diabo ou qualquer outra coisa me tentava [...]. O falso espírito estava sempre me incomodando, fazendo com que eu pensasse no falso e não na verdade [...]. Eu achava que era profeta porque o espírito mau me fazia ter vaidade e sonhos [...]. Poderia morrer se tivesse escola ou companheiros, mas eu li por conta própria...". Pighino, por sua vez: "[...] Eu queria inferir que todo homem era obrigado a estar sob a sua fé, isto é, a judia, a turca e qualquer outra fé...". Menocchio comentava: "Como se quatro soldados, dois de cada bando, combatessem juntos e um passasse de um bando para o outro. Não seria um traidor? Assim eu pensei que, se um turco abandonasse a sua lei e passasse a ser cristão, ele faria mal. E acho também que um judeu faria mal se passasse a ser turco ou cristão e quem deixasse a sua lei...". Segundo uma testemunha, Pighino afirmara "que não existia inferno, nem purgatório e eram invenções dos padres e dos frades para lucrarem com isso...". Explicou aos inquisidores: "Eu nunca neguei que existisse o paraíso. Eu perguntei:

Ó Deus, onde podem estar o inferno e o purgatório?, pois me parecia que debaixo da terra existia só água e aí não poderiam estar, mas que tanto um como outro estejam acima da terra na qual vivemos...". Menocchio: "Eu gosto que se pregue para os homens viverem em paz, mas pregar o inferno, Paulo disse isso, Pedro disse aquilo, acho que é mercadoria, invenção de homens que sabem mais do que os outros [...]. Eu não acreditava que o paraíso existisse, porque não sabia onde ficava".

61

Muitas vezes vimos aflorar, através das profundíssimas diferenças de linguagem, analogias surpreendentes entre as tendências que norteiam a cultura camponesa que tentamos reconstruir e as de setores mais avançados da cultura quinhentista. Explicar essas semelhanças como mera difusão de cima para baixo significa aderir à tese — insustentável — segundo a qual as ideias nascem exclusivamente no âmbito das classes dominantes. Por outro lado, a recusa dessa tese simplista implica uma hipótese muito mais complexa sobre as relações que permeavam, nesse período, as duas culturas: a das classes dominantes e a das classes subalternas.

É mais complexa e, em parte, impossível de demonstrar. O estado da documentação reflete, é óbvio, o estado das relações de força entre as classes. Uma cultura quase exclusivamente oral como a das classes subalternas da Europa pré-industrial tende a não deixar pistas, ou então deixar pistas distorcidas. Portanto, há um valor sintomático num caso-limite como o de Menocchio. Ele repropõe, com força, um problema cuja importância só agora se começa a perceber: as raízes populares de grande parte da alta cultura europeia, medieval e pós-medieval. Figuras como Rabelais e Bruegel não foram, provavelmente, exceções notáveis. Todavia, fecharam uma época caracterizada pela presença de fecundas trocas subterrâneas, em ambas as direções, entre a alta cultura e a cultura popular. O período subsequente,

189

ao contrário, foi assinalado tanto por uma distinção cada vez mais rígida entre cultura das classes dominantes e cultura artesanal e camponesa como pela doutrinação das massas populares, vinda de cima. Podemos localizar o corte cronológico entre esses dois períodos na segunda metade do século XVI, que coincide significativamente com a intensificação das diferenças sociais sob a influência da revolução dos preços. Mas a crise decisiva ocorrera algumas décadas antes, com a guerra dos camponeses e o reino anabatista de Münster. Então se impôs às classes dominantes, de maneira dramática, a necessidade de recuperar, mesmo ideologicamente, as massas populares que ameaçavam escapar a qualquer forma de controle vindo de cima — porém mantendo e até acentuando as distâncias sociais.

Esse renovado esforço de obter hegemonia assumiu formas diversas nas várias partes da Europa; mas a evangelização do campo por obra dos jesuítas e a organização religiosa capilar baseada na família, executada pelas igrejas protestantes, podem ser agrupadas numa mesma tendência. A ela correspondem, em termos de repressão, a intensificação dos processos contra a bruxaria e o rígido controle dos grupos marginais, assim como dos vagabundos e ciganos. O caso de Menocchio se insere nesse quadro de repressão e extinção da cultura popular.

62

Apesar da conclusão do processo, o caso Menocchio ainda não estava encerrado; num certo sentido, a parte mais extraordinária começava justamente agora. Vendo que os depoimentos contra Menocchio, pela segunda vez, se acumulavam, o inquisidor de Aquileia e Concórdia escrevera para a congregação do Santo Ofício, em Roma, a fim de informá-la do que acontecia. Em 5 de junho de 1599, uma das maiores autoridades da congregação, o cardeal de Santa Severina, respondeu, insistindo em que se chegasse o mais rápido possível à prisão "daquele tal da diocese de Concórdia que negara a divindade de Cristo Senhor

Nosso", "por ser seu caso extremamente grave, desde que já havia sido condenado por heresia". Ordenava também que fossem confiscados seus livros e seus "escritos" — não sabemos de que natureza. Visto o interesse de Roma pelo caso, o inquisidor friulano enviou a cópia de três denúncias contra Menocchio. Em 14 de agosto chegou uma nova carta do cardeal de Santa Severina: "Este relapso [...] revela-se, examinando a documentação, ele próprio um ateu" e, assim, é preciso proceder "com os últimos recursos da justiça, para também encontrar os cúmplices"; o caso é "gravíssimo", portanto "Vossa Reverendíssima mande cópia do processo ou ao menos um sumário". Um mês depois, chegou a Roma a notícia de que Menocchio fora condenado à morte, mas que a sentença ainda não fora executada. Talvez por um impulso tardio de clemência, o inquisidor friulano hesitava. Em 5 de setembro escreveu uma carta à congregação do Santo Ofício (que não chegou até nós) comunicando suas dúvidas. A resposta do cardeal de Santa Severina, em nome de toda a congregação, datada de 30 de outubro, foi duríssima: "Comunico-lhe por ordem de Sua Santidade, Nosso Senhor, que não deve faltar em proceder com a diligência que pede a gravidade do caso e ele não pode deixar de ser punido pelos seus horrendos e execráveis excessos, e que o devido e rigoroso castigo sirva de exemplo para outros por essas partes. Não deixe de executar tudo à risca e com o rigor de espírito que a importância do caso exige. E esse é o desejo expresso por Sua Santidade".

O chefe supremo dos católicos, o papa em pessoa, Clemente VIII, se inclinava para Menocchio, que se tornara um membro infectado do corpo de Cristo, exigindo sua morte. Naqueles mesmos meses, em Roma estava se concluindo o processo contra o ex-frade Giordano Bruno. É uma coincidência que poderia simbolizar a dupla batalha, para cima e para baixo, conduzida pela hierarquia católica naqueles anos, para impor as doutrinas aprovadas pelo concílio de Trento. Só pode partir daqui a fúria, de outra maneira incompreensível, contra o velho moleiro. Pouco tempo depois (13 de novembro), o cardeal de Santa Severina voltou a atacar: "Que Vossa Reverendíssima não falte aos procedimentos no caso daquele camponês da diocese de Concórdia, indiciado por ter negado a virgindade da beatíssima Virgem Maria, a divindade de Cristo, Nosso Senhor, e a providência de Deus, como já lhe escrevi por ordem expressa de Sua Santidade. A jurisdição do Santo Ofício em casos de tamanha importância não pode de modo algum ser posta em dúvida. Assim, execute implacavelmente tudo o que for necessário de acordo com os termos da lei".

Resistir a pressões tão fortes era impossível e depois de pouco tempo Menocchio foi executado. Temos certeza disso pelo depoimento de um tal Donato Serotino, que em 16 de julho de 1601 disse ao comissário do inquisidor do Friuli ter estado em Pordenone pouco depois de haver "sido justiçado pelo Santo Ofício [...] o Scandella", e ter se encontrado com uma taverneira que lhe contara que "numa certa vila [...] um certo homem chamado Marcato, ou Marco, dizia que, morto o corpo, a alma também morria".

Sabemos muita coisa sobre Menocchio. De Marcato ou Marco — e de tantos outros como ele, que viveram e morreram sem deixar rastros — nada sabemos.

POSFÁCIO

Menocchio é um herói, ou mártir da palavra. No final do século XVI esse moleiro dos domínios de Veneza, no norte da Itália, lê; lê muito, para um homem relativamente simples; mas, sobretudo, pensa. Sua reflexão é bastante pessoal: embora deva algo aos estímulos que recebe (livros, opiniões de itinerantes), o mais importante é o que ele próprio concebe e imagina — uma experiência de pensamento que ninguém compartilha na sua aldeia de Montereale, nem os cultos (o conde, o padre), nem os camponeses, nem, sequer, a sua própria família. Muitos pensadores conhecidos sofreram por suas ideias; mas talvez Menocchio tenha sofrido mais: não só a repressão oficial; porém, antes dela, já a solidão. Não ter com quem dividir a dúvida: "Falaria tanto que iria surpreender... Se me fosse permitida a graça de falar diante do papa, de um rei ou príncipe que me ouvisse, diria muitas coisas e, se depois me matassem, não me incomodaria". Um homem passou a vida construindo uma cosmologia, na qual entram queijo e vermes, pigmeus e muçulmanos; reparti-la é uma necessidade quase física, de sua mente, de sua boca — mas é também um modo de igualar-se aos poderosos. Poderão matá-lo depois, porém ele terá, falando, a sua glória. Essa paixão de pensar, essa paixão de falar é rara e preciosa; quem sabe não nos ensinará a prezar mais o que é refletir, o que é dizer.

A solidão de Menocchio é um dos pontos de partida de Carlo Ginzburg. Afirma já de início que o seu moleiro é personagem singular, não representativo. Com isso descarta uma possível abordagem, a que consistiria em contextualizar, em integrar o singular (fazendo-o, pois, perder a singularidade) num conjunto mais amplo. Não; o pensamento de Menocchio apresenta uma série de elementos irredutíveis a qualquer influência. Haverá pontos de convergência entre ele e os humanistas refinados, especialmente os de Pádua, e os protestantes, em particular os anabatistas (termo que na época tinha peso análogo ao de comunista na Guerra Fria, e com uma certa razão: porque os mártires de Münster também queriam pôr os bens em comum), e os lavradores, e os demais moleiros. Nada disso, porém, é mais que ocasião, ensejo, oportunidade. O importante não é o que Menocchio leu ou recebeu — é como leu, é o que fez de suas experiências; o que diminui a distância que se costuma propor entre leitura e escrita, entre uma postura passiva e outra ativa diante do conhecimento.

A recusa a enquadrar Menocchio num contexto já delineado significa que Ginzburg respeita a diferença e originalidade desse pensador mais ou menos popular (mais ou menos, porque o moleiro não se integra bem na sociedade camponesa: sua profissão seria, talvez, de classe média). Mas esse respeito à diferença é, em *O queijo e os vermes*, simples procedimento metodológico, não é afirmação de uma diferença irredutível e que por isso mesmo (é essa a crítica de Ginzburg ao Foucault autor de *Pierre Rivière*) culminaria numa decisão de nada dizer.[1] Por isso um dos recursos principais de Ginzburg será o de comparar, cotejar. O que Menocchio afirma recorda teses da Reforma? Con-

---

[1] O que, por sinal, não vale para a maior parte das obras de Foucault. Devemos, talvez, distinguir o autor de *Pierre Rivière*, que pela mesma época se empenhava em difundir (sem nenhum comentário que significasse a apropriação intelectual do discurso popular) protestos de presos comuns e de loucos, e o autor de outras obras, nas quais o respeito à diferença não o dispensou de investigar que lógicas sustentam discursos e práticas dos mais variados. É claro que esse tipo de leitura tem o risco de quem a faz pretender saber mais do que os práticos ou discursadores que ele está analisando. Desse risco vem, certamente, a cautela extrema de *Pierre Rivière*. Mas não haverá, aí, uma certa confusão? O conhecimento de cada época, ou mesmo cada conhecimento, pode ser irredutível a outro. Hoje lemos diferentemente de outros tempos; sob certos aspectos, melhor, até. Em compensação, há muitos ângulos que perdemos. O nosso conhecimento do passado, ou do outro, pode melhorar e piorar, à medida que ganha e perde perspectivas; e ganha-as e perde-as ao mesmo tempo.

frontemos, notemos as diferenças. E, nestas, vejamos sim o que é irredutível a uma influência. Menocchio leu, quem sabe, o Alcorão? Mas o importante não é tê-lo lido, é como o leu — é decifrar essa sua estranha maneira de adulterar e alterar o que lê, de recriar. Técnica, esta de Ginzburg, em suma razoavelmente simples — poderíamos até dizer que não passa da aplicação da honestidade à leitura — e no entanto extraordinariamente eficaz, valiosa como poucas. É a mesma de Panofsky, por exemplo, num de seus mais belos ensaios, "Et in Arcadia ego",[2] no qual constrói uma análise esclarecedora da mentalidade artística nos séculos XVII e XVIII partindo da leitura errada (e que, nos quadros mentais analisados por ele, *não podia ser certa*) de uma expressão latina. A comparação, que salienta o que é divergência e mesmo erro, assim permite entender o erro como ruído; e o ruído, sabemos ouvindo a música mais recente, pode ser também música. O que Menocchio compreende mal é, na verdade, o que ele compreende de outro modo.

Assim vai Ginzburg triando o que é comum, o que é invenção de Menocchio. Em parte a invenção permite, ainda, apontar para um fundo de cultura camponesa que se manteve pagão. Os pagãos continuam, na Europa da Renascença, a ter crenças antigas e pouco cristãs; o mesmo que Ginzburg nos conta da Itália setentrional, no século XVI sabemos da Inglaterra do norte e do País de Gales, no XVII; são os revolucionários de 1640 que tentam evangelizar os "recantos mais obscuros do país", conforme observa Christopher Hill.[3] E com isso o que temos? Alguns anos atrás, num livro que serve de referência tanto a Ginzburg como a Hill, Keith Thomas mostrou como os progressos da religião após a Reforma Protestante estão articulados com o declínio da magia.[4] Esta, a partir do século XVI, vai se perdendo. É também por isso que a caça às feiticeiras (como mostrou outro historia-

---

[2] Erwin Panofsky, *O significado nas artes visuais*, São Paulo, Perspectiva, 1976, cap. 7.

[3] *O mundo de ponta-cabeça*, São Paulo, Companhia das Letras, 1987, cap. 5.

[4] *Religião e declínio da magia*, São Paulo, Companhia das Letras, 1991.

dor inglês, Hugh Trevor-Roper[5]) é fenômeno mais moderno do que se pensa. A Idade Média persegue-as menos do que os séculos XVI e XVII. Persegui-las talvez não resulte tanto da intolerância que alguns associam às "trevas", e sim da intolerância de uma religião que se leva mais a sério. Se assim for, entenderemos por que os evangelizadores protestantes foram tão implacáveis. Na Inquisição católica, na evangelização protestante, está presente o intuito de eliminar o *Outro* (lembremos que em português esse é um dos termos para designar... o diabo), para isso sendo necessário devassar os seus caminhos. Nós vivemos num tempo em que a tolerância *religiosa* já se implantou tanto que parece absurdo haver perseguição a hereges; creio que se poderia traçar um paralelo entre a hostilidade dos religiosos de choque aos hereges, no começo da modernidade, e as práticas, atuais, de controle hospitalar das infecções. Tal como é preferível esterilizar um ambiente hospitalar demais do que de menos, também aparecia como preferível combater o diabólico em excesso, e não em falta. Por isso não teria sentido a doutrina jurídica moderna, que presume a inocência do réu até se provar a culpa; como não teria no controle da infecção hospitalar. Já o percebemos quando a Inquisição prende os suspeitos de heresia cátara: "Queimemo-los todos, Deus reconhecerá quem é seu". No *Manual dos inquisidores*, de Nicolau Emérico e Francisco Peña, isso está explícito — na preocupação em punir os hereges e sobretudo os piores dentre estes, que são os que melhor se disfarçam de inocentes, e ainda no que os dois inquisidores dizem do louco que blasfema: "Não podemos entregar um louco à morte, mas tampouco podemos deixá-lo impune". E junto com esse temor ao diabo, que rege a mente inquisitorial, temos uma prática que mal deixa saída a quem nela é apanhado: os interrogatórios, como os que Menocchio sofre. Como escapar deles? Como um "simples" (é verdade que ele é um tanto mais culto) poderá discutir se Cristo é

---

[5] "A obsessão das bruxas na Europa dos séculos XVI e XVII", in *Religião, Reforma e transformação*, Lisboa, Presença, s.d.

ou não da mesma natureza que Deus Pai? Nessa questão se fundamenta boa parte da teologia e do poder cristão, mas dela o que entende a esmagadora maioria dos fiéis? O interrogatório é a pior das armadilhas. Tanto que a Inquisição deve o nome, justamente, ao seu procedimento de inquirição.

Mas, nessa armadilha, Menocchio quer se meter. Pelo menos quando é preso pela primeira vez. Que vontade tinha de falar esse homem. "Se me fosse permitida a graça de falar diante do papa [...] se depois me matassem, não me incomodaria." Como devia ser triste, para ele, só ter para conversar alguns campônios desinformados e, pior, de pouca curiosidade. Porque em Menocchio importa menos o conhecimento que acaso tivesse, e mais a sede de conhecimento, a curiosidade — essa paixão que a Igreja e os poderes reprimiam, e que os renascentistas valorizavam. Tudo Menocchio tenta entender, questionar. A Reforma e a Renascença podem tê-lo atingido de forma somente indireta, à distância, mas vemos Menocchio agindo com base numa inspiração que retoma o que de melhor havia nas duas: o espírito de curiosidade na Renascença (recordemos Pico della Mirandola, que sabia todas as coisas "e outras mais"), e na Reforma o critério de livre exame, pelo indivíduo, das coisas da fé. Menocchio apaixona-se pelas viagens, pelo que é mais distante do seu mundo; e assim chega a uma fascinante tolerância (toda religião é boa), a uma visão do mundo nova e, pelo que ela implica, revolucionária: com base nela por que haverá clero, Igreja, dominação espiritual? Mas o que ele mais deseja é falar. Sem ter a quem falar, o único modo de expressar tudo o que sente e pensa será cair nas malhas da Inquisição. A experiência é dura; os anos de cadeia o alquebram; ainda assim, solto, não consegue manter a promessa de calar suas indagações. Fala, menos, mas fala, mesmo sabendo que poderá voltar à Inquisição, e sofrer destino pior. Falar é mais forte. Podemos imaginar Menocchio: antes de sua primeira prisão, triste, solitário na sua fala que ninguém compartilha em sua aldeia, querendo interlocução, querendo um público; depois dela, desiludido já da experiência de falar "diante do papa, de um rei ou príncipe", e entristecendo-

-se mais à medida que perde os que realmente lhe querem bem, a mulher, o filho mais velho, e sente apertar-se o cerco, apertar--se o coração: filhos que não o amam, fronteiras que não pode atravessar, a marca infamante da Inquisição que lhe atrapalha a vida e que não pode dissimular. Suas palavras são um protesto, são a recusa desse horror. Sua curiosidade, opiniões e destino fazem dele um desses homens para quem dizer o que pensam é tão importante que, por isso, arriscam a própria vida. Nem toda confissão é uma vitória da tortura; porque às vezes a pior tortura é ter a voz silenciada.

Renato Janine Ribeiro

NOTAS E ABREVIATURAS

ACAU: Archivio della Curia Arcivescovile di Udine.
ACVP: Archivio della Curia Vescovile di Pordenone.
ASM: Archivio di Stato di Modena.
ASP: Archivio di Stato di Pordenone.
ASVat: Archivio Secreto Vaticano.
ASVen: Archivio di Stato di Venezia.
BCU: Biblioteca Comunale di Udine.
BGL: Biblioteca Governativa di Lucca.

PREFÁCIO

1

p. 11 O homem comum, escreveu Vicens Vives, "se ha convertido en el principal protagonista de la Historia" (citação de P. Chaunu, "Une histoire religieuse sérielle", in *Revue d'histoire moderne et contemporaine* (1965, XII: 9, nota 2).

A citação de Brecht foi extraída de "Fragen eines lesenden Arbeiters", in *Hundert Gedichte, 1918-1950* (Berlim, 1951), pp. 107-8. Noto que o mesmo poema foi usado como epígrafe por J. Kaplow, *The Names of Kings: The Parisian Laboring Poor in the Eighteenth Century* (Nova York, 1973). Ver também H. M. Enzensberger, "Letteratura come storiografia", in *Il Menabò* (1966), 9: 13.

2

Uso a expressão gramsciana *classes subalternas* por ser suficientemente ampla e despida das conotações paternalistas de que está imbuída *classes inferiores*. Sobre os temas levantados quando da publicação das anotações de Gramsci sobre folclore e classes subalternas, v. as discussões entre De Martino, C. Luporini, F. Fortini e outros (v. a lista dos participantes in L. M. Lombardi Satriani, *Antropologia culturale e analisi della cultura subalterna* [Rimini, 1974], p. 74, nota 34). V. sobre os termos atuais da questão, em grande parte já eficazmente antecipados, E. J. Hobsbawm, "Per lo studio delle classi subalterne", in *Società* (1960), XVI: 436-49, cf. *infra*.

199

Os processos contra Menocchio se encontram no Archivio della Curia Arcivescovile di Udine (daqui em diante, ACAU), *Sant' Uffizio, Anno integro 1583 a n. 107 usque ad 128 incl.*, proc. n. 126, e *Anno integro 1596 a n. 281 usque ad 306 incl.*, proc. n. 285. O único estudioso que faz menção a esses processos (mas não os consultou) é A. Battistella, *Il S. Oficio e la riforma religiosa in Friuli: Appunti storici documentati* (Udine, 1895), p. 65, o qual afirma, erroneamente, que Menocchio não foi executado.

3

A bibliografia sobre esses temas é obviamente muito vasta. Para uma introdução mais acessível, v. A. M. Cirese, "Alterità e dislivelli interni di cultura nelle società superiori", in *Folklore e antropologia tra storicismo e marxismo*, A. M. Cirese (Palermo, 1972), pp. 11-92; Lombardi Satriani, *Antropologia culturale*, cit.; *Il concetto di cultura: I fondamenti teorici della scienza antropologica*, org. P. Rossi (Turim, 1970). A concepção do folclore como "acúmulo desorgânico de ideias etc." foi adotada também por Gramsci, com algumas variações: v. *Letteratura e vita nazionale* (Turim, 1950), p. 215 ss. V. também Lombardi Satriani, *Antropologia culturale*, op. cit., p. 16 ss.

p. 13 *Uma cultura oral*: v. a respeito C. Bermani, "Dieci anni di lavoro con le fonti orali", in *Primo Maggio* (primavera de 1975), 5: 35-50.

R. Mandrou, *De la culture populaire aux 17ᵉ et 18ᵉ siècles: La Bibliothèque bleue de Troyes* (Paris, 1964), observa que inicialmente *cultura popular* e *cultura de massa* não são sinônimos. (Note-se que *cultura de massa* e o termo correspondente em italiano equivalem à expressão anglo-americana *popular culture* — o que dá margem a muitos equívocos.) *Culture populaire*, designação mais antiga, exprime, dentro de uma perspectiva "populista", "la culture qui est l'oeuvre du peuple". Mandrou propõe o mesmo termo num sentido "mais amplo" (na verdade, diferente): "la culture des milieux populaires dans la France de l'Ancien Régime, nous l'entendons [...], ici, comme la culture acceptée, digérée, assimilée, par ces milieux pendant des siècles" (pp. 9-10). Dessa maneira, cultura popular acaba quase se identificando com cultura de massa, o que é anacrônico, já que cultura de massa em sentido moderno pressupõe a indústria cultural, que com certeza não existia na França do Ancien Régime (v. p. 174). O uso do termo *superestrutura* (p. 11) também é equivocado: teria sido melhor, dentro da perspectiva de Mandrou, falar de falsa consciência. Sobre a literatura de cordel como literatura de evasão e, atualmente, como reflexo da visão de mundo das classes populares, v. pp. 162-3. De qualquer forma, Mandrou tem plena consciência dos limites de um estudo pioneiro (p. 11) e, como tal, indubitavelmente meritório. De G. Bollème, v. "Littérature populaire et littérature de colportage au XVIIIᵉ siècle", in *Livre et société dans la France du XVIIIᵉ siècle*, 2 v. (Paris, 's Gravenhage, 1965), I: 61-92; *Les Almanachs populaires aux XVIIᵉ et XVIIIᵉ siècle, essai d'histoire sociale* (Paris, 's Gravenhage, 1969); antologia *La Bibliothèque bleue: La littérature populaire en France du XVI* au *XIX*[e] *siècle* (Paris, 1971); "Représentation religieuse et thèmes d'espérance dans la 'Bibliothèque Bleue'; Littérature populaire en France du XVIIe au XIXe siècle", in *La società religiosa nell'età moderna. Atti del convegno di studi di storia sociale e religiosa, Capaccio-Paestum, 18-21 maggio 1972* (Nápoles, 1973), pp. 219-43. Trata-se de estudos de diferentes níveis. O melhor é o que antecede a antologia da *Bibliothèque bleue* (nas pp. 22-3, observações sobre o provável tipo de leitura desses textos), que, todavia, contém afirmações como estas: "[...] à la limite, l'histoire qu'entend ou lit le lecteur n'est que celle qu'il veut qu'on lui raconte [...] . En ce sens on peut dire que l'écriture, au même titre que la lecture, est collective, faite par et pour tous, diffuse, diffusée, sue, dite, échangée, non gardée, et qu'elle est en quelque sorte spontanée..." (ibid.). Os exageros inaceitáveis em sentido populista-cristão que aparecem, por exemplo, no ensaio "Représentation religieuse" baseiam-se em sofismas desse tipo. Parece mentira, mas A. Dupront criticou Bollème por ter tentado caracterizar "l'historique dans ce qui est peut-être l'anhistorique, manière de fonds commum quasi 'indatable' de traditions..." ("Livre et culture dans la société Française du 18e siècle", in *Livre et société*, I: 203-4).

p. 14 Sobre "literatura popular" v. o importante ensaio de N. Z. Davis, "Printing and the People", in *Society and Culture in Early Modern France* (Stanford, 1975), pp. 189-206, que se baseia em pressupostos em parte semelhantes aos deste livro.

Ao período posterior ao da Revolução Industrial se referem certos trabalhos como o de L. James, *Fiction for the Working Man*, 1830-1850 (1ª ed., Oxford, 1963; Londres, 1974); R. Schenda, *Volk ohne Buch: Studien zur Sozialgeschichte der populären Lesestoffe* (1770-1910) (Frankfurt a. M., 1970) (numa coleção dedicada à *Trivialliteratur*); J. J. Darmon, *Le colportage de librairie en France sous le second Empire: Grands colporteurs et culture populaire* (Paris, 1972).

4

Usei a tradução francesa de Bakhtin: *L'oeuvre de François Rabelais et la culture populaire au Moyen Age et sous la Renaissance* (Paris, 1970) [Trad. bras.: *A cultura popular na Idade Média e no Renascimento*. São Paulo, Hucitec, 1987 (N. R. T.)]. Na mesma direção, v. a intervenção de A. Berelovic, in *Niveaux de culture et groupes sociaux* (Paris, La Haye, 1967), pp. 144-5.

5

p. 16 V. E. Le Roy Ladurie, *Les paysans de Languedoc*, 2 v. (Paris, 1966), I: 394 ss.; N. Z. Davis, "The Reasons of Misrule: Youth Groups and Charivaris in Sixteenth-Century France", in *Past and Present* (fev. 1971), 50: 41-75; E. P. Thompson, "'Rough Music': Le Charivari anglais", in *Annales: ESC* (1972), XXVII: 285-312 (e também, sobre o mesmo argumento, C. Gauvard e A. Gokalp,

201

"Les conduites de bruit et leur signification à la fin du Moyen Age: Le Charivari", ibid., 1974, 29: 693-704). Os estudos citados valem como exemplos. Sobre a questão, bastante diversa, da persistência de modelos culturais pré-industriais no proletariado industrial, v., do mesmo Thompson, "Time, Work-Discipline, and Industrial Capitalism", in *Past and Present* (dez. 1967), 38: 56-97, e *The Making of the English Working Class* (2. ed. rev. Londres, 1968); de E. J. Hobsbawm, v. principalmente *Primitive Rebels: Studies in Archaic Forms of Social Movement in the Nineteenth and Twentieth Centuries* (Manchester, 1959) [Ed. bras.: *Rebeldes primitivos*. Rio de Janeiro, Paz e Terra, 1978 (N. R. T.)], e "Les classes ouvrières anglaises et la culture depuis les débuts de la révolution industrielle", in *Niveaux de culture*, op. cit., pp. 189-99.

Um grupo de estudiosos chegou a se perguntar... : v. M. de Certeau, D. Julia e J. Revel, "La beauté du mort: Le concept de 'culture populaire'", in *Politique aujourd'hui* (dez. 1970), pp. 3-23 (a frase citada está na p. 21).

In *Folie et déraison: Histoire de la folie à l'age classique* (Paris, 1961), p. VII, Foucault afirma que "faire l'histoire de la folie, voudra donc dire: faire une étude structurale de l'ensemble historique — notions, institutions, mesures juridiques et policières, concepts scientifiques — qui tient captive une folie dont l'état sauvage ne peut jamais être restitué en lui-même; mais à défaut de cette inaccessible pureté primitive, l'étude structurale doit rémonter vers la décision qui lie et sépare à la fois raison et folie". Isso explica a ausência, neste livro, dos loucos — ausência devida não apenas — nem predominantemente — à dificuldade em encontrar documentação adequada. Os delírios — transcritos em milhares de páginas, conservadas pela Bibliothéque de l'Arsenal — de um lacaio, semianalfabeto e "dément furieux", que viveu no final do século XVII, para Foucault não têm lugar no "universo do nosso discurso", "estão irreparavelmente fora da história" (p. V). Difícil dizer se testemunhos como esses poderiam lançar alguma luz sobre a "pureza primitiva" da loucura — que talvez não seja, aliás, de todo inacessível. De qualquer modo a coerência de Foucault nesse livro genial, embora frequentemente irritante, está acima de qualquer suspeita (embora algumas incoerências ocasionais apareçam: v., por exemplo, pp. 475-6). Para um comentário sobre a involução de Foucault, de *Histoire de la folie* (1961) [Trad. bras.: *História da loucura na Idade Clássica*. São Paulo, Perspectiva, 1978 (N. R. T.)] até *Les mots et les choses* (1966) [Trad. bras.: *As palavras e as coisas*. São Paulo, Martins Fontes, 1981 (N. R. T.)] e *L'archéologie du savoir* (1966) [Trad. bras.: *A arqueologia do saber*. Rio de Janeiro, Forense-Universitária, 1986 (N. R. T.)], v. P. Vilar, "Histoire marxiste, histoire en construction", in *Faire de l'histoire*, org. J. Le Goff e P. Nora (Paris, 1974), I: 188-9 [Trad. bras.: "História marxista, história em construção", in *História: novos problemas*, Rio de Janeiro, Francisco Alves, 1976, pp. 146-78 (N. R. T.)]. Sobre as objeções de Derrida, v. D. Julia, "La religion — histoire religieuse", op. cit., II: 145-6 [Trad. bras.: "História religiosa", in *História: novas abordagens*. Rio de Janeiro, Francisco Alves, 1976, pp. 106-31 (N. R. T.)]. V. *Moi, Pierre Rivière, ayant égorgé ma mère, ma soeur et mon frère*, org. M. Foucault et alii (Paris, 1973) [Trad. bras.: *Eu, Pierre Rivière, que degolei minha mãe, minha irmã e meu irmão.* Rio de Janeiro, Graal, 1983 (N. R. T.)]. Sobre o "estupor", o "silêncio" e a recusa de interpretação, v. pp. 11, 14, 243, 314, 348 nota 2. Sobre as leituras de Rivière, v. pp. 40, 42, 125. O trecho sobre vagabundagens nos bosques está na p. 260. A alusão ao canibalismo, na p. 249. No que toca à questão da deformação populista, v. principalmente a contribuição de Foucault, "Les meurtres qu'on raconte", pp. 265-75. Em geral, v. G. Huppert, "Divinatio et Eruditio: Thoughts on Foucault", in *History and Theory* (1974), XIII: 191-207.

6

p. 18 V. de Le Goff, "Culture clericale et traditions folkloriques dans la civilisation mérovingienne", in *Annales ESC* (1967), XXII: 780-91 [Trad. port.: "Cultura clerical e tradições folclóricas na civilização merovíngia", in *Para um novo conceito de Idade Média.* Lisboa, Estampa, 1979, pp. 207-19 (N. R. T.)]; "Culture ecclésiastique et culture folklorique au Moyen Age: Saint Marcel de Paris et le dragon", in *Richerche storiche ed economiche in memoria di Corrado Barbagallo*, org. L. de Rosa (Nápoles, 1970), II: 53-94 [Trad. port.: "Cultura eclesiástica e cultura folclórica na Idade Média: são Marcelo de Paris e o dragão", in *Para um novo conceito...*, pp. 22-61 (N. R. T.)].

Aculturação: V. Lanternari, *Antropologia e imperialismo* (Turim, 1974), n. 5 ss., e N. Wachtel, "L'acculturation", in *Faire de l'histoire*, op. cit., I: 124-46 [Trad. bras.: "A aculturação", in *História: novos problemas*, pp. 113-29 (N. R. T.)].

Uma pesquisa sobre processos contra a burguesia: v. C. Ginzburg, *Os andarilhos do bem. Feitiçaria e cultos agrários nos séculos XVI e XVII* (São Paulo, 1988).

7

p. 19-20 *História "quantitativa" das ideias ou... história religiosa "serial":* para a primeira, v. *Livre et société* (op. cit.); para a segunda, P. Chaunu, "Une historie religieuse", op. cit., e M. Vovelle, *Piété baroque et déchristianisation en Provence au XVIII* siècle (Paris, 1973). Em geral, v. F. Furet, "L'histoire quantitative et la construction du fait historique", in *Annales: ESC* (1971), XXVI: 63-75, que entre outras coisas comenta, com razão, as implicações ideológicas de um método que tende a absorver as rupturas (e as revoluções) por um longo período e no equilíbrio do sistema. No mesmo sentido, v. as pesquisas de Chaunu, bem como a participação de A. Dupront para a antologia citada, *Livre et société* (I: 185 ss.), onde, entre muitas divagações inebriantes sobre a "alma coletiva", chega-se a exaltar as virtudes tranquilizantes de um método que permite o estudo do século XVIII francês, ignorando seu desenlace revolucionário — o que equivaleria a se liberar da "escatologia da história" (p. 231).

Por alguém como François Furet, que defendia... : v. "Pour une définition des classes inférieures à l'époque moderne", in *Annales: ESC* (1963), XVIII: 459-74, especialmente p. 459.

"*Histoire événementielle*" (*que não só e nem necessariamente é história política*): v. R. Romano, "À propos de l'édition italienne du livre de F. Braudel... ", in *Cahiers Vilfredo Pareto* (1968), 15: 104-6.

A nobreza austríaca ou o baixo clero: alusão a O. Brunner, Vita nobiliare e cultura europea (trad. ital. Bolonha, 1972) (e v. C. Schorske, "New Trends in History", in *Daedalus* (1969), 98: 963), e a A. Macfarlane, *The Family Life of Ralph Josselin, a Seventeenth-Century Clergyman: An Essay in Historical Anthropology* (Cambridge, 1970), mas também as observações de E. P. Thompson, "Anthropology and the Discipline of Historical Context", in Midland History I (1972), 3:41-5.

Assim como a língua, a cultura... : v. as considerações de P. Bogatyrëv e R. Jakobson, "Il folclore come forma di creazione autonoma", in *Strumenti critici* (1976), I: 223-40. As famosas páginas de G. Lukács sobre a "consciência possível" (v. *Storia e coscienza di classe* [trad. ital., Milão, 1967], p. 65 ss.), embora surgidas num contexto completamente diverso, podem ser usadas na direção apontada.

p. 21 *Em poucas palavras, mesmo um caso-limite...* : v. D. Cantimori, *Prospettive di storia ereticale italiana del Cinquecento* (Bari, 1960), p. 14.

Arquivos da repressão: v. D. Julia, "La religion — histoire religieuse", in *Faire de l'histoire*, op. cit., II: 147.

Sobre as relações entre pesquisas quantitativas e pesquisas qualitativas, v. as observações de E. Le Roy Ladurie, "La révolution quantitative et les historiens français: Bilan d'une génération (1932-1968)", in *Le territoire de l'historien* (Paris, 1973), p. 22. Entre as disciplinas "pionnières et prometteuses" que continuam, decididamente e com toda razão, qualitativas, Le Roy cita a "psychologie historique". O trecho de E. P. Thompson está em "Anthropology", op. cit., p. 50.

p. 22 *Furio Diaz..., a essa abordagem*: v. "Le stanchezze di Clio", in *Revista storica italiana* (1972), LXXXIV: em particular pp. 733-4, assim como, do mesmo autor, "Metodo quantitativo e storia delle idee", ib. (1966), LXXVIII: 932-47 (sobre a obra de Bollème, pp. 939-41). V. também as críticas de F. Venturi, *Utopia e riforma nell'illuminismo* (Turim, 1970), pp. 24-5. Sobre a questão da leitura, v. a bibliografia citada nos caps. 14 e 15.

8

p. 23 Sobre a história das mentalidades, v. J. Le Goff, "Les mentalités: une histoire ambiguë", in *Faire de l'histoire*, op. cit., III: 76-94. [Trad. bras.: "As mentalidades, uma história ambígua", in Le Goff e Nora (orgs.), *História: novos objetos*. Rio de Janeiro, Francisco Alves, 1976, pp. 68-83 (N. R. T.).] O trecho citado se encontra à p. 80. Le Goff observa a propósito: "Eminemment collective, la mentalité semble soustraite aux vicissitudes des luttes sociales. Ce serait pourtant une grossière erreur que de la détacher des structures et de la dynamique sociale [...]. Il y a des mentalités de classes, à côté de mentalités communes. Leur jeu reste a étudier" (pp. 89-90).

p. 24 *Num livro inexato mas fascinante...* : v. L. Febvre, *Le problème de l'incroyance au XVI* siècle: *La religion de Rabelais* (1ª ed. 1942; Paris, 1968) [Trad. port.: *O problema da descrença no século XVI. A religião de Rabelais.* Lisboa, Início, s. d. (N. R. T.)]. Como se sabe, a argumentação de Febvre parte de um tema circunscrito à refutação da tese, proposta por A. le Franc, segundo a qual Rabelais, no *Pantagruel* (1532), teria sido um propagandista do ateísmo — e se alarga a círculos cada vez mais amplos. A terceira parte, sobre os limites da incredulidade do século XVI, é com certeza o que há de mais novo do ponto de vista metodológico, mas também o mais genérico e inconsistente, como é provável que até mesmo Febvre tenha pressentido (p. 19). A extrapolação indevida para a mentalidade coletiva dos "homens do século XVI" deve muito às teorias de Lévy-Bruhl ("notre maître", p. 17) sobre as mentalidades primitivas. (É curioso que Febvre ironize sobre "les gens du Moyen Age" para falar logo em seguida, poucas páginas depois, de «homens do século XVI» e de "homens da Renascença", apesar de acrescentar, no último caso, que se trata de uma forma «clichée, mais commode": v. pp. 153-4, 142, 344, 382.) A referência aos camponeses está na pp. 253; Bakhtin já observara (*L'oeuvre de François Rabelais*, op. cit., p. 137) que a análise de Febvre se baseia unicamente nos ambientes da cultura oficial. Confronto com Descartes, pp. 393, 425, passim. Sobre este último ponto, v. também G. Schneider, *Il libertino. Per una storia sociale della cultura borghese nel XVI e XVIII secolo* (trad. ital. Bolonha, 1974), e as observações (não todas aceitáveis) formuladas a p. 7 e ss. Com o risco presente na historiografia de Febvre de cair numa tautologia sofisticada, v. D. Cantimori, *Storici e storia* (Turim, 1971), pp. 223-5.

p. 25 *Grupos marginais, como os vagabundos*: v. B. Geremek, "Il pauperismo nell'età preindustriale (secoli XIV-XVIII)", in *Storia d'Italia* (Turim, 1973), v. V, t. I, pp. 698-99, e *Il libro dei vagabondi*, org. P. Camporesi (Turim, 1973).

Análises particularizadas: é muito importante a análise feita por Valerio Marchetti sobre os artesãos residentes em Siena no século XVI.

9

No que se refere a este parágrafo, v. cap. 28.

10

p. 26 *Levar em consideração uma mutilação histórica*: isto não deve ser obviamente confundido com a nostalgia reacionária do passado e muito menos com a retórica um tanto quanto reacionária sobre uma presumível "civilização camponesa" imóvel e aistórica.

A frase de Benjamin foi extraída de *Angelus Novus: Saggi e Frammenti*, in *Tesi di filosofia della storia*, org. R. Solmi (Turim, 1962), p. 73 [Trad. bras.: "So-

205

bre o conceito de História", in *Magia e técnica, arte e política* (*Obras escolhidas*, v. 1). São Paulo, Brasiliense, 1985, pp. 222-32 (N. R. T.)].

O QUEIJO E OS VERMES

1

p. 31 *Menocchio*: é o nome recorrente nos documentos inquisitoriais. Aparece também como "Menoch" e "Menochi".

Quando do primeiro processo: v. ACAU, proc. n. 126, f. 15v.

Montereale: hoje, Montereale Cellina é uma cidadezinha de colina (a 317 metros acima do nível do mar), situada bem na entrada do Val Cellina. Em 1584, a paróquia era constituída por 650 almas: v. ACVP "Sacrarum Visitationum Nores ab anno 1582 usque ad annum 1584", f. 168v.

Após uma briga: v. ACAU, proc. n. 126, f. 20r.

As vestimentas tradicionais de moleiro: "indutus vestena quadam et desuper tabaro ac pileo aliisque vestimentis de lana omnibus albo colore" (ibid., f. 15v.). Esse tipo de vestimenta ainda estava em uso entre os moleiros na Itália do século XIX. v. C. Cantú, *Portafoglio d'un operajo* (Milão, 1871), p. 68.

Alguns anos depois: v. ACAU, "Sententiarum contra reos S. Officii liber ii", f. 16v.

Dois campos arrendados: sobre contratos de arrendamento desse período, v. G. Giorgetti, *Cantadini e proprietari nell'Italia moderna: Rapporti di produzione e contratti agrari dal secolo XVI a oggi* (Turim, 1974), p. 97 ss. Não sabemos se se tratava de arrendamentos "perpétuos" ou de duração mais breve (por exemplo, 29 ou, como é mais provável, nove anos). Sobre a imprecisão da terminologia dos contratos desse período, que muitas vezes torna difícil distinguir entre *enfiteuse* [v. N. R. T. no cap. 7], arrendamento e locação, v. as observações de G. Chittolini, "Um problema aperto: la crisi della proprietà ecclesiastica fra Quattro e Cinquecento", in *Rivista storica italiana* (1973), LXXXV: 370. Em documento posterior descobre-se a possível situação dos dois campos: uma estimativa redigida em 1596 a pedido do lugar-tenente veneziano (v. ASP, *Notarile*, b. 488, n. 3785, ff. 17r-22r). Entre as 255 divisões situadas em Montereale e Grizzo (uma vila vizinha) figuram (f. 18r): "9. Alliam petiam terre arative positam in pertinenti Monteregalis in loco dicto alla via del'homo dictam la Longona, unius iug. in circa, tentam per Bartholomeum Andreae: a mane dicta via, a meridie terrenum ser Dominici Scandelle, a sero via de sotto et a montibus terrenum tentum per heredes q. Stephani de Lombarda"; (f. 19v): "Aliam pertiam terrae unius iug. in circa in loco dicto... il campo del legno: a mane dicta laguna, a meridie terenum M. d. Horatii Montis Regalis tentum per ser Jacomum Marganum, a sero terrenum tentum per ser Dominicum Scandelle et a montibus suprascriptus ser Daniel Capola". Não foi possível conferir os topônimos indicados. A identificação das duas divisões com os "dois campos arrendados" mencionados por Menocchio doze anos antes não é segura, mesmo porque, referindo-se só à segunda divisão, fala-se de maneira explícita em "terrenum *tentum*", quer dizer, presumivelmente, arrendado. Observe-se que numa estimativa de 1578 (ASP, *Notarile*, b. 40, n. 332, ff. 115r s.) o nome de Domenico Scandella não aparece, enquanto o de um certo Bernardo Scandella (não sabemos se eram parentes; o pai de Menocchio chamava-se Giovanni) é mencionado mais de uma vez. O sobrenome Scandella, é bom dizer, ainda hoje é muito comum em Montereale.

Aluguel (*provavelmente em espécie*): v. A. Tagliaferri, *Struttura e política sociale in una comunità veneta del '500* (*Udine*) (Milão, 1969), p. 78 (aluguel de um moinho com moradia, em Udine: em 1571, por exemplo, eleva-se para 61 alqueires de trigo mais dois presuntos). V. também o contrato de aluguel de um novo moinho estipulado por Menocchio em 1596 (v. cap. 48).

Desterrado em Arba: v. ACAU, proc. n. 126, interrogatório de 28 de abril de 1584 (folhas não numeradas).

Quando sua filha Giovanna... : v. ASP, *Notarile*, b. 488, n. 3786, ff. 27r-27v, jan. 1600. O marido chamava-se Daniele Colussi. Para uma comparação com outros dotes, v. ibid., b. 40, n. 331, ff. 2v ss.: 390 liras e dez soldos; ibid., ff. 9r ss.: 340 liras aproximadamente; ibid., b. 488, n. 3786, ff. 11r-v: trezentas liras; ibid., ff. 20v-21v: 247 liras e dois soldos; ibid., ff. 23v-24r: 182 liras e quinze soldos. A insignificância do último dote se explica por se tratar de segundas núpcias da esposa, Maddalena Gastaldione de Grizzo. Infelizmente não temos indicações sobre a posição social ou a profissão dos indivíduos citados nos contratos. O dote de Giovanna Scandella consistia nos seguintes itens:

	L.	s.
Uma cama com colchão de palha novo e um par de lençóis usados com fronha, travesseiros e almofadas novos, com a promessa de Stefano de comprar uma colcha nova	69	4
Uma camisa nova	5	10
Um xale bordado com pregas	4	—
Um vestido cinza	11	—
Tecido rústico com aplicação em tecido avermelhado	12	—
Tecido rústico semelhante ao precedente	12	—
Um vestido cinza de tecido rústico	10	—
Pano rústico branco, com listas de fustão branco e franjas	12	10
Uma camiseta de meia-lã	8	10
Um par de mangas de tecido cor de laranja com cordões de seda	4	10
Um par de mangas de tecido cor prateada	1	10
Um par de mangas de tecido pesado, forradas	1	—
Três lençóis novos de linho rústico	15	—

Um lençol leve usado	5	—
Três camisolas novas	6	—
Seis xales	4	—
Quatro xales	6	—
Três lenços novos	4	10
Quatro lenços usados	3	—
Um avental bordado	4	—
Três xales	5	10
Um xale de tecido pesado	1	10
Um avental velho, um xale e um xale pesado	3	—
Um lenço de cabeça novo, bordado	3	10
Cinco lenços	6	—
Uma mantilha de cabeça usada	3	—
Duas toucas novas	1	10
Cinco camisas novas	15	—
Três camisetas usadas	6	—
Nove cordões de seda de todas as cores	4	10
Quatro cintos de várias cores	2	—
Um avental novo de tecido grosso	—	15
Um baú sem fechadura	5	—
	256	9

Não pude consultar L. d'Orlandi e G. Perusini, *Antichi costumi friulani — Zona di Maniago*, Udine, 1940.

p. 32 *A posição de Menocchio...* : deverão ser levadas em conta as observações feitas sobre o campo da região de Lucca, por M. Berengo (*Nobili e mercanti nella Lucca del Cinquecento* [Turim, 1965]) — nas prefeituras menores "qualquer distinção social efetiva é eliminada, já que todos retiram seus proventos da exploração de terras coletivas. E embora aqui como em tantas outras partes se continuará a falar de ricos e pobres [...] sempre se poderá oportunamente definir qualquer um como roceiro ou até mesmo como camponês"; caso à parte são os moleiros, "presentes em todos os centros de certa importância [...], frequentemente credores da prefeitura e de particulares, não participando do cultivo da terra, mais ricos que os outros homens" (ibid., p. 322 e p. 327). Sobre a figura social do moleiro, v. pp. 219-22.

Em 1581... (podestà) magistrado: v. ASP, *Notarile*, b. 40, n. 333, f. 89v: intimação feita por Andrea Cossio, nobre udinese, "potestati, iuratis, communi, hominibus Montisregalis" para que lhe fossem pagos os aluguéis referentes a certas terras. Em 1º de junho a intimação é entregue a "Dominico Scandellae vocato Menocchio de Monteregali ... potestati ipsius villae". Numa carta de Ziannuto, filho de Menocchio (v. caps. 4 e 5), declara-se que Menocchio fora "magistrado e reitor de cinco vilas" (sobre esses nomes v. *Leggi per la Patria e Contadinanza del Friuli* [Udine, 1686], Introdução, f. dr) e *cameraro* da paróquia.

O velho sistema de rotação de cargo: v. G. Perusini, "Gli statuti di una vicinia rurale friulana del Cinquecento", in *Memorie storiche forogiuliesi* (1958-59), XLIII: 213-9. A *vicinia*, isto é, a assembleia dos chefes de família, à qual se refere é a de uma aldeia minúscula próxima de Tricesimo, Bueris; os chefes de família que a formavam em 1578 eram seis.

Ler... : v. ACAU, *Sant'Uffizio*, proc. n. 126, f. 15v.

Os administradores... : v. G. Marchetti, "I quaderni dei camerari di s. Michele a Gemona", in *Ce fastu?* (1962), 38:11-38. Marchetti observa (p. 13) que os *camerari* não pertenciam ao clero nem estavam entre escrivães, isto é, não pertenciam ao grupo dos "letrados"; eram, em geral "burgueses ou populares que tinham frequentado a escola pública da Prefeitura"; e cita o caso, provavelmente excepcional, de um marceneiro analfabeto que fora *cameraro* em 1489 (p. 14).

Escolas desse tipo... : v. G. Chiuppani, "Storia di una scuola di grammatica dal Medio Evo fino ai Seicento (Bassano)", in *Nuovo archivio veneto* (1915), XXIX:79. O humanista Leonardo Fosco, que era natural de Montereale, parece ter ensinado em Aviano: v. F. Fattorello, "La cultura dei Friuli nel Rinascimento", in *Atti dell'Accademia di Udine*, 6ª série (1934-35), I:160. Essa informação, entretanto, não aparece no perfil biográfico de Fosco traçado por A. Benedetti, in *Il Popolo*, semanário da diocese de Concórdia-Pordenone, 8 de junho de 1974. Uma pesquisa sobre as escolas da prefeitura desse período seria muito útil. Muitas vezes existiam em localidades mínimas: v., por exemplo, A. Rustici, "Una scuola rurale della fine del secolo XVI", in *La Romagna*, n. s. (1927), I:334-8. Sobre a difusão dos estudos nos campos de Lucca, v. Berengo, *Nobili e mercanti*, op. cit., p. 322.

Denunciado... : v. ACAU, proc. n. 126, folha não numerada: "fama publica deferente et clamorosa insinuatione producente, non quidem a malevolis orta sed a probis et honestis viris catolicaeque fidei zelatoribus, ac fere per modum notorii devenerit quod quidam Dominicus Scandella..." (Por pressão da opinião pública e diante da apresentação de apelos insistentes, não dos malévolos, mas de pessoas probas e honestas e partidários zelosos da fé católica e quase em forma de denúncia aconteceu que um certo Domenico Scandella..., é a forma usual).

Discute sempre... : ibid., f. 2r.

Costuma discutir... : ibid., f. 10r.

Ele conhecia... : ibid., f. 2r.

O pároco... a Concórdia... : ibid., ff. 13v, 12r.

p. 33 *Na praça, na taverna...* : ibid., ff. 6v, 7v, folha não numerada (depoimento de Domenico Melchiori), f. 11r etc.

Geralmente... : ibid., f. 8r.

2

Menocchio, pelo amor... : ibid., f. 10r.

Giuliano Stefanut... : ibid., f. 8r.

O padre Andrea Bionima... : ibid., f. 11v.

Giovanni Povoledo... : ibid., f. 5r. Como é sabido, nesse período o termo luterano tinha um sentido muito genérico na Itália.

Uns havia trinta, quarenta anos... : ibid., f. 4 v (Giovanni Povoledo); f. 6v (Giovanni Antonio Melchiori, que não deve ser confundido com Giovanni Daniele Melchiori, vigário de Polcenigo); f. 2v (Francesco Fasseta).

Daniele Fasseta... : ibid., f. 3r.

p. 34 *Muitos anos*: ibid., f. 13r (Antonio Fasseta); f. 5v (Giovanni Povoledo, que disse num primeiro momento conhecer Menocchio havia quarenta anos e, em seguida, havia 25 ou trinta). A única lembrança que pode ser datada com precisão é a que segue, de Antonio Fasseta (f. 13r): "Voltando certa vez da montanha com Menocchio ao mesmo tempo que a imperatriz passava, falando sobre ela, disse: 'Esta imperatriz é mais poderosa que a Virgem Maria'. Ora, a imperatriz Maria da Áustria esteve no Friuli em 1581 (v. G. F. Palladio degli Olivi, *Historie della Provincia del Friuli* (Udine, 1660), II: 208).

As pessoas repetiam... : v. ACAU, proc. n. 126, f. 6r etc.

Eu o vejo conversando... : ibid., proc. n. 285, depoimento do padre Curzio Cellina, 17 de dezembro de 1598, folha não numerada.

Já fazia quatro anos que Menocchio... : ibid., proc. n. 126, f. 18v.

Não posso me lembrar... : ibid., f. 14r.

Fora o próprio Vorai: ele mesmo lembrou o Santo Ofício disso quando depôs em 1ª de junho de 1584 (v. ibid., proc. n. 136), lamentando-se de não tê-lo feito antes.

Por um outro padre, dom Ottavio... : ibid., proc. n. 284, folha não numerada (depoimento de 11 de novembro de 1598).

p. 35 *Que papa ...* : ibid., proc. n. 126, f. 10r.

Deve... se contrapor... : v. um caso análogo friulano citado por G. Miccoli, "La storia religiosa", in *Storia d'Italia* (Turim, 1974), v. II, t. I: 994.

Desmesuradamente: v. ACAU, proc. n. 126, f. 10r.

Cada um faz o seu dever... : ibid., f. 7v.

O ar é Deus... : v. ACAU, proc. n. 126, f. 3r (Daniele Fasseta); f. 8r (Giuliano Stefanut); f. 2r (Francesco Fasseta); f. 5r (Giovanni Povoledo); f. 3v (Daniele Fasseta).

Está sempre discutindo... : ibid., f. 11v (padre Andrea Bionima).

Giovanni Daniele Melchiori: ibid., proc. n. 134, depoimento de 7 de maio de 1584. Sobre o processo ocorrido anteriormente contra Melchiori, sobre suas relações com Menocchio, v. cap. 37. Tanto Melchiori como Policreto foram processados pelo Santo Ofício (respectivamente em março e em maio de 1584) sob a acusação de terem tentado influenciar com suas sugestões a causa contra Menocchio: v. ACAU, proc. n. 134 e proc. n. 137. Ambos se declararam inocentes. Foi imposto a Melchiori que se mantivesse à disposição do tribunal e o caso acabou aí; a Policreto foi imposta uma punição canônica. A favor de Policreto testemunharam o magistrado de Pordenone, Gerolamo de' Gregori, personagens da nobreza local, como Gerolamo Popaiti. Existem evidências de que Policreto fosse ligado à família Mantica-Montereale, à qual pertenciam também os senhores de Montereale: em 1583 foi nomeado árbitro (sucedendo na função o pai, Antonio) numa briga entre Giacomo e Giovan Battista Mantica, de um lado, e Antonio Mantica, do outro (v. BCU, ms. n. 1042).

p. 36 *Levassem algemado*: v. ACAU, proc. n. 126, f. 15v.

3

É verdade que: ibid., ff. 16r-v.
Eu dizia... : ibid., ff. 17v-r.
p. 37 *Pudesse ter dito qualquer coisa do gênero*: ibid., f. 6r (Giovanni Povoledo).

4

Falando sério: ibid., ff. 2v-3r. As manifestações de heterodoxia religiosa vindas de pessoas incultas eram frequentemente consideradas manifestações de loucura: v., por exemplo, Miccoli, *La vita religiosa*, op. cit., pp. 994-5.
Dentro de sua razão: v. ACAU, proc. n. 126, f. 6v.
Ziannuto... : ibid., proc. n. 136, depoimento de 14 de maio de 1584, folhas não numeradas.
p. 38 *Cem, 150 anos depois...* : v. Foucault, *Folie et déraison*, op. cit., pp. 121-2 (caso de Bonaventure Forcroy), p. 469 (em 1733, um homem esteve trancado como louco no hospital de Saint-Lazare, acometido de "sentiments extraordinaires").

5

A carta de Ziannuto ao advogado Trappola e a que foi escrita pelo pároco, aceitando sugestão de Ziannuto, fazem parte do fascículo do primeiro processo contra Menocchio (ACAU, proc. n. 126). As versões (previsivelmente diversas, mas não contraditórias) fornecidas por Ziannuto e pelo pároco das circunstâncias sob as quais a carta foi escrita pertencem, por sua vez, ao processo contra o próprio pároco (proc. n. 136). Os crimes atribuídos a Vorai, além de ter escrito a Menocchio, sugerindo-lhe uma linha de defesa, foram: ter esperado dez anos para denunciar Menocchio ao Santo Ofício, apesar de considerá-lo herético; ter afirmado, em conversa com Nicolò e Sebastiano, condes de Montereale, que a igreja militante, mesmo sendo governada pelo Espírito Santo, pode errar. O processo — muito breve — foi concluído com a purgação canônica do réu. No interrogatório de 19 de maio de 1584, o pároco declarara, entre outras coisas: "Eu decidi escrever a carta temendo pela minha vida. Os filhos do Scandella, quando passavam por mim, se mostravam alterados, não me cumprimentavam mais como de costume, e até fui avisado por amigos de que deveria tomar cuidado, porque se comentava que fora eu quem denunciara o anteriormente citado Domenego e poderiam fazer alguma coisa contra mim..." . Entre os que ha-

211

viam acusado Vorai de delação estava Sebastiano Sebenico, o mesmo que aconselhara Ziannuto a espalhar pela cidade que Menocchio era louco ou possesso (v. cap. 4).

p. 39 *Atribuiu-as a Domenego Femenussa*: a atribuição parece ter sido sugerida por Ziannuto: v. n. 126, f. 38v.

Senhor... : ibid., f. 19r.

Consta no processo: ibid.

Segundo Giuliano Stefanut: ibid., f. 8r.

Eu disse... : ibid., f. 19r.

Tente falar pouco ... : ibid., proc. r. 134, depoimento de 7 de maio de 1584.

p. 40 *Frei Felice da Montefalco*: v. Ginzburg, *I benandanti*, op. cit., Índice.

O conflito entre os dois poderes... : v. P. Paschini, *Venezia e l'Inquisizione Romana da Giulio III a Pio IV* (Pádua, 1959), p. 51 ss.; A. Stella, *Chiesa e Stato nelle relazioni dei nunzi pontifici a Venezia* (Cidade do Vaticano, 1964), principalmente pp. 290-1.

Disse para mim... : v. ACAU, proc. n. 126, f. 3r.

Domenego disse... : ibid., f. 4r.

É verdade, eu disse... : ibid., f. 27v.

6

p. 41 *Na minha opinião...* : ibid., ff. 27v-28v.

p. 42 *Querem passar por deuses na terra*: v. Salmos, LXXXI: 6.

Sobre o casamento... : aqui Menocchio manifesta toda a sua insatisfação quanto à regulamentação dos matrimônios introduzida pelo concílio de Trento: v. A. C. Jemolo, "Riforma tridentina nell'ambito matrimoniale", in *Contributi alla storia del Concilio di Trento e della Controriforma* (1948), I: 45 ss. (Quaderni di Belfagor).

Geralmente se referia à confissão... : v. ACAU, proc. n. 126, f. 11v.

Se esta árvore... : ibid., f. 38r.

p. 43 *Pela Virgem Maria*: ibid., f. 6v.

Não vejo ali nada mais: ibid., f. 11v.

Eu disse... : ibid., f. 18r.

O bom do sacramento ... : ibid., ff. 28r-v.

p. 44 *Acho que a Sagrada Escritura...* : ibid., ff. 28v-29r.

Ele me disse também... : v. ibid., f. 2v.

Eu acho que os santos... : v. ibid., f. 29r.

Ele ajudou... : v. ibid., f. 33r (me corrigindo, é "Cristo" e não "Deus").

p. 45 *Da mesma natureza...* : v. ibid., f. 17v.

Se alguém tem pecados... : v. ibid., f. 33r.

Falaria tanto... : v. ibid., f. 4r.

Nunca discuti... : v. ibid., ff. 26v-27r.

Falar muito... : v. ibid., f. 3r.

212

Senhores, eu vos peço... : v. ibid., ff. 29v-30r.
Na sessão anterior... : v. ibid., f. 30r.

7

p. 46 Sobre o Friuli deste período, além de P. Paschini, *Storia del Friuli* (Udine, 1954), II, que trata só dos acontecimentos políticos, v. principalmente os numerosos estudos de P. S. Leicht: "Un programma di parte democratica in Friuli nel Cinquecento", in *Studi e frammenti* (Udine, 1903), pp. 107-21; "La rappresentanza dei contadini presso il veneto Luogotenente della Patria del Friuli", ibid., pp. 125-44; "Un movimento agrario nel Cinquecento", in *Scritti vari di storia del diritto italiano* (Milão, 1943), I: 73-91; "Il parlamento friulano nel primo secolo della dominazione veneziana", in *Rivista di storia del diritto italiano* (1948), XXI: 5-50; "I contadini ed i Parlamenti dell'età intermedia", in *IXᵉ Congrès International des Sciences Historiques... Études présentées à la Commission Internationale pour l'histoire des assemblées d'états* (Louvain, 1952), pp. 125-8. Entre os trabalhos mais recentes, v. em primeiro lugar A. Ventura, *Nobiltà e popolo nella società veneta del '400 e '500* (Bari, 1964), principalmente pp. 187-214; v. também A. Tagliaferri, *Struttura*, op. cit.

Servidão de mesnada: v. A. Battistella, "La servitú di masnada in Friuli", in *Nuovo archivio veneto*, XI (1906), parte II, pp. 5-62; XII (1906), parte I, pp. 169-91, parte I, pp. 320-31; XIII (1907), parte I pp. 171-84, parte II, pp. 142-57; XIV (1907), parte I, pp. 193-208; XV (1908), pp. 225-37. Os últimos vestígios de tal instituição desapareceram por volta de 1460, mas nos estatutos friulanos do século seguinte continuavam a aparecer sentenças do tipo *De nato ex libero ventre pro libero reputando* (com a declaração correspondente "Quicumque vero natus ex muliere serva conseatrer et sit servus cuius est mulier ex qua natus est, etiam si pater eius sit liber") ou *De servo communi manumissio*. V. também G. Sassoli de Bianchi, "La scomparsa dela servitú di masnada in Friuli", in *Ce fastu?* (1956), 32: 145-50.

Nas mãos dos lugares-tenentes venezianos: v. *Relazioni dei rettori veneti in Terraferma*, I: *La Patria del Friuli (luogotenenza di Udine)* (Milão, 1973). (V. sobre essa edição a resenha de M. Berengo, in *Rivista storica italiana* [1974], LXXXVI: 586-90.)

Era 1508... : v. G. Perusini, *Vita di popolo in Friuli: Patti agrari e consuetudini tradizionali* (Florença, 1961), pp. XXI-XXII (Biblioteca di "Lares", VIII).

Sobre os acontecimentos de 1511, v. Leicht, "Un movimento agrario", op. cit., e Ventura, *Nobiltà e popolo*, op. cit.

Sobre a *Contadinanza*, v. o mesmo Leicht, "La rappresentanza dei contadini", op. cit. Sente-se a falta de um estudo moderno sobre o assunto.

Os estatutos da Patria... : v. *Constitutiones Patrie Foriulii cum additionibus noviter impresse* (Veneza, 1524), ff. LXV, LXVIIIV. Os mesmos artigos reaparecem na edição de 1565.

213

p. 48 *Caía... a ficção jurídica...* : v. Leicht, "I contadini ed i Parlamenti", op. cit., que destaca a excepcionalidade do caso friulano: em nenhuma outra parte da Europa, realmente, a representação dos camponeses é colocada lado a lado com o Parlamento ou Assembleia dos Estados.

A lista das providências... : v. *Leggi per la Patria*, op. cit., p. 638 ss., 642 ss., 207 ss.

p. 49 *Tentou transformar as taxas...* : v. Perusini, *Vita di popolo*, op. cit., p. XXVI, e em geral Giorgetti, *Contadini e proprietari*, op. cit., p. 97 ss.

A população total... diminuiu: v. Tagliaferri, *Struttura*, op. cit., p. 25 ss. (com bibliografia).

Os relatórios dos lugares-tenentes: v. Relazioni, op. cit., pp. 84, 108, 115.

p. 50 *A decadência de Veneza*: v. *Aspetti e cause della decadenza economica veneziana nel secolo XVII* (Veneza-Roma, 1961); *Crisis and Change in the Venetian Economy in the Sixteenth and Seventeenth Centuries*, org. B. Pullan (Londres, 1968).

8

Uma imagem claramente dicotômica: v. o belo livro de S. Ossowski, *Struttura di classe e coscienza sociale*, trad. ital. (Turim, 1966), principalmente p. 23 ss.

E me parece que... : v. ACAU, proc. n. 126, ff. 27v-28r.

Tudo pertence à Igreja... : v. ibid., f. 27 v.

p. 51 *Um censo feito em 1596...* : v. ASP, *Notarile*, b. 488, n. 385, ff. 17r ss., principalmente f. 19v. Infelizmente, não temos um inventário dos bens eclesiásticos existentes no Friuli do período, como o extremamente analítico redigido em 1530 por ordem do lugar-tenente Giovanni Basadona (v. BCU, ms. 995). Nas ff. 62v-64v há uma lista dos inquilinos da igreja de Santa Maria de Montereale, e não aparece entre eles o nome de Scandella.

No final do século XVI... a extensão das propriedades eclesiásticas...: v. A. Stella, "La proprietà ecclesiastica nella Repubblica di Venezia dal secolo XV al XVII", in *Nuova rivista storica* (1958), XLII: 50-77; A. Ventura, "Considerazioni sull'agricoltura veneta e sull'accumulazione originaria del capitale nei secoli XVI e XVII", in *Studi storici* (1968), IX: 674-722, e, em geral, o importante ensaio de Chittolini, "Un problema aperto", op. cit., p. 353-93.

9

p. 52 *Eu acredito que seja luterano...* : v. ACAU, proc. n. 126, f. 27r. Sobre a questão do compadre de Menocchio que se ofereceu como fiador, v. cap. 50.

Os luteranos... : v. ibid., proc. n. 285, folhas não numeradas.

p. 53 *No complexo quadro religioso...* : a bibliografia é obviamente extensa. Sobre as tendências radicais em geral, v. G. H. Williams, *The Radical Reformation* (Filadélfia, 1962). Sobre o anabatismo, v. C.-P. Clasen, *Anabaptism, A Social History (1525-1618): Switzerland, Austria, Moravia, South and Central Germany*

(Ithaca-Londres, 1972). Para a Itália, ver a rica documentação levantada por A. Stella, *Dall'Anabattismo al socinianesimo nel Cinquecento veneto* (Pádua, 1967), e id., *Anabattismo e antitrinitarismo in Italia nel XVI secolo* (Pádua, 1969).

Acho que, quando nascemos,... : v. ACAU, proc. n. 126, f. 28v.

Desmantelado na segunda metade do século XVI... : v. Stella, *Dall'Anabattismo*, op. cit., p. 87 ss.; *Anabattismo e antitrinitarismo*, op. cit., p. 64 ss. E v. também C. Ginzburg, *I costituti di don Pietro Manelfi* (Florença-Chicago, 1970) (Biblioteca do "Corpus Reformatorum Italicorum").

Porém alguns grupos secretos dispersos... : sobre a situação religiosa do Friuli no século XVI, v. P. Paschini, "Eresia e Riforma cattolica al confine orientale d'Italia", in *Lateranum*, n. s., XVII, n. 1-4 (Roma, 1951); L. de Biasio, "L'eresia protestante in Friuli nella seconda metà del secolo XVI", in *Memorie storiche Forogiuliesi* (1972), LII: 71-154. Sobre os artesãos de Porcia, v. Stella, *Anabattismo e antitrinitarismo*, op. cit., pp. 153-4.

p. 54 *Um anabatista... nunca teria dito...* : v., por exemplo, o que escrevia, em 1552, Marco (tingidor de tecidos), um anabatista arrependido: "E me ensinaram [os anabatistas] que não se deve acreditar no perdão dado pelo papa porque dizem que é falso..." (ASVen, *Sant'Uffizio*, b. 10).

Acredito que sejam boas... : v. ACAU, proc. n. 126, f. 29r.

De maneira que não existe nada mais... : v. Stella, *Anabattismo e antitrinitarismo*, op. cit., p. 154. V. também o que disse o vendedor de roupa velha de Bérgamo, Ventura Bonicello, processado como anabatista: "Qualquer outro livro, além da Sagrada Escritura, eu abomino" (ASVen, *Sant'Uffizio*, b. 158, "livro dois", f. 81r).

p. 55 *Um diálogo significativo*: v. ACAU, proc. n. 126, ff. 37v-38r.

Carregador... : v. Andrea da Bergamo (P. Nelli), *Il primo libro delle satire alla carlona* (Veneza, 1566), f. 31r.

Artesãos de couro de Nápoles... : v. Tacchi Venturi, *Storia della Compagnia di Gesú in Italia* (Roma, 1938), I:455-6.

Nas súplicas de uma prostituta... : v. F. Chabod, "Per la storia religiosa dello stato di Milano", in id., *Lo stato e la vira religiosa a Milano nell'epoca di Carlo V* (Turim, 1971), pp. 335-6.

Dizem respeito todos, ou quase... : testemunhos como o que segue, inserido numa carta do embaixador veneziano em Roma, M. Dandolo (14 de junho de 1550), são muito raros: "Alguns frades inquisidores [...] que contam coisas importantes de Brescia e mais ainda de Bérgamo, falam de artesãos que vão festejar pelas ruas, sobem nas àrvores pregando a seita luterana ao povo e aos camponeses... " (v. Paschini, *Venezia*, op. cit., p. 42).

p. 56 *A conquista religiosa do campo...* : retomo aqui um tema por mim apenas sugerido num ensaio precedente ("Folklore, magia, religione", in *Storia d'Italia* (Turim, 1972), I:645 ss., 656 ss.), que espero desenvolver futuramente.

Isso não quer dizer... : o que segue é uma tentativa de precisar e, em parte, corrigir o que escrevi in "Folklore", op. cit., p. 645.

Um ramo autônomo de radicalismo camponês: embora desconfie das contendas terminológicas, considero oportuno explicar por que preferi essa expressão a *racionalismo popular*, *Reforma popular*, *anabatismo*. 1. A expressão *racionalismo popular* foi usada por Berengo (*Nobili e mercanti*, op. cit., p. 435 ss.) para definir fenômenos substancialmente coincidentes com os que estão sendo estudados aqui. Entretanto, parece pouco apropriada a certas atitudes que só parcialmente são recobertas pelo nosso conceito de *razão* — começando pelas visões de Scolio (v. cap. 58). 2. O radicalismo camponês que tento reconstruir é certamente um dos componentes fundamentais da "Reforma popular" traçada por Macek ("movimentos *autônomos* que acompanham a história europeia do século XV e XVI e que podem ser entendidos como uma Reforma popular ou radical": J. Macek, *La Riforma popolare* (Florença, 1973), p. 2; o grifo é meu). Mas é preciso lembrar que tal fenômeno é anterior ao século XV (v. nota seguinte) e que não pode ser reduzido a um correspondente popular da reforma oficial. 3. O termo *anabatismo* como etiqueta generalizável a todos os fenômenos de radicalismo religioso do século XVI foi proposto por Cantimori (*Eretici italiani del Cinquecento* [Florença, 1939], p. 31 ss.), que em seguida o abandonou, aceitando as críticas de Ritter. Mais recentemente, foi reproposto por Rotondò para designar "a mistura de profetismo, radicalismo anticlerical, antitrinitarismo e igualitarismo social [...] difundida entre escrivães, médicos, professores de gramática, entre monges e mercadores, artesãos das cidades e homens dos campos italianos da era quinhentista" (v. "I movimenti ereticali nell' Europa del Cinquecento", in *Rivista storica italiana* [1966], LXXVIII: 138-9). Essa generalização parece-me inoportuna, porque nos leva a subestimar as profundas diferenças que existiam entre religião popular e religião culta, entre radicalismo do campo e radicalismo da cidade. É evidente que "tipologias" e "sensibilidades" nebulosas como as citadas por A. Olivieri ("Sensibilità religiosa urbana e sensibilità religiosa contadina nel Cinquecento veneto: suggestioni e problemi", in *Critica storica*, n. s. [1972], IX: 631-50) não ajudam muito, mesmo porque recobrem, com o termo *anabatismo*, fenômenos absolutamente estranhos a este — inclusive as procissões em honra de Nossa Senhora. A tarefa das pesquisas é, isto sim, reconstruir os nexos, ainda obscuros, entre os vários componentes da "reforma popular", dando, sobretudo, o peso justo ao substrato religioso e cultural vindo do campo, não só italiano, mas também europeu, do século XVI — o mesmo substrato que transparece nas confissões de Menocchio. Tentando defini-lo, falei de "radicalismo camponês", pensando não tanto na *Radical Reformation*, de Williams (sobre o mesmo, v. as observações de Macek), e sim na frase de Marx, que diz que o radicalismo "toma as coisas pela raiz" — uma imagem que, além de tudo, se adapta de maneira perfeita ao contexto.

Muito mais antigo do que a Reforma: v. o denso ensaio de W. L. Wakefield, "Some Unorthodox Popular Ideas of the Thirteenth Century", in *Medievalia et humanistica*, n. s. n. 4 (1973), pp. 25-35, baseado em documentos inquisitoriais da área de Toulouse, nos quais se faz alusão a "statements often tinged with rationalism, skepticism, and revealing something of a materialistic attitude. There are assertions about a terrestrial paradise for souls after death and about the salvation of unbaptized children; the denial that God made human faculties; the derisory quip about the consumption of the host; the identification of the soul as blood; and the attribution of natural growth to the qualities of seed and soil alone" (pp. 29-30). Essas afirmações são convincentemente devidas a um ramo de ideias e crenças autônomas e não à influência direta da propaganda cátara. (O catarismo pode ter contribuído para torná-las visíveis, direta ou indiretamente, dando início às investigações inquisitoriais.) É significativo, por exemplo, que a tese atribuída a um escrivão cátaro dos fins do século XIV, "quod Deus de celo non facit crescere fructus, fruges et herbas et alia, quae de terra nascuntur, sed solummodo humor terre" (porque não é Deus que do céu faz crescer os frutos, os cereais e as plantas e as outras coisas que nascem da terra, mas é tão somente a umidade do solo), tivesse sido quase exatamente reproduzida por um camponês friulano, três séculos depois: "As bênçãos dos sacerdotes sobre os campos e a água benta que espalham sobre os campos no dia da Epifania não ajudam de modo algum as vinhas e as árvores para que produzam mais, mas só o estrume e o esforço do homem". (V. respectivamente A. Serena, "Fra gli eretici trevigiani", in *Archivio venero-tridentino* (1923), III: 173, e Ginzburg, *I benandanti*, op. cit., pp. 38-9, a ser corrigido no sentido acima citado.) Obviamente, o catarismo não tem nada a ver com isso. Trata-se, isto sim, de afirmações que "may well have arisen spontaneously from the cogitation of men and women searching for explanations that accorded with the realities of the life in which they were enmeshed" (Wakefield, "Some Unorthodox", op. cit., p. 33). Exemplos análogos poderiam ser facilmente encontráveis. É a essa tradição cultural — que vem à luz depois de séculos — que me refiro com a expressão *radicalismo camponês* (ou *popular*). Aos componentes levantados por Wakefield — racionalismo, ceticismo, materialismo — é preciso acrescentar o utopismo de fundo igualitário e o naturalismo religioso. A combinação de todos ou quase todos esses elementos faz com que surjam recorrentes fenômenos de "sincretismo" camponês — que seriam mais bem definidos como fenômenos do substrato: v., por exemplo, o material arqueológico recolhido por J. Bordenave e M. Vialelle, *Aux racines du mouvement cathare: La mentalité religieuse des paysans de l'Albigeois medieval* (Toulouse, 1973).

10

p. 57 *Falara sério*: v. ACAU, proc. n. 126, ff. 2v-3r.

Senhor... : ibid., f. 21v.

Dom Ottavio Montereale... : ibid., proc. n. 285, folhas não numeradas (11 de novembro de 1598).

Aparecera no primeiro processo: ibid., proc. n. 126, f. 23v. Nos estudos que conheço sobre a pintura friulana do século XVI, não é mencionado nenhum Nicola da Porcia. Antonio Forniz, que fez uma série de pesquisas sobre pintores friulanos, gentilmente me informou — em carta de 5 de junho de 1972 — não ter encontrado nada que se referisse a "Nicola da Porcia" ou "Nicola de Melchiori" (v. acima). Deve-se considerar que o encontro entre o pintor e o moleiro poderia ter se dado por questões profissionais, além das religiosas. Nos registros de patentes venezianas, é comum encontrar pintores, escultores, arquitetos que pedem exclusividade para a construção de moinhos. Às vezes aparecem nomes famosos como o do escultor Antonio Riccio e do arquiteto Giorgio Amadeo, ou de Jacopo Bassano, que obtiveram do Senado, respectivamente, em 1492 (os dois primeiros) e em 1544 (o terceiro) a exclusividade para construir alguns moinhos: v. G. Mandich, "Le privative industriali veneziane (1450-1550)", in *Rivista del diritto commerciale* (1936), XXXIV: 1, 538, 545; e v. também p. 541. Para o período posterior, pude encontrar casos análogos através de fotocópias de documentos in ASVen, *Senato Terra*, graças à gentileza de Carlo Poni, que as cedeu.

p. 58 *Menocchio... deve ter falado...* : v. ACAU, proc. n. 285, folhas não numeradas (depoimento de 19 de julho de 1599).

Algumas semanas depois... : v. ibid., folhas não numeradas (depoimento de 5 de agosto).

Não sabemos... : no processo contra o grupo de Porcia (v. ASVen, *Sant'Uffizio*, b. 13 e b. 14, fasc. *Antonio Deloio*), não aparece o nome Nicola.

Um grande herético: v. ASVen, *Sant'Uffizio*, b. 34, fasc. *Alessandro Mantica*, depoimento de 17 de outubro de 1571. Nicola havia estado na casa de Rosario, "retirando alguns encostos de cadeiras para pintá-los".

Eu sei... : v. ACAU, *Sant'Uffizio*, proc. n. 126, f. 23v.

p. 59 *Il sogno dil Caravia*: Colofon: "In Vinegia, nelle case di Giovanni Antonio di Nicolini da Sabbio, negli anni del Signore, MDXLI, dil mese di maggio". Ainda não foi feito um estudo específico desse texto: v. de V. Rossi, "Un aneddoto della storia della Riforma a Venezia", in *Scritti di critica letteraria*, III: *Dal Rinascimento al Risorgimento* (Florença, 1930), pp. 191-222, e a Introdução às *Novelle dell-altro mondo: Poemetto buffonesco del 1513* (Bolonha, 1929) (Nuova scelta di curiosità letterarie inedite o rare, v. 2), que iluminam de maneira exemplar a figura de Caravia e o veio literário ao qual de certa maneira o *Sogno* pertence. Sobre a viagem de bufões ou outras figuras cômicas populares ao inferno, v. Bakhtin, *L'oeuvre de François Rabelais*, op. cit., p. 393.

Assemelhai-vos... : v. *Il sogno*, op. cit., f. A IIIr. A iconografia do frontispício é a que se conhece para o "melancólico", mas não deixa dúvidas sobre seu parentesco com a xilogravura de Dürer, de ampla circulação nos ambientes venezianos. V. R. Klibansky, F. Saxl e E. Panofsky, *Saturn and Melancholy: Studies in the History of Natural Philosophy, Religion, and Art* (Londres, 1964).

Quão caro me seria... : v. *Il sogno*, op. cit., f. B IIv.

p. 60 *Creio que Farfarello...* : ibid., ff. Gv—G IIr.

Sgnieffi... : ibid., p. G IIIr.

Mostrando... : ibid., f. G IIv.

p. 61 *Certo Martinho...* : ibid., ff. F ɪvr-v (aqui e em seguida, os grifos são meus).

p. 62 *A prima causa...* : ibid., Bv.

Muito ignaro... : ibid., B. ɪɪɪv.

p. 63 *Mercado fazem...* : ibid., f. B ɪvr.

A implícita negação... : Zampolo não descreve o purgatório; a certa altura faz uma alusão ambígua às "penas do inferno lá embaixo, ou seja, o purgatório" (ibid., f. ɪɪr).

Propositalmente... : ibid., f. C ɪɪv.

Igrejas suntuosas: ibid., f. Er. Caravia insiste particularmente nesse ponto, protestando, entre outras coisas, contra a grandiosidade da construção da Escola de San Rocco.

Honrar os santos... : ibid., f. D ɪɪɪv.

p. 64 *Deve o cristão ...* : ibid., f. Er.

Papistas... : ibid., f. B ɪvv.

Para homens como Caravia... : sobre sua produção depois do *Sogno*, v. Rossi, *Un aneddoto*, op. cit. Em 1557, Caravia foi processado pela Inquisição. Durante o tal processo o *Sogno* entrou para a acusação por ter sido composto "em detrimento da religião" (v. ibid., p. 220; o testamento característico, datado de 1º de maio de 1563, está em parte reproduzido nas pp. 216-7).

Num período muito anterior... : é impossível saber quando teve início a heterodoxia de Menocchio. Note-se, porém, que ele afirmou não observar a quaresma havia vinte anos (ᴀᴄᴀᴜ, proc. n. 126, f. 27r) — data que quase coincide com a da ordem para que se afastasse de Montereale. Menocchio pode ter tido contatos com ambientes luteranos durante o período que esteve em Carnia — região de fronteira onde a penetração da Reforma foi particularmente importante.

11

p. 65 *Vocês querem que eu ensine...* : v. ibid., ff. 16r-v.

O que eu disse... : v. ibid., f. 19r.

O diabo... : v. ibid., f. 21v.

p. 66 *Dos profetas...* : v. Chabod, "Per la storia", op. cit., p. 299 ss.; D. Cantimori, *Eretici italiani del Cinquecento* (Florença, 1939), p. 10 ss.; M. Reeves, *The Influence of Prophecy in the Later Middle Ages: A Study in Joachimism* (Oxford, 1969), e G. Tognetti, "Note sul profetismo nel Rinascimento e la letteratura relativa", in *Bulletino dell'Istituto storico italiano per il Medio Evo* (1970), 82: 129-57. Sobre Giorgio Siculo, v. Cantimori, *Eretici*, op. cit., p. 57 ss.; C. Ginzburg, "Due note sul profetismo cinquecentesco", in *Rivista storica italiana* (1966), ʟxxvɪɪɪ: 184 ss.

Tendo por várias vezes... : v. ᴀᴄᴀᴜ, proc. n. J26, f. 16r.

219

12

p. 67 *No momento da prisão...* : v. ibid., f. 14v, 2 de fevereiro de 1584; "inveni (quem está comentando é o escrivão) quosdam libros qui non erant suspecti neque prohibiti, ideo R. p. inquisitor mandavit sib restitui" (encontrei alguns livros que não eram suspeitos nem proibidos, por isso o R. p. inquisidor mandou que lhe fossem restituídos).

A Bíblia... : considerando a bibliografia organizada por G. Spini, não se trata da tradução de Brucioli (v. *La Bibliofilia* [1940], XLII: 138 ss.).

Il Fioretto della Bibbia: v. H. Suchier, *Denkmäler Provenzalischer Literatur und Sprache* (Halle, 1883), I: 495 ss.; P. Rohde, "Die Quellen der Romanische Weltchronick", ibid., pp. 589-638; F. Zambrini, *Le opere volgari a stampa dei secoli XIII e XIV* (Bolonha, 1884), cot. 408. Como já foi comentado, as edições são muito variadas: algumas chegam só até o nascimento de Cristo, outras até a infância ou a paixão. Aquelas com que tomei contato (mas não fiz uma pesquisa sistemática) vão de 1473 a 1552; quase todas são venezianas. Não sabemos quando exatamente Menocchio teria comprado o *Fioretto*. A obra continuou a circular por muito tempo: o Índex de 1569 inclui os *Flores Bibliorum et doctorum* (v. F. H. Reusch, *Die Indices librorum prohibitorum des sechszehnten Jahrhunderts* [Tübingen, 1886], p. 333). Em 1576 o comissário do Palácio Sagrado, frade Damiano Rubeo, respondeu às dúvidas do inquisidor de Bolonha, que lhe pedira para tirar de circulação os *Fioretti della Bibbia* (v. A. Rotondo, "Nuovi documenti per la storia del' 'Indice dei libri proibiti' (1552-1638)", in *Rinascimento* [1963], XIV: 157).

Il Lucidario: Menocchio, inicialmente, falou de *Lucidario della Madonna* e em seguida se corrigiu: "Não me lembro bem se o livro se chamava *Rosario* ou *Lucidario*, mas era impresso" (v. ACAU, proc. n. 126, ff. 18r, 20r). Conheço cerca de quinze edições do *Rosario* de Alberto da Castello, que vão de 1521 a 1573. Neste como em outros casos, não fiz uma pesquisa sistemática. Caso o livro lido por Menocchio tivesse sido o *Rosario* (como será explicado mais para a frente, a identificação não foi provada), restaria o *Lucidario* para ser explicado: seria por acaso uma lembrança inconsciente de algum *Lucidario*, de alguma forma derivado do de Honório d'Autun? (Sobre este assunto, v. Y. Lefèvre, *L'Elucidarium et les lucidaires* [Paris, 1954].)

Il Lucendario: no *lapsus* talvez se pudesse ver a interferência da leitura de algum *Lucidario* (v. acima). As edições da versão em língua vulgar da *Legenda aurea* são incontáveis. Menocchio poderia ter visto, por exemplo, um exemplar da que circulou em Veneza, em 1565.

Historia del Giudicio: v. *La poesia religiosa: I cantari agiografici e le rime di argomento sacro*, org. A. Cioni (Florença, 1963) (Biblioteca bibliografica italica, v. 30), p. 253 ss. O texto lido por Menocchio fazia parte do grupo no qual o *cantare* [poema popular da Itália do século XIV e XV (N. T.)] sobre a história do Juízo Final seguia um outro, menor, sobre a vinda do Anticristo ("A ti recorro, eterno Criador"). Sei da existência de quatro exemplares: três estão conservados

220

na Biblioteca Trivulziana de Milão (v. M. Sander, *Le livre à figures italien depuis 1467 jusqu'à 1530*, II [Milão, 1942], n. 3178, 3180, 3181); o quarto, na Biblioteca Universitária de Bolonha (*Opera nuova del giudicio generale, qual tratta della fine del mondo*), impresso em Bolonha por Alexandro Benacci, com permissão da Santíssima Inquisição, 1575; sobre esse exemplar, v. penúltima nota do cap. 14. Nas quatro edições aparece o trecho, parafraseado do Evangelho de Mateus, que foi lembrado por Menocchio (v. p. 84 ss.); entretanto, não consta das versões mais reduzidas conservadas pela Biblioteca Marciana de Veneza (v. A. Segarizzi, *Bibliografia delle stampe popolari italtane della R. Biblioteca Nazionale di S. Marco di Venexia*, I [Bérgamo, 1913], n. 134, 330).

Il cavallier... : existe ampla literatura sobre esta obra. V. a edição mais nova que eu conheço (*Mandeville's Travels*, ed. M. C. Seymour [Oxford, 1967]), assim como as interpretações contrastantes de M. H. Letts (*Sir John Mandeville: The Man and His Book* [Londres, 1949]) e de J. W. Bennett (*The Rediscovery of Sir John Mandeville* [Nova York, 1954], onde se tenta demonstrar, com argumentos pouco convincentes, que Mandeville existiu historicamente). *As viagens*, traduzidas em latim e, em seguida, em todas as línguas europeias, tiveram enorme difusão, tanto manuscritas como impressas. Só da versão italiana existem, no British Museum, vinte edições que vão de 1480 a 1567.

p. 68 *Zampollo*: sobre o *Sogno dil Caravia*, v. os estudos de V. Rossi citados acima.

Il Supplimento... : conheço umas quinze edições vernaculares da crônica do Foresti, surgidas entre 1488 e 1581. Sobre o autor, v. E. Pianetti, "Fra Iacopo Filippo Foresti e la sua opera nel quadro della cultura bergamasca", in *Bergomum* (1939), XXXIII: 100-9, 147-74; A. Azzoni, "I libri dei Foresti e la biblioteca conventuale di S. Agostino", ibid. (1959), LIII: 37-44; P. Lachat, "Une ambassade éthiopienne auprès de Clement V, à Avignon, en 1310", in *Annali del pontaficio museo missionario etnologico già ateranensi* (1967), XXI: 9, nota 2.

Lunario... : Sander (*Le livre à figures*, op. cit., II, n. 3936-43) enumera oito edições, surgidas entre 1509 e 1533.

Decameron: sobre o fato de Menocchio ter lido uma edição imune à censura contrarreformista, v. cap. 23. Sobre a censura, v. F. H. Reusch, *Der Index der verbotenen Bücher* (Bonn, 1882), I:389-91; Rotondò, "Nuovi documenti", op. cit., pp. 152-3; C. de Frede, "Tipografa, editori, librai italiani dei Cinquecento coinvolti in processa d'eresia", in *Rivista di storia della Chiesa in Italia* (1969), XXI--II: 41; P. Brown, "Aims and Methods of the Second *Rassettatura* of the Decameron", in *Studi secenteschi* (1967), VIII: 3-40. Sobre a questão em geral, v. A. Rotondò, "La censura ecclesiastica e la cultura", in *Storia d'Italia*, v. V, t. II (Turim, 1973), pp. 1399-492.

Alcorão: v. C. de Frede, *La prima traduzione italiana del Corano sullo sfondo dei rapporti tra Cristianità e Islam nel Cinquecento* (Nápoles, 1967).

13

O qual... comprei: v. ACAU, proc. n. 126, f. 20r.

O Supplementum: v. ACAU, proc. n. 285, folhas não numeradas (depoimento de 12 de julho de 1559).

Lucidario: v. ibid., proc. n. 126, ff. 18r, 20r.

O filho dela, Giorgio Capel: v. ibid., folhas não numeradas (28 de abril de 1584). p. 69 *Bíblia*: v. ibid., f. 21v.

Mandavilla: v. ibid., ff. 22r, 25v.

Sogno dil Caravia: v. ibid., f. 23v.

Nicola de Melchiori: v. ibid., proc. n. 285, folhas não numeradas (depoimento de 5 de agosto de 1599).

Menocchio... emprestara-o: v. ibid., proc. n. 126, folhas não numeradas (28 de abril de 1584).

Sabe-se que em Udine: v. A. Battistella, in Tagliaferri, *Struttura*, op. cit., p. 89.

Escolas de nível... : v. Chiuppani, "Storia di una scuola", op. cit. Sobre a questão, dada a escassez de estudos recentes, consultar o velho trabalho, sempre útil, de G. Manacorda, *Storia della scuola in Italia, I: Il Medioevo* (Milão-Palermo Nápoles, 1914).

Surpreende... que numa aldeia tão pequena: note-se, porém, que a história da alfabetização ainda se encontra nos seus primórdios. O rápido panorama geral traçado por C. Cipolla (*Literacy and Development in the West* [Londres, 1969]) já está superado. Entre os estudos mais recentes, v. L. Stone, "The Educational Revolution in England, 1560-1640", in *Past and Present* (jul. 1964), 28: 41-80; ibid., "Literacy and Education in England, 1640-1900", ibid. (fev. 1969), 42: 69-139; A. Wyczanski, "Alphabétisation et structure sociale en Pologne au XVIᵉ siècle", in *Annales: ESC* (1974), XXIX: 705-13; F. Furet e W. Sachs, "La croissance de l'alphabétisation en France — XVIIIᵉ-XIXᵉ siècle", ibid., pp. 714-37. Particularmente interessante para comparação com o caso que estamos estudando é o ensaio de Wyczanski. Pela análise de uma série de documentos fiscais da região de Cracóvia que dizem respeito ao biênio 1564-65, observa-se que 22% dos camponeses ali mencionados sabiam assinar o próprio nome. O autor adverte que a cifra deve ser julgada com cuidado por se referir a uma amostragem muito pequena (dezoito pessoas), além do que constituída por camponeses de razoável condição social, frequentemente ocupando cargos públicos na cidadezinha (era justamente o caso de Menocchio); entretanto, conclui que o "ensinamento de tipo elementar não era totalmente inexistente entre os camponeses" ("Alphabétisation", op. cit., p. 710); v. os resultados das pesquisas de B. Bonnin ("Le livre et les paysans en Dauphiné au XVIIᵉ siècle") e de J. Meyer ("Alphabétisation, lecture et écriture: Essai sur l'instruction populaire en Bretagne au XIXᵉ siècle").

14

p. 71 *Menocchio não sabia muito mais de latim* ...: v. ACAU, proc. n. 126, f. 16r: "Respondit: 'Eu sei o credo e já ouvi também o credo que se recita na missa e já ajudei a cantar na igreja de Monte Reale'. Interrogatus: 'Já que o senhor sabe o credo como disse, sobre aquele artigo 'et in Iesum Christum filium eius unicum dominum nostrum qui conceptus est de Spiritu santo, natus ex Maria virgine', o que no passado pensou e acreditou a esse respeito e o que acha hoje?' Et ei dicto: 'Entende o que quer dizer 'qui conceptus est de Spiritu santo, natus ex Maria virgine'?' Respondit: 'Sim, senhor, eu entendo'". O desenvolvimento do diálogo anotado pelo escrivão do Santo Ofício parece indicar que Menocchio só compreendeu quando as palavras do *Credo* foram repetidas lentamente. O fato de saber o *Pater noster* (ibid., proc. n. 285, folhas não numeradas, 12 de julho de 1599) não contradiz a suposição por nós formulada. São menos óbvias, entretanto, as palavras de Cristo ao ladrão citadas por Menocchio ("hodie mecum eris in paradiso": v. proc. n. 126, f. 33r); mas concluir, levando só esse fato em consideração, é realmente arriscado.

Consumidos por pessoas de várias classes sociais: infelizmente não temos pesquisas sistemáticas sobre os livros que circulavam entre as classes subalternas na Itália do século XVI — mais exatamente, entre a minoria dos membros dessas classes aptas a ler. Uma pesquisa tendo como base os testamentos, os inventários *post mortem* (como as feitas por Bec, principalmente nos ambientes mercantis) e os processos inquisitoriais seria muito útil. V. também os testemunhos recolhidos por H.-J. Martin, *Livre, pouvoirs et société à Paris au XVIIᵉ siècle* (1598-1701) (Genebra, 1969), I: 516-8, e, para o período sucessivo, J. Solé, "Lecture et classes populaires à Grenoble au dix-huitième siècle: Le témoignage des inventaires après décès", in *Images du peuple au XVIIIᵉ siècle — Colloque d'Aix-en-Provence, 25 et 26 de octobre 1969* (Paris, 1973), pp. 95-102.

O Foresti e o Mandeville... : para o primeiro, v. *Leonardo da Vinci, Scritti letterari*, org. A. Marinoni (ed. rev. Milão, 1974), p. 254 (trata-se de uma conjectura, mas bem fundamentada). Para o segundo, v. E. Solmi, *Le fonti dei manoscritti di Leonardo da Vinci* (Turim, 1908), p. 205, supl. n. 10-11 do *Giornale storico della letteratura italiana* (sobre a reação de Leonardo da Vinci diante do Mandeville, v. cap. 21). Em geral, além da edição citada de Marinoni, p. 239 ss., v. E. Garin, "Il problema delle fonti del pensiero di Leonardo", in *La cultura filosofia del Renascimento Italiano* (Florença, 1961), p. 388 ss., e C. Dionisotti, "Leonardo uomo di lettere", in *Italia medioevale e umanistica* (1962), V: 183 ss. (preocupou-se também com a questão do método).

E a Historia del Giudicio... : trata-se do exemplar da *Opera nuova del giudicio generale*, que se encontra na Biblioteca Universitária de Bolonha (Aula V, Tab. I, J. I., v. 51.2). No frontispício, uma inscrição: "Ulyssis Aldrovandi et amicorum". Outras inscrições — no frontispício e na última folha — não parecem feitas por Aldrovandi. Sobre os acontecimentos inquisitoriais do último, v. A.

223

Rotondò, "Per la storia dell'eresia a Bologna nel secolo XVI", in *Rinascimento* (1962), XIII: 150 ss., com bibliografia.

Opiniões fantásticas: v. ACAU, proc. n. 126, f. 12v.

15

p. 72 *Como os lia?*: sobre a questão da leitura — quase sempre deixada de lado pelos estudiosos desses problemas —, v. as pertinentes observações de U. Eco ("Il problema della ricezione", in *La critica tra Marx e Freud*, org. A. Ceccaroni e G. Pagliano Ungari [Rimini, 1973], pp. 19-27), em grande parte convergentes com o que está sendo dito aqui. Um material muito interessante nos dá a pesquisa de A. Rossi e S. Piccone Stella, *La fatica di leggere* (Roma, 1963). Sobre o "erro" como experiência metodologicamente crucial (o que é demonstrado também no caso das leituras de Menocchio), v. C. Ginzburg, "A proposito della raccolta dei saggi storici di Marc Bloch", in Studi medioevali, 3ª série (1965), VI: 340 ss.

p. 73 *Opiniões...* : v. ACAU, proc. n. 126, f. 21v.

16

Era chamada de virgem... : v. ibid., ff. 17v-18r.

Contempla... : cito a edição veneziana de 1575 ("appresso Dominico de' Franceschi, in Frezzaria al segno della Regina"), f. 42r.

Calderari: v. J. Furlan, "Il Calderari nel quarto centenario della morte", in *Il Noncello* (1963), 21: 3-30. O verdadeiro nome do pintor era Giovanni Maria Zaffoni. Não sei se já foi observado que o grupo feminino à direita, na cena de José com os pretendentes, reproduz outro grupo, pintado por Lotto em Trescore, no afresco que representa santa Clara recebendo o véu.

17

p. 74 *Eu acredito...* : v. ACAU, proc. n. 126, f. 29v.

Sim, senhor... : v. ibid.

Anjos... : cito a edição veneziana de 1566 ("appresso Girolamo Scotto"), p. 262. Note-se ainda que, entre as cenas pintadas por Calderari em San Rocco, há também a da morte de Maria.

18

p. 76 *Porque tantos homens...* : v. ACAU, proc. n. 126, f. 16r.

No capítulo CLXVI do Fioretto: cito a edição veneziana de 1571 ("*per Zorzi di Rusconi milanese ad instantia de Nicolo dicto Zopino et Vincentio compagni*"), f. O vv.

Cristo era um homem nascido... : v. ACAU, proc. n. 126, f. 9r.

Se era Deus... : v. ibid., f. 16v.

19

p. 77 *Está sempre discutindo*: v. ibid., f. 11v.
Acho... : v. ibid., ff. 22v-23r.
Ó vós... *abençoados*: cito, corrigindo alguns erros, o *Iudizio universal overo finale*, "em Florença, appresso alle scale di Badia", s. d. (sendo, entretanto, 1570--80), exemplar conservado na Biblioteca Trivulziana. A edição bolonhesa de 1575 (v. acima) apresenta variantes de pouca importância.
p. 79 *O bispo anabatista...* : v. Stella, *Anabattismo*, op. cit., p. 75.
Porque faz mal... : v. ACAU, proc. n. 126, f. 21v.
p. 80 *Eu ensino vocês*: v. ibid., f. 9r.
Entretanto, no interrogatório... de 1º de maio: v. ibid., ff. 33v-34v.
Alcune ragioni del perdonare: "in Vinegia per Stephano da Sabbio, 1537". Sobre Crispoldi, v. A. Prosperi, *Tra evangelismo e Controriforma: G. M. Giberti (1495-1543)* (Roma, 1969), Índice. Sobre o folheto citado, v. C. Ginzburg e A. Prosperi, *Giochi di pazienza: Un seminario sul "Beneficio di Cristo"* (Turim, 1975).
p. 81 *Um remédio...* : [Crispoldi] *Alcune ragioni*, op. cit., ff. 34r-v.
Ele conhece... sua versão mais coerente: v. ibid., ff. 29 ss., especialmente ff. 30v-31r: "E seguramente eles [os soldados e os senhores] e todo estado e condições das pessoas e toda república e reino são dignos de guerra perpétua e de não ter repouso, onde existem muitos que se esquecem ou fariam mal do ato de perdoar e odeiem quem perdoa. São dignos que cada um tenha sua justiça e sua razão e que não haja nem juiz nem funcionário público e que assim com a multiplicidade de males eles possam ver quão grandes danos ocorrem quando cada um faz justiça com as próprias mãos; como as *vendettas* para o bem e paz comuns são deixadas a cargo de funcionários públicos mesmo nas leis dos pagãos e que, entre eles, perdoar era a coisa certa a ser feita, principalmente quando feita pelo bem da república ou de alguma pessoa em particular: como no caso de um pai que fosse perdoado para que seus filhinhos pudessem ter sua proteção. E pense quão meritório é proceder dessa maneira, já que Deus assim o quer. Esta questão de bem comum é largamente discutida em muitos lugares e por muitos". E v. os caps. XI-XV do livro I dos *Discursos* (impressos pela primeira vez em 1531).
Não a de Maquiavel disfarçado... : v. Introdução de G. Procacci a N. Maquiavel, *Il Príncipe e Discorsi sopra la prima deca di Tito Livio* (Milão, 1960), pp. LIX-LX.

20

p. 83 *Todos os seus companheiros*: v. ACAU, proc. n. 126, f. 27r.
Numa carta enviada... aos juízes... : v. cap. 45.
As viagens: v. a bibliografia essencial citada acima.

Sabe-se que... a difusão das descrições da Terra Santa: v. G. Atkinson, *Les nouveaux horizons de la Renaissance française* (Paris, 1935), pp. 10-2.

p. 84 *Diversos hábitos dos cristãos*: cito a edição veneziana de 1534 (Joanne de Mandavilla, *Qual tratta delle piú maravigliose cose*), f. 45v.

Dizem... :v. ibid., ff. 46r-v.

Se esta árvore: v. ACAU, proc. n. 126, f. 38r.

p. 85 *Entre todos os profetas*: v. Mandavilla, *Qual tratta*, op. cit., f. 51v.

Minha dúvida... : v. ACAU, proc. n. 126, f. 16v.

Mas não foi jamais crucificado: v. Mandavilla, *Qual tratta*, op. cit., f. 52r.

Não é verdade que Cristo... : v. ACAU, proc. n. 126, f. 13r.

Parecia-me inacreditável... : v. ibid., f. 16v.

Eles [os cristãos]... : v. Mandavilla, *Qual tratta*, op. cit., ff. 53v.

21

p. 86 *O povo...* : v. ibid., f. 63r. "Chana" é Thana, uma localidade na ilha de Salsette, a nordeste de Bombaim (servi-me, para identificar a localidade citada por Mandeville, dos comentários de M. C. Seymour à edição citada).

É um povo de pequena estatura: v. ibid., f. 79v. Sobre essa passagem como possível fonte de Swift, v. Bennett, *The Rediscovery*, op. cit., pp. 255-6.

p. 87 *Tantas raças...* : v. ACAU, proc. n. 126, folhas não numeradas; ibid., f. 22r.

Michel de Montaigne: sobre os limites do relativismo de Montaigne, v. S. Landucci, *I filosofi e i selvaggi, 1580-1780* (Bari, 1972), pp. 363-4, passim.

Nesta ilha... : v. Mandavilla, *Qual tratta*, op. cit., ff. 76v-77r. Dondina (Dondum): talvez uma das ilhas Andaman.

p. 88 *Como atingira Leonardo*: v. Solmi, *Le fonti*, op. cit., p. 205.

Diga-me... : v. ACAU, proc. n. 126, ff. 21v-22r.

22

p. 90 *E saibam*: v. Mandavilla, *Qual tratta*, op. cit., f. 63v.

O mais santo entre os animais: ibid., ff. 63v-64r.

p. 91 *Cabeça de cão*: ibid., f. 75r. A descrição dos cinocéfalos foi extraída do *Speculum Historiale*, de Vicente de Beauvais.

E saibam que em todo aquele país: v. Mandavilla, *Qual tratta*, op. cit., ff. 118v--119r. "Et metuent": Salmo 66:8. "Omnes gentes": Salmo 71-11.

E embora: v. Mandavilla, *Qual tratta*, op. cit., ff. 110r-v. Para as citações escriturais, v. Oseias, VIII: 12; Sabedoria, VIII: 14; João, X: 16.

Mesidarata e Genosaffa: trata-se de duas localidades mencionadas pela tradição clássica, Oxydraces e Gymnosophistae. A essas passagens de Mandeville podem ser aproximadas as representações dos homens de grandes orelhas ou de pés enormes presentes na multidão dos eleitos no portal da igreja de Maddalena de Vézelay (v. E. Mâle, *L'art religieux du XIIe siècle en France* [Paris, 1947], 5: 330, e

v. também a iconografia de são Cristóvão cinocéfalo, in L. Réau, *L'iconographie de l'art chrétien*, v. III, t. I (Paris, 1958), pp. 307-8; as duas indicações me foram gentilmente dadas por Chiara Settis Frugoni, embora ali se insista mais na difusão da palavra de Cristo mesmo entre populações remotas e monstruosas.

p. 92 *A corrente popular... favorável à tolerância*: v., por exemplo, C. Vivanti, *Lotta politica e pace religiosa in Francia fra Cinque e Seicento* (Turim, 1963), p. 42.

Lenda... dos três anéis: além de M. Perna, *La parabola dei tre anelli e la tolleranza nel Medio Evo* (Turim, 1953) (medíocre), v. U. Fischer, "La storia dei tre anelli: Dal mito all' utopia", in *Annali della Scuola Normale Superiore di Pisa — Classe di Lettere e Filosofia*, 3ª série (1973), 3: 955-98.

23

Gerolamo Asteo: v. C. Ginzburg, *I benandanti*, op. cit., Índice.

Conceda-me... ouvir: v. ACAU, proc. n. 285, depoimento de 12 de julho, 19 de julho, 5 de agosto de 1599.

p. 93 *Havia sofrido o corte da censura...* : v. acima. O conto ("Melchisedec giudeo con una novella di tre anella cessa un gran pericolo dal Saladino apparecchiatogli": é a terceira do primeiro dia) não apresenta referência aos três anéis da edição dos Giunti corrigida por Salviati (Florença, 1573, pp. 28-30; Veneza, 1582 etc.). Na edição "riformata da Luigi Groto cieco d'Adria" (Veneza, 1590, pp. 30-2), não só desapareceu a passagem mais polêmica ("E assim vos digo, senhor meu, das três leis dadas por Deus aos três povos nasce a questão: cada um acredita ter e seguir sua herança, a verdadeira lei e seus mandamentos; mas quem realmente a possui, como no caso dos anéis, ainda é uma questão pendente": v. G. Boccaccio, *Il Decamerone*, org. V. Branca [Florença, 1951], I: 78) como o conto inteiro foi reescrito, começando pelo título (*Polifilo giovane con una novella di tre anella cessa una gran riprensione da tre donne apparecchiatagli*).

p. 94 *Como Castellione*: v. D. Cantimori, "Castellioniana (et Servetiana)", in *Rivista storica italiana* (1955), LXVII: 82.

24

p. 95 *As possíveis relações com um ou outro grupo de heréticos*: v. em geral as indicações metodológicas, a respeito de "contatos" e "influências", de L. Febvre, "Le origini della Riforma in Francia e il problema delle cause della Riforma", in *Studi su Riforma e Rinascimento e altri scritti su problemi di metodo e di geografia storica*, trad. ital. (Turim, 1966), pp. 5-70.

25

Eu disse: v. ACAU, proc. n. 126, f. 17r.

Se esse livro... : ibid., f. 22r.

p. 96 *Como está dito*: v. *Fioretto*, op. cit., f. A IIIr.

E está dito, no princípio: v. Foresti, *Supplementum*, op. cit., f. IV (cito a edição veneziana de 1553).

p. 97 *Eu ouvi ele dizer...* : v. ACAU, proc. n. 126, f. 6r.

Eu disse... : v. ibid., f. 17r. Os grifos (mais para a frente também) são meus.

O que era ... : v. ibid., f. 20r.

p. 98 *Santíssima majestade*: v. ibid., f. 23r.

Eu acredito que o eterno Deus: v. ibid., ff. 30r-v.

Esse Deus: v. ibid., f. 31v.

26

O senhor... anteriores: v. ibid., ff. 36v-37v. A transcrição é integral. Limitei-
-me a substituir os nomes dos dois interlocutores às formas "Interrogatus... respondit".

27

p. 101 *Angélica, isto é, divina*: v. *Dante con l'espositioni de Christoforo Landino et d'Alessandro Vellutello* (Veneza, 1578), f. 201r. À tese da criação do homem para compensar a queda dos anjos se alude também no Paradiso XXX, 134 ss. V., a respeito, B. Nardi, *Dante e la cultura medievale: Nuovi saggi di filosofia dantesca* (Bari, 1949), pp. 316-9.

E esse Deus: v. ACAU, proc. n. 126, f. 17v.

Tivesse lido Dante: como exemplo de leitura de Dante em ambiente popu-
lar (porém urbano e florentino), v. V. Rossi, "Le lettere di un matto", in *Scritti di critica letteraria*, II: *Studi sul Petrarca e sul Rinascimento* (Florença, 1930), p. 401 ss., principalmente p. 406 ss. Mais próximo do caso de Menocchio está o de um homem simples de Lucchesia, que se fazia chamar de Scolio. Sobre reflexos de Dante no seu poema, v. a quarta nota do cap. 58.

p. 102 *Na verdade, ... não havia retirado... dos livros...*: não temos prova de que Menocchio tivesse lido um dos textos vernaculares correntes da *Biblioteca storica* de Diodoro Siculo. No capítulo que abre essa obra, em todo caso, não se fala de queijo, embora se aluda à geração dos seres viventes da matéria pu-
trefata. Sobre o sucesso da tal passagem voltarei a falar mais para a frente. Sa-
bemos, isto sim, com certeza, que Menocchio tivera em suas mãos o *Supplemen-
tum*, de Foresti. Ali pôde encontrar, num breve resumo, algumas doutrinas cosmológicas que vinham da Antiguidade ou da Idade Média: "Resumindo todas essas coisas foram pelo livro do Gênese reunidas para que cada fiel enten-
da que a teologia das pessoas é toda em vão, ou melhor, comparando-a com Aquela, parece mais profanação do que teologia. Algumas dizem que não existe Deus; outras acreditavam que as estrelas fixas no céu fossem fogo, ou então,

fogo que por arte e movimento é carregado pelos céus e o adoravam em vez de Deus; outras diziam que o mundo não é governado pela providência de Deus, mas sim por uma natureza racional; algumas dizem que o mundo nunca teve princípio, sempre existiu e de modo algum começou por obra de Deus, mas do acaso e pela sorte foi ordenado; finalmente, alguns átomos e corpos animados foram compostos..." (*Supplementum*, op. cit., f. IIr). Essa alusão ao "mundo feito ao acaso" reaparece (se não for, o que é pouco provável, um eco do *Inferno* IV, 136) num diálogo que o pároco de Polcenigo, Giovan Daniele Melchiori, reproduziu quando foi depor no Santo Ofício de Concórdia (16 de março). Quinze anos antes, um amigo — provavelmente se tratasse do próprio pároco — exclamara, caminhando pelo campo: "Grande é a bondade do senhor Deus em ter criado estas montanhas, estas planícies, a tão bela máquina do mundo". Menocchio, que estava ao seu lado, perguntou: "Quem é que o senhor pensa que criou o mundo?". "Deus." "O senhor está enganado, porque o mundo foi criado por acaso. Se eu pudesse falar, falaria, mas não quero falar" (ACAU, proc. n. 126, ff. 24v-25r).

Da mais perfeita... : ibid., f. 37r.

Experimentos de Francesco Redi: em 1688, Redi demonstrou que, nas substâncias orgânicas livres do contato com o ar, a putrefação não ocorria e, portanto, muito menos a "geração espontânea".

Walter Raleigh: citado in H. Haydn, *The Counter-Renaissance* (Nova York, 1960), p. 209.

Mitos antiquíssimos: v. U. Harva, *Les représentations religieuses des peuples altaïques*, trad. fr. (Paris, 1959), p. 63 ss.

p. 103 *No princípio...* : v. ACAU, proc. n. 126, f. 6r (e v. p. 105).

Não se pode excluir o fato de que... : v. G. de Santillana e H. von Dechend, *Hamlet's Mill* (Londres, 1970), pp. 382-3, que afirmam que o estudo exaustivo dessa tradição cosmogônica exigiria um livro só para o assunto. Quem sabe, por terem escrito um livro fascinante sobre a roda do moinho como imagem do círculo celeste, eles não considerariam não casual o fato de um moleiro citar essa antiquíssima cosmogonia. Infelizmente, não tenho competência suficiente para julgar uma pesquisa como a *Hamlet's Mill*. Seus pressupostos e a audácia de certas passagens inspiram uma desconfiança que é óbvia. Mas só pondo em discussão as certezas preguiçosamente adquiridas que é possível enfrentar o estudo de continuidades culturais tão persistentes.

O teólogo inglês Thomas Burnet: "Tellurem genitam esse atque ortum olim traxisse ex Chao, ut testatur antiquitas tam sacra quam profana, supponamus: per Chaos autem nihil aliud intelligo quam massam materiae exolutam indiscretam et fluidam... Et cum notissimum sit liquores pingues et macros commixtos, data occasione vel libero aeri expositos, secedere ab invicem et separari, pinguesque innatare tenuibus; uti videmus in mistique aquae et olei, et in separatione floris lactis a lacte tenui, aliisque plurimis exemplis: aequum erit credere, hanc massam liquidorum se partitam esse induas massas, parte ipsius pingutore supernatante reliquae..." (suponhamos que a terra foi gerada e sua origem tenha sido o Caos, como reconhece a tradição sagrada e profana. Para mim o Caos nada mais é que uma massa de matéria dissociada, contínua e fluida. E como é muito bem sabido que os fluidos gordos e os magros estão misturados, dada a ocasião ou expostos ao ar livre, eles se desprendem e se separam e os gordos sobrenadam aos magros como vemos na mistura da água e do óleo, e na separação entre a nata do leite e o leite magro, e em muitos outros exemplos. Será justo acreditar que essa massa de líquidos se dividiu em duas massas das quais a mais gorda se sobrepôs à outra) (T. Burnet, *Telluris theoria sacra, originem et mutationes generales orbis nostri, quas aut jam subiit, aut olim subiturus est, complectens*, Amsterdã, 1699, p. 17, 22; agradeço de coração a Nicola Badaloni por ter me indicado essa passagem). Para as alusões sobre a cosmologia indiana, v. ibid., pp. 344-7, 541-4.

Um culto de base xamanista... : v. C. Ginzburg, *I benandanti*, op. cit., p. XII. Voltarei a esse tema num próximo trabalho, mais amplo.

28

p. 104 *A Reforma e a difusão da imprensa*: sobre a relação entre os dois fenômenos, v. entre as últimas coisas de E. L. Eisenstein, "l'avènement de l'imprimerie et la Réforme", in *Annales: ESC* (1971), XXVI: 1355-82.

O salto histórico... : v. sobre o assunto o ensaio fundamental de J. Goody e J. Watt, "The Consequences of Literacy", in *Comparative Studies in Society and History* (1962-63), v: 304-45, que, todavia, curiosamente ignora o corte introduzido pela invenção da imprensa. Sobre as possibilidades de autodidatismo oferecidas por esta última, insiste com justiça E. L. Eisenstein, "The Advent of Printing and the Problem of the Renaissance", in *Past and Present* (nov. 1969), 45: 66-8.

A traição... : v. ACAU, proc. n. 126, f. 27v. Observe-se que, em 1610, o lugar-tenente veneziano A. Grimani prescreveu que todos os processos friulanos nos quais estivessem implicados camponeses deveriam ser escritos em idioma vulgar: v. *Leggi*, op. cit., p. 166.

p. 105 *O que é que você pensa*: v. ibid., proc. n. 285, folhas não numeradas (6 de julho de 1599).

Procurar coisas maiores: v. ibid., proc. n. 126, f. 26v.

29

p. 106 *Deus não pode*: v. *Fioretto*, op. cit., ff. A IIIv-A IVr.

p. 107 *Muitos filósofos...* : v. *Fioretto*, op. cit., ff. Cr-v.

Os instrumentos linguísticos e conceituais: utilizo aqui (embora com perspectiva diversa, como já foi dito no Prefácio) a noção de "outillage mental" elaborada por Febvre (v. *Le problème de l'incroyance*, op. cit., p. 328 ss.).

230

30

p. 108 *As imagens que brilham no* Fioretto: v., por exemplo, pp. 81-2.

31

Todos somos filhos: v. ACAU, proc. n. 126, f. 17v.
Tem a mesma consideração: ibid., f. 28r.
Chama todos: ibid., f. 37v.
Faz mal só a si próprio: ibid., f. 21v.
p. 109 *Todavia, além de pai*: as duas imagens eram tradicionais: v. K. Thomas, *Religion and the Decline of Magic* (Londres, 1971), p. 152.
Santíssima majestade: por exemplo, ibid., f. 20r etc.
Grande capitão: ibid., f. 6r.
Quem irá sentar: ibid., f. 35v.
Eu disse que, se Jesus: ibid., f. 16v.
Quanto às indulgências: ibid., f. 29r.
p. 110 *E, como um feitor*: ibid., f. 30v.
O Espírito Santo: ibid., f. 34r.
Através dos anjos: ibid.
Assim como alguém: ibid., f. 37r.
Quando ... o querer: ibid.
Carpinteiro: ibid., f. 15v.
Eu acredito: ibid., f. 37r.
p. 111 *Esse Deus*: ibid., f. 31v.
Deus único: ibid., f. 29r.
Os anjos: observe-se que, se realmente Menocchio, como se supõe, tivera em mãos o *Dante con l'espositioni de Christoforo Landino et d'Alessandro Vellutello*, ali pudera ler, entre os comentários de Landino ao canto IX do *Inferno*: "Menandrianos tomam o nome de Menandro, *magus* discípulo de Simão. Dizem o mundo não ser feito por Deus, mas pelos anjos" (f. 58v). Um reflexo confuso e distorcido dessa passagem parece aflorar nas palavras de Menocchio: "Neste livro, Mandavilla me parece que diz que foi Simão, o mago, quem deu forma aos anjos". Na verdade, Mandeville nem sequer menciona Simão, o mago. Provavelmente esse desvio refletia um momento no qual Menocchio se sentia confuso. Depois de ter dito que suas ideias remontavam à leitura das *Viaggi*, de Mandeville, de "cinco ou seis anos" antes, ouvira o inquisidor retrucar: "Consta que há trinta anos já possuía tais opiniões" (ACAU, proc. n. 126, f. 26v). Pressionado, Menocchio tentara sair da situação, atribuindo a Mandeville uma frase que lera em outro lugar — provavelmente muitos anos antes — e mudou rapidamente de assunto. Mas essas são simples conjecturas.
Da mais perfeita: ibid., f. 37r.

231

As primeiras criaturas: v. *Fioretto*, op. cit., f. b VIIIr.
Vejam, porém: ibid., f. A IIIv.
Eu acredito que o mundo todo: v. ACAU, proc. n. 126, f. 17r.

32

p. 112 *Quem é esse tal de Deus?*: ibid., f. IIv.
Quem é que vocês pensam... : ibid., f. 8r.
O que é o Espírito Santo?: ibid., f. 12r.
Nunca se encontrará... : ibid., f. 24r.
Se pudesse falar... : ibid., f. 25r.
Eu disse... : ibid., f. 27v.
p. 113 *Tradução italiana...* : v. Stella, *Anabattismo e antitrinitarismo*, op. cit., p. 7, 135-6.

No centro da primeira obra de Servet: sobre Servet, v. Cantimori, *Eretici*, op. cit., pp. 36-49; *Autour de Michel Servet et de Sébastien Castellion*, org. B. Becker (Harlem, 1953); R. H. Bainton, *Michel Servet hérétique et martyr* (Genebra, 1953).

Minha dúvida é... : v. ACAU, proc. n. 126, f. 16v.
Eu acredito que seja homem... : ibid., f. 32r.
Nam per Spiritum... (*Pois por Espírito...*): v. M. Servet, *De Trinitatis erroribus* (Haguenau, 1531), reimpr. Frankfurt am Main, 1965, f. 22r.
p. 114 *Acredito...* : ACAU, proc. n. 126, ff. 16v, 29v, 21v. Para a interpretação do "espírito" da última citação, ver o que foi dito no cap. 36.
Spiritus sanctus (*Espírito Santo*): v. Servet, *De Trinitais*, op. cit., f. 28v.
Dum de spiritu... (*Ao falar do Espírito...*): ibid., ff. 60r-v.
Quem é que vocês pensam: ACAU, proc. n. 126, ff. 2r, 5r.
p. 115 *Omne quod...* (*Tudo o que...*): cf. Servet, *De Trinitais*, op. cit., ff. 66v-67r, 85v (v. também Cantimori, *Eretici*, op. cit., p. 43, nota 3).

Quem é que vocês pensam... : ACAU, proc. n. 126, ff. 8r, 3r (e 10r, 12v etc.), 2r, 16v, 12r.

Na Itália do século XVI, os escritos de Servet... : v. a carta do pseudo-Melanchton enviada ao Senado veneziano em 1539 e sobre isso v. K. Benrath, "Notiz über Melanchtons angeblichen Brief an den venetianischen Senat (1539)", *Zeitschrift für Kirchengeschichte*, I, 1877, pp. 469-71; o caso do ourives mantovano Ettore Donato, que conhecia o *De Trinitatis erroribus* em latim e afirmara: "Tinha um estilo que eu não entendia" (Stella, *Anabattismo e antitrinitarismo*, op. cit., p. 135); sobre a difusão no ambiente modenense, v. J. A. Tedeschi e J. von Henneberg, "Contra Petrum Antonium a Cervia relapsum et Bononiae concrematum", in *Italian Reformation Studies in Honor of Laelius Socinus*, org. J. A. Tedeschi (Florença, 1965), p. 252, nota 2.

33

p. 116 *É uma traição*: ACAU, proc. n. 126, f. IIV.
p. 117 *Acredito que [os homens]*: ibid., f. 34r.
O demônio: ibid., ff. 38r-v.
Uma religião camponesa: "No mundo dos camponeses não há lugar para a razão, para a religião e para a história. E não há lugar para a religião justamente porque tudo participa da divindade, porque tudo é, realmente e não simbolicamente, divino, o céu como os animais, Cristo como a cabra. Tudo é magia natural. As cerimônias da Igreja também se tornam ritos pagãos, celebrantes da indiferenciada existência das coisas, dos infinitos deuses terrestres do lugar" (C. Levi, *Cristo si è fermato a Eboli* [Turim, 1946]).

34

Diz-se: ACAU, proc. n. 126, f. 17r.
p. 118 *E então o homem*: v. *Fioretto*, op. cit., ff. B VIIIr-v. O grifo é meu.
Quando o homem morre... : ACAU, proc. n. 126, f. 10v.
Os versos do Eclesiastes: v. *Eclesiastes* 3:18 ss.: "Dixi in corde meo de filiis hominum, ut probaret eos Deus et ostenderet similes esse bestiis. Idcirco unus interitus est hominum et iumentorum, et aequa utriusque conditio. Sicut moritur home, sic et illa moriuntur..." (Eu disse no meu coração acerca dos filhos dos homens, que Deus os provava e lhes mostrava que eram semelhante aos brutos. Por isso uma é a morte dos homens brutos, e de uns e outros é igual a condição: do mesmo modo que morre o homem, assim morrem também os brutos). A esse respeito, lembre-se das acusações dirigidas, dez anos antes, contra o nobre de Pordenone, Alessandro Mantica, depois condenado pelo Santo Ofício como "veementemente suspeito" de heresia (sem que se conhecesse a base da suspeita). Entre elas havia a de ter defendido, baseado nesses versos, a tese da mortalidade da alma. "E atentos para o fato — podia-se ler na sentença, datada de 29 de maio de 1573 — de que o tal Alessandro, sendo uma pessoa letrada, não convinha que dissesse, como o fez mais de uma vez, para pessoas ignorantes 'quod iumentorum et hominum par esse interitus' (porque é igual a morte dos homens e dos animais), sugerindo a mortalidade da alma racional..." (ASVen, *Sant'Uffizio*, b. 34, fasc. Alessandro Mantica, ff. 21-2r e sentença). Que entre as "pessoas ignorantes" estivesse Menocchio é uma suposição atraente, mas indemonstrável — além do que desnecessária. Nesse período, os Mantica tinham se aparentado com a família Montereale: v. A. Benedetti, *Documenti inediti riguardanti due matrimoni fra membri di signori castellani di Spilimbergo e la famiglia Mantica di Pordenone*, s. l., s. d. (mas é Pordenone, 1973).
O que você pensa... : ACAU, proc. n. 126, f. 18v.

233

35

p. 119 *O senhor disse*: ibid., ff. 20r-v.

36

p. 120 *Panteísta*: o termo *panteísmo* foi cunhado por John Toland, em 1705 (v. P. O. Kristeller, *La tradizione classica nel pensiero del Rinascimento*, trad. ital. [Florença, 1965], p. 87, nota 5).

Crença popular: v. Ginzburg, *I benandanti*, op. cit., p. 92.

Fale a verdade: ACAU, proc. n. 126, f. 21r.

p. 121 *Nosso espírito*: ibid., f. 20v.

Se acreditava: ibid., ff. 21r-v.

Eu vos digo: ibid., ff. 32r-v.

É separado do homem: ibid., f. 34v.

Dois espíritos: v. em geral, a esse respeito, as decisivas considerações de Febvre, *Le problème de l'incroyance*, op. cit., pp. 163-94.

37

E é verdade: v. *Fioretto*, op. cit., ff. B IIv-B IIIr.

p. 122 *Essa distinção*: v. também Febvre, *Le problème de l'incroyance*, op. cit., p. 178, a respeito da distinção formulada por Postel entre *animus* (em francês, *anime*) imortal e *anima* (em francês, *âme*). Observe-se, porém, que para Postel esta última que é ligada ao Espírito, enquanto a *anime* é iluminada pela mente.

É preciso voltar: v. sobre isso G. H. Williams, *The Radical Reformation*, op. cit., Índice, *sub voce* "psychopannychism"; id. "Camillo Renato (*c.* 1500?-1575)", in *Italian Reformation Studies*, op. cit., p. 106 ss., pp. 169-70, passim; Stella, *Dall'anabattismo*, op. cit., p. 37-44.

Através da influência direta de Renato: v. os depoimentos de um seguidor valtellinense de Renato (declarou ter a "mesma fé" que ele), Giovanbattista Tabacchino, amigo do anabatista de Vicenza Jacometto "stringaro": v. Stella, *Anabattismo e antitrinitarismo*, op. cit., Índice, *sub voce* "Tabacchino". Cai por terra, portanto, a prudente reserva formulada por Rotondò. (V. C. Renato, *Opere, documenti e testimonianze*, org. A. Rotondò, "Corpus Reformatorum Italicorum" [Florença-Chicago, 1968], p. 324.) Observe-se, porém, que o opúsculo "La revelatione", mantido manuscrito nos autos inquisitoriais venezianos, e até o momento atribuído a Jacometto "striagaro" (v. Stella, *Anabattismo*, op. cit., pp. 67-71, que publica longos trechos; C. Ginzburg, *I costituti di don Pietro Manelfi*, "Biblioteca del Corpus Reformatorum Italicorum" [Florença-Chicago, 1970], p. 43, n. 22), é, na verdade, obra de Tabacchino: v. ASVen, *Sant'Uffizio*, b. 158, "liber quartus", f. 53v. O opúsculo, que era destinado aos companheiros de seita reunidos na Turquia, merece uma análise mais profunda pelas estreitas relações do autor com Renato. Ao último não tinham ainda sido atribuídas doutrinas antitrinitárias (v. Renato, *Opere*, op. cit., p. 328), enquanto "La revelatione", de Tabacchino, é explicitamente antitrinitária.

Sustentavam que a anima: v. Stella, *Anabattismo e antitrinitarismo*, op. cit., p. 61. Os grifos são meus.

Outro inferno: v. C. Ginzburg, *I costituti*, op. cit., p. 35.

O pároco de Polcenigo: v. ASVen, *Sant'Uffizio*, b. 44 (*De Melchiori don Daniele*).

p. 123 *Vai-se para o paraíso*: ibid., f. 23v etc.

Eu me lembro: ibid., ff. 66r-v.

p. 124 "*Prédicas*": cito a edição veneziana de 1589, ff. 46r-v. A primeira edição é de 1562. Sobre Ammiani ou Amiani, que foi secretário da ordem e participou do concílio de Trento, v. o verbete escrito por G. Alberigo, in *Dizionario biografico degli italiani* (Roma, 1960), II: 776-7. Aí está frisada a atitude de Amiani, hostil à controvérsia antiprotestante e favorável, por sua vez, à proposta tradicional, principalmente a patrística. Isso fica evidente mesmo nestes "Discorsi" (depois de alguns poucos anos, outras duas partes foram anexadas), onde a polêmica explícita contra os luteranos é encontrada só no 40º discurso ("Che cosa habbia fatto il scelerato Luthero con i suoi seguaci", ff. 51r-v).

Ad perfidam (*à pérfida*): v. ASVen, *Sant'Uffizio*, b. 44, f. 80r. A alusão a Wyclif, em uma sentença inquisitorial do período, é absolutamente excepcional.

38

p. 125 *Eu acredito*: v. cap. 35.

O filho: ACAU, proc. n. 126, ff. 31v-32r.

p. 126 *Sim, senhores*: ibid., f. 32v.

Os lugares: ibid., f 33v.

39

Disse: v. cap. 35.

p. 127 *Eu gosto que se pregue*: ibid., f. 28v.

Acredito que sejam boas: ibid., f. 29r.

Porque Deus: ibid., f. 35r.

Eu acredito... : ibid.

Intelecto... : ibid., ff. 32r-v.

Os olhos: ibid., f. 35v.

p. 128 *Paraíso é um lugar...* : v. Mandavilla, *Qual tratta*, op. cit , f. 51r.

Acredita... : ACAU, proc. n. 126, f 38v.

40

Meu espírito: ibid., f. 30r.

Nas sociedades... : v. Goody-Watt, *The Consequences*, op. cit.; L. Graus, "Social Utopias in the Middle Ages", in *Past and Present* (dez. 1967), 38: 3-19; E. Hobsbawm, "The Social Function of the Past: Some Questions", ibid. (maio 1972), 55: 3-17. Sempre útil, M. Halbwachs, *Les cadres sociaux de la mémoire* (1ª ed., 1925; Paris, 1952).

Quando Adão... : "When Adam delved Eve span Who was then a gentleman?" é um provérbio famoso do qual se encontram vestígios desde a revolta dos camponeses ingleses de 1381 (v. R. Hilton, *Bon Men Made Free: Medieval Peasant Movements and the English Resing of 1381* [Londres, 1973], pp. 222-3).

Igreja primitiva: v., em geral, G. Miccoli, "Ecclesiae primitivae forma", in *Chiesa Gregoriana* (Florença, 1966), p. 225 ss.

Gostaria... : ACAU, proc. n. 126, f. 35r.

p. 129 *A crise do etnocentrismo...* : v. Landucci, *I filosofi*, op. cit.; W. Kaegi, "Voltaire e la disgregazione della concezione cristiana della storia", in *Meditazioni storiche*, trad. ital. (Bati, 1960), pp. 216-38.

Martinho, conhecido como Lutero: v. Foresti, *Supplementum*, op. cit., ff. CCCLVR-v (mas a numeração está errada).

41

p. 131 *Mantido...* : ACAU, proc. n. 132, declaração do pároco Odorico Vorai, 15 de fevereiro de 1584.

Nas tavernas: ibid., proc. n. 126, f. 9r.

Criticado e falado mal... : ibid., e v. ff. 7v, IIr etc.

Ele me dá... : ibid., proc. n. 132, folhas não numeradas (depoimento de 18 de fevereiro de 1584).

p. 132 *Fazer...* : ibid., proc. n. 126, f. 13v.

Este aqui... : ibid., f. 10v.

Disse tais coisas... : ibid., f. 12v.

Quando disse... : ibid., proc. n. 132, folhas não numeradas (depoimento de 25 de abril de 1584).

Que Deus os guarde... : ibid., proc. n. 126, f. 27v.

Naquela tarde: ibid., ff. 23v-24r.

Se tornar bandido: v. E. J. Hobsbawm, *I banditi*, trad. ital. (Turim, 1971).

Uma geração antes... : v. cap. 7 (Introdução).

42

p. 133 *Começa...* : ACAU, proc. n. 126, f. 34v.

Superioribus... (Alguns anos...): *Mundus novus*, s. c., s. d. (1500?), folhas não numeradas. O grifo é meu.

p. 134 *Numa carta... a Martim Butzer...* : v. *Opus epistolarum Des. Erasmi...* org. P. S. Allen (Oxford, 1928), VII: 232-3.

Capitolo... : encontra-se em apêndice à *Begola contra la bizaria* (Modena, s.

d.) (uso o exemplar conservado pela Biblioteca Comunale dell' Archiginnasio, Bolonha, assinalado 8. Lett. it., *Poesie varie*, caps. XVII, n. 43). Não consegui identificar o tipógrafo. V. R. Ronchetti Bassi, *Carattere popolare della stampa in Modena nei secoli XV-XVI-XVII* (Modena, 1950).

País da Cocanha: v. Graus, *Social Utopias*, op. cit., p. 7 ss., que, todavia, não valoriza a importância da difusão deste tema e suas ressonâncias populares. Em geral, v. Bakhtin, *L'oeuvre de François Rabelais*, op. cit., passim. (Note-se de passagem que no "nouveau monde" que o autor imagina descobrir pela boca de Pantagruel existe um reflexo da Cocanha, que foi revelado por E. Auerbach, *Mimesis. Il realismo nella letteratura occidentale*, trad. ital. [Turim, 1970], II: 3 ss., especialmente p. 9.) Para a Itália, sempre fundamental, v. Rossi, *Il paese di Cuccagna nella letteratura italiana*, em apêndice a *Le lettere di messer Andrea Calmo* (Turim, 1888), pp. 398-410. Algumas indicações úteis no ensaio de G. Cocchiara, na coletânea homônima *Il paese di Cuccagna* (Turim, 1956), p. 159 ss. Para a França, v. A. Huon, "'Le roy Sainct Panigon' dans l'imagerie populaire du XVIᵉ siècle", in *François Rabelais. Ouvrage publié pour le quatrième centenaire de sa mort (1553-1953)* (Genebra-Lille, 1953), pp. 210-25. Em geral, v. E. M. Ackermann, *"Das Schlaraffenland" in German Literature and Folk song... with an Inquiry into its History in European Literature* (Chicago, 1944).

p. 136 *Esses elementos...*: nisso insiste, por exemplo, o ensaio citado de Cocchiara, sem, entretanto, ligá-los às descrições dos indígenas americanos (sobre a ausência da propriedade privada, v. R. Romeo, *Le scoperte americane nella coscienza italiana del Cinquecento* [Milão-Nápoles, 1971], p. 12 ss.). Uma leve indicação dessa ligação in Ackermann, *"Das Schlaraffenland"*, op. cit., p. 82 e principalmente 102.

Não apenas os temas sérios...: proibidos: poder-se-ia recorrer aos comentários de Freud sobre chistes contra "instituições [...] proposições da moral ou da religião, concepções de vida que gozam de tamanho respeito que uma objeção a elas só pode ser feita recobrindo a sob a forma do chiste..." (v. o comentário de F. Orlando, *Per una teoria freudiana della letteratura* [Turim, 1973], p. 46 ss.). No decorrer do século XVII, a *Utopia* de Thomas More é incorporada a coletâneas de paradoxos frívolos ou humorísticos.

Anton Francesco Doni: v. P. F. Grendler, *Critics of the Italian World (1530-1560): Anton Francesco Doni, Nicolò Franco and Ortensio Lando* (Wisconsin, 1969). Usei a edição do *Mondi*, de 1562 (*Mondi celesti, terrestri et infernali de gli academici pellegrini...*): o diálogo sobre o *Mondo nuovo* encontra-se nas pp. 172-84.

Utopia... não é camponesa: v. Graus, "Social Utopias", op. cit., p. 7, que afirma que o cenário da Cocanha não é jamais urbano. Parece que a *Historia nuova della città di Cuccagna* é uma exceção; foi impressa em Siena, por volta do final do século XV, citada por Rossi (*Le lettere*, op. cit., p. 399); infelizmente não consegui encontrar tal texto.

p. 137 *Me agrada*: v. Doni, *Mondi*, op. cit., p. 179.

O antigo mito da idade do ouro: v. A. O. Lovejoy e G. Boas, *Primitivism and*

Related Ideas in Antiquity (Baltimore, 1935); H. Levin, *The Myth of the Golden Age in the Renaissance* (Londres, 1969), e H. Kamen, "Golden Age, Iron Age: A Conflict of Concepts in the Renaissance", in *the Journal of Medieval and Renaissance Studies* (1974), 4: 135-55.

Um mundo novo diverso: v. Doni, *Mondi*, op. cit., p. 173.

Podia ser projetado no tempo: para essa distinção, v. N. Frye, "Varieties of Literary Utopias", in *Utopias and Utopian Thought*, org. F. E. Manuel (Cambridge, Mass., 1966), p. 28.

... e dos bens: v. Doni, *Mondi*, op. cit., p. 176: "Tudo era comum, os camponeses se vestiam como os da cidade. Cada um levava o fruto do seu trabalho e se apossava do que tivesse necessidade. Não precisava vender, revender, comprar".

Alusões do Supplementum: v. Foresti, *Supplementum*, op. cit., ff. CCCXXXIXV--CCCXLR.

Por ter lido...: v. ACAU, proc. n. 126, f. 34r.

"Mundo novo" citadino: sobre o significado da utopia urbana de Doni, v. as páginas, muito superficiais, de G. Simoncini, *Città e società nel Rinascimento* (Turim, 1974), I: 271-3 e passim.

A religião privada de ritos... : v. Grendler, *Critics*, op. cit., pp. 175-6 (mais em geral, p. 127 ss.). As observações de Grendler não são sempre convincentes: por exemplo, falar de "materialismo" até certo ponto explícito em se tratando de Doni é forçar demais. (V., além disso, hesitações significativas às p. 135 e 176.) De qualquer modo, as inquietações religiosas de Doni não deixam dúvidas. Mas parece que A. Tenenti não as percebeu — "L'Utopia nel Rinascimento (1450--1550)", in *Studi storici* (1966), VII: 689-707, que fala, referindo-se ao "mundo novo", de "teocracia ideal" (p. 697).

Conhecer Deus: v. Doni, *Mondi*, op. cit., p. 184. Grendler (p. 176) fala de "orthodox religious coda": na verdade, essas palavras vão contra a religião simplificada veementemente defendida por Doni. V. também ACAU, proc. n. 126, f. 28r.

Seu jejum: ibid., f. 35r.

p. 138 *"Lamento"...* : *Lamento de uno poveretto huomo sopra la carestia, con l'universale allegrezza dell'abondantia, dolcissimo intertenimento de spiriti galanti*, s. c., s. d. (consultei o exemplar conservado na Biblioteca Comunale dell'Archiginnasio, Bolonha, assinalado 8. Lett. it., *Poesie varie*, caps. XVIII, n. 40).

Quaresma e carnaval: sobre a visão cíclica implícita nas utopias populares insiste Bakhtin (v. *L'oeuvre de François Rabelais*, op. cit., p. 211, e passim). Ao mesmo tempo, porém, atribui contraditoriamente um valor de ruptura irreversível com o "velho" mundo feudal à concepção de mundo carnavalesca do Renascimento: v. p. 215, 256, 273-4, 392. Essa sobreposição de um tempo unilateral e progressivo a um tempo cíclico e estático revela o quanto se forçam as características subversivas da cultura popular — que é o aspecto mais discutível desse livro, que, apesar de tudo, continua sendo básico. V. também P. Camporesi, "Carnevale, cuccagna e giuochi di villa (Analisi e documenti)", in *Studi e problemi di critica testuale* (abr. 1975), 10: 57 ss.

p. 139 *Raízes populares das utopias*: v. ibid., p. 17, 20-1, 98-103, e passim (v. também a nota precedente). O problema é colocado no caso de Campanella por L. Firpo, "La cité idéale de Campanella et le culte du Soleil", in *Le soleil à la Renaissance: Sciences et mythes* (Bruxelas, 1965), p. 331.

Muito velho: v. Bakhtin, *L'oeuvre de François Rabelais*, op. cit., pp. 89-90.

Renascença: v. ibid., p. 218, 462, e sobretudo G. B. Ladner, "Vegetation Symbolism and the Concept of Renaissance", in *De artibus opuscula XL: Essays in Honor of Erwin Panofsky*, org. M. Meiss (Nova York, 1961), I: 303-22. V. também id., *The Idea of Reform: Its Impact on Christian Thought and Action in the Age of the Fathers* (Cambridge, Mass., 1959). Sempre importante, K. Burdach, *Riforma--Rinascimento-Umanesimo*, trad. ital. (Florença, 1935), pp. 3-71.

Não o Filho do Homem... : v. Daniel 7:13 ss. Trata-se de um dos textos fundamentais da literatura milenarista.

43

Uma longa carta... : ACAU, proc. n. 126, folhas não numeradas.

Inutilmente pedida... : cf. acima, p. 49.

45

p. 142 *Os transmontanos...* : v. M. Scalzini, *Il secretario* (Veneza, 1587), f. 39.

Dom Curzio Cellina: v. fasc. de escrituras notariais por ele redigidas in ASP, *Notarile*, b. 488, n. 3785.

p. 143 *Alterações*: v. P. Valesio, *Strutture dell'alliterazione: Grammatica, retorica e folklore verbale* (Bolonha, 1967), particularmente p. 186 (sobre a aliteração na linguagem religiosa).

p. 144 *Dissera no processo* ... : ACAU, proc. n. 126, f. 34v.

46

p. 145 *A sentença*: ibid., "Sententiarum contra reos S. Officii liber II", ff. Ir--XIV. A abjuração se encontra em ff. 23r-34r.

p. 148 *No Supplementum...* : v. ff. CLIIIV-CLIVr, CLVIIr.

47

p. 149 *Embora eu...* : ACAU, "Sententiarum contra reos S. Officii liber II", f. 12r.

O carcereiro... : ibid., ff. 15r-v.

p. 150 *... mandaram trazer Menocchio*: ibid., ff. 16r-v.

p. 151 *O bispo de Concórdia...* : ibid., ff. 16v-17r.

48

Em 1590... : ACAU, "Visitationum Personalium anni 1593 usque ad annum 1597", pp. 156-7.

p. 152 *Um testemunho do mesmo período...* : ASP, *Notarile*, b. 488, n. 3785, ff. Ir-2v.

p. 153 *No mesmo ano...* : ibid., ff. 6r-v.

Em 1595... : ibid., ff. bv., 17v.

... com a morte do filho: ACAU, proc. n. 285, folhas não numeradas.

49

p. 154 *No carnaval...* : ibid. As folhas deste processo não são numeradas.

Beati qui non viderunt... : João, 20:29.

p. 155 *Soube que dom Odorico...*: v. ACAU, proc. n. 285, folhas não numeradas (11 de novembro de 1598, depoimento de dom Ottavio dos condes de Montereale).

Interrogou o novo pároco: ibid. (17 de dezembro de 1598).

p. 156 *Dom Curzio Cellina*: ibid.

50

p. 157 *Um certo Simon*: ibid. (3 de agosto de 1599).

p. 158 *Talvez tenha sido a recusa...* : v. Stella, *Anabattismo e antitrinitarismo*, op. cit., p. 29, e id., "Guido da Fano eretico del secolo XVI al servizio dei re d'Inghilterra", in *Rivista di storia della Chiesa in Italia* (*1959*), VIII: 226.

51

p. 159 *Um taverneiro... foi interrogado*: v. ACAU, proc. n. 285, folhas não numeradas (6 de maio de 1599).

Se Cristo fosse Deus... : trata-se de uma frase blasfema corrente, como se pode observar, por exemplo, pela testemunha de 1599 contra Antonio Scudellario, conhecido por Fornasier, que morava nas proximidades de Valvasone (ACAU, "Anno integro de 1599, a n. 341 usque ad 404 incl.", proc. n. 361).

Mesma observação jocosa: v. A. Boscchi, *Symbolicarum quaestionum... libri quinque* (Bolonha, 1555), ff. LXXX-LXXXI. A tal símbolo voltarei em outra ocasião.

Acredito que tivesse... : ACAU, proc. n. 285, folhas não numeradas (6 de julho de 1599).

52

p. 160 *Eductus (retirado)...* : ibid. (12 de julho de 1599).

Dei aula de ábaco: correspondia ao grau mais elementar de ensino. Sobre esse episódio da vida de Menocchio não temos infelizmente mais notícias.

p. 162 *No* Supplementum... : não consigo encontrar a página exata; v., em todo caso, Foresti, *Supplementum*, op. cit., ff. 180r-v.

53

p. 164 *Era melhor simular...* : v. C. Ginzburg, *Il nicodemismo. Simulazione e dissimulazione religiosa nell'Europa del '500* (Turim, 1970).

Nous sommes Chrestiens... :v. M. de Montaigne, *Essais*, org. A. Thibaudet (Paris, 1950), p. 489 (livro II, cap. XII, *Apologie de Raimond Sebond*).

p. 165 *Ao inquisidor declarou...* : v. ACAU, proc. n. 285, folhas não numeradas (19 de julho de 1599).

Ele disse, continue... : v. L'Alcorano di Maometto, nel qual si contiene la dottrina, la vita, i costumi et le leggi sue, tradotto nuovamente dall'arabo in língua italiana (Veneza, 1547), f. 19r.

p. 166 *Raciocinando muito pouco*: v. ACAU, proc. n. 285 (12 de julho de 1599).

Em seguida: ibid. (19 de julho de 1599).

É verdade que os inquisidores: ibid. (12 de julho de 1599).

54

p. 167 *Em nome...* : ibid., folhas não numeradas.

55

p. 168 *Fez justamente...* : a personalização abre uma brecha sobre as atitudes das classes populares do período relativamente à morte — atitudes que conhecemos ainda muito pouco. De fato, os raros testemunhos a respeito aparecem quase sempre filtrados por estereótipos deformantes: v., como exemplo, a citação in *Mourir autrefois*, org. M. Vovelle (Paris, 1974), pp. 100-2.

56

p. 169 *Eu não quero...* : ACAU, proc. n. 285, folhas não numeradas (19 de julho de 1599).

57

... *ser torturado*: em geral, v. P. Fiorelli, *La tortura giudiziaria nel diritto comune* (Milão, 1953-54), 2 v.

p. 170 *O aborrecimento...* : v. Stella, *Chiesa e Stato*, op. cit., pp. 290-1. A declaração de Bolognetti é de 1581.

241

58

p. 171 *Homens* ... : v. C. Ginzburg, "Folklore", op. cit., p. 658. Para casos análogos na Inglaterra, v. Thomas, *Religion*, op. cit., p. 159 ss.

O velho camponês inglês...: ibid., p. 163, e o comentário de Thompson, "Anthropology", op. cit., p. 43, aqui quase reproduzido literalmente. Sobre o papel ativo, até mesmo inovador, das classes populares no que se refere à religião, v. o trabalho de N. Z. Davis, que polemiza com aqueles que estudam a religião popular do ponto de vista das classes superiores (ou até mesmo do clero) e vendo-a, portanto, unicamente como simplificação ou distorção (com sentido de magia) da religião oficial: v. N. Z. Davis, "Some Tasks and Themes in the Study of Popular Religion", in *The Pursuit of Holiness in Late Medieval and Renaissance Religion*, org. C. Trinkaus e H. A. Oberman (Leiden, 1974), p. 307 ss. Num plano mais geral, v. o que foi dito no Prefácio sobre as discussões do conceito de "cultura popular".

p. 172 *Scolio*: v. o belo ensaio de E. Donadoni, "Di uno sconosciuto poema eretico della seconda metà dei Cinquecento di aurore lucchese", in *Studi di letteratura italiana* (1900), II: 1-142, pecando pela insistência em estabelecer nexos diretos entre o poema de Scolio e as doutrinas anabatistas. Berengo, retomando tal ensaio (v. *Nobili e mercanti*, op. cit., p. 450 ss.), atenuou as conclusões, embora não as tivesse afastado totalmente: por um lado, afirmou que "seria estéril esforçar-se para situar este texto no âmbito de uma corrente religiosa bem definida" e, por outro, ligou Scolio ao veio do "racionalismo popular". Deixando de lado as reservas quanto a essas expressões (v. penúltima nota do cap. 9), a ligação nos parece inaceitável. Sobre o autor, v. a sugestiva hipótese de Donadoni, que propõe a identificação de "Scolio" com o queijeiro Giovan Pietro di Dezza, obrigado a abjurar em 1559 ("Di uno sconosciuto", op. cit., pp. 13-4). A redação do poema, como advertiu o autor na última página, levou sete anos (por isso, "Settennario"), a partir de 1563. Para concluí-lo, mais três anos.

Reflexos da poesia de Dante: além da remissão direta a Dante (BGL, ms. n. 1271, f. 9r), observar versos como "Está sobre a escada a alma de Beatriz" (ib.) ou "que estavam ainda em terra no calor e no frio" (v. *Paradiso* XXI, 116). E ver Donadoni, "Di uno sconosciuto", op. cit., p. 4.

Profetas: BGL, ms. n. 1271, f. 10r.

Maomé: ibid., f. 4v. (e Donadoni, "Di uno sconoscito", op. cit., p. 21). Na última página do poema, Scolio inseriu uma ambígua retratação: "porque quando o escrevi estava fora da minha razão, forçado a escrever. Estava cego, mudo e surdo e como aconteceu não me lembro bem" (ibid., p. 2). As correções e as anotações marginais feitas à maioria dos trechos citados aqui são fruto de tal retratação.

p. 173 *Turco, tu*... : BGL, ms. n. 1271, f. 10r (E. Donadoni, "Di uno sconosciuto", op. cit., p. 28).

Grandes preceitos: BGL, ms. n. 1271, f. 10r.

Não se adore... : ibid., f. 19r (E. Donadoni, "Di uno sconosciuto", op. cit., p. 130 ss.).

Circuncise-se: BGL, ms. n. 1271, f. 15r (E. Donadoni, "Di uno sconosciuto", op. cit., p. 90).

"E se eu lhes disse": BGL, ms. n. 1271, f. 2r (E. Donadoni, "Di uno sconosciuto", op. cit., p. 120).

p. 174 *O meu batismo...* : BGL, ms. n. 1271, f. 2r.

Glosa... : BGL, ms. n. 1271, f. 10r.

Que não haja colunas... : v. ibid., f. 15r (no texto, *ma organi... ma campanil*: sigo as emendas de Donadoni, "Di uno sconosciuto", op. cit., pp. 94-5).

Inchada... : BGL, ms. n. 1271, f. 1r.

p. 175 *Se o Senhor meu...* : ibid., f. 16r.

Não existam... : v. ibid., f. 13r (E. Donadoni, "Di uno sconosciuto", op. cit., p. 99).

Que o jogo... : BGL, ms. n. 1271, f. 13r (e, em parte, Donadoni, "Di uno sconosciuto", op. cit., p. 97).

p. 176 *Idade do ouro*: v. Donadoni, "Di uno sconosciuto", op. cit., p. 34.

Em mãos... : BGL, ms. n. 1271, f. 14r.

Homem ou mulher... : v. Donadoni, "Di uno sconosciuto", op. cit., pp. 102-97.

Só é lícito... : BGL, ms. n. 1271, f. 19r.

Deus me levou: ibid., f. 4r.

p. 178 *Esse paraíso*: v. Donadoni, "Di uno sconosciuto", op. cit., pp. 128-30. A consciência de Scolio transparece numa nota acrescentada posteriormente, à margem de uma das descrições do paraíso: "Eu, sendo o profeta e rei dos loucos, fui trazido ao grande paraíso dos loucos, dos tolos, dos torpes e estúpidos, no paraíso das delícias ou dos asnos e pareceu-me ver todas essas coisas: mas, acima de tudo, deixo isso a seu julgamento". Trata-se, mais uma vez, de uma retratação ambígua e sem convicção, o que na verdade confirma quanto o mito da Cocanha impregnava a mente dos camponeses. O "paraíso das delícias" ou "delicioso" era sinônimo do paraíso terrestre. Para os nexos possíveis entre o paraíso maometano e o da Cocanha, v. também Ackermann, *"Das Schlaraffenland"*, op. cit., p. 106. (Has são asnos e não "Urini", como erroneamente leu Donadoni, "Di uno sconosciuto", op. cit., p. 128.)

59

p. 178 *Fizeram-me...* : v. Donadoni, "Di uno sconosciuto", op. cit., p. 8.

Filósofo... : v. cap. 53; BGL, ms. n. 1271, f. 30r (E. Donadoni, "Di uno sconosciuto", op. cit., p. 40).

No obedecer... : BGL, ms. n. 1271, f. 12r.

p. 179 *Reservada...* : deixo de lado aqui elementos de difícil interpretação, como as diversas citações da antropofagia, surpreendentemente legitimada, tanto no céu como na terra: "Ao rei por sua vontade, a alguns por necessidade/ comer carne humana não é coisa ímpia/ come-a o verme, devora-a o fogo/ o primeiro sendo da terra e o outro não é menos do céu" (ibid., f. 13r). "Se a alguém viesse vontade de saborear/ carne humana como a que teve na terra/ ou como qualquer outro alimento provar/ já que aqui cada um guarda a vontade para si mesmo/ logo vê que a trazem/ e pode comer sem brigas ou guerra/ : tudo é lícito no céu, tudo é benfeito/ acabou a Lei, foi rompido o Pacto" (f. 17r). Donadoni, sem ser muito convincente, interpreta essa última passagem como uma alusão à sodomia ("Di uno sconosciuto", op. cit., p. 127).

Pellegrino Baroni... : para outras notícias sobre esse personagem, remeto a um ensaio de próxima publicação de A. Rotondò.

Em 1570... : v. ASM, *Inquisizione*, b. 5b, fasc. *Pighino Baroni*, folhas parcialmente numeradas. No fasc. estão as cópias de dois testemunhos relativos ao processo ferrarense (1561).

p. 180 *A presença maciça de moleiros...* : v. *Hérésies et sociétés dans l'Europe préindustrielle* (11ᵉ-18ᵉ siècles) (Paris-Haia, 1968), pp. 185-6, 278-80; C.-P. Clasen, *Anabaptism*, op. cit., pp. 319-20, 432-5.

O poeta satírico... : v. Andrea da Bergamo (Piero Nelli), *Delle satire alla carlona libro secondo* (Veneza, 1566), f. 36 v.

p. 181 *A hostilidade secular...* : v. principalmente R. Bennett e J. Elton, *History of Corn Milling*, III: *Feudal Laws and Customs* (Londres, 1900) (reimp., Nova York), p. 107 ss., e passim; v. também os textos recolhidos por G. Fenwick Jones, "Chaucer and the Medieval Miller", in *Modern Language Quarterly* (1955), XVI: 3-15.

Fui até o inferno... : v. D'Ancona, *La poesia popolare italiana* (Livorno, 1878), p. 264.

Terreno mole... : v. Andrea da Bergamo (Piero Nelli), *Delle satire*, op. cit., f. 35v.

Padres e frades: v. ASM, *Inquisizione*, b. 5b, fasc. *Pighino Baroni*, folhas não numeradas (1º de fevereiro de 1571). Já no processo de 1561, uma testemunha dissera ter ouvido Pighino "dizer muitas coisas estranhas sobre a missa" no seu moinho.

p. 182 *As próprias condições de trabalho...* : R. Mandrou insiste neste ponto in *Hérésies et sociétés*, op. cit., pp. 279-80.

O caso de Modena... : v. C. Violante, ibid., p. 186.

Vínculo de dependência direta... : v. M. Bloch, "Avènement et conquête du moulin à eau", in *Mélanges historiques* (Paris, 1963), II: 800-21.

60

p. 183 *Em 1565*: v. ASVat, *Concilio Tridentino*, b. 94, fasc. *Visita della diocesi di Modona, 1565*, f. 90r (e também f. 162v, a propósito de uma visita feita quatro anos depois, e f. 260v).

Natale Cavazzoni... : v. ASM, *Inquisizione*, b. 5b, fasc. *Pighino Baroni*, ff. 18v-19r.

Padre... : ibid., f. 24r.

p. 184 *Repetiu a lista...* : ibid., f. 25r.

Chegando a Bolonha... : v. A. Rotondò, "Per la storia dell'eresia a Bologna nel secolo XVI", in *Rinascimento* (1962), XIII: 109 ss.

Numa passagem da Apologia... : v. Renato, *Opere*, op. cit., p. 53.

In domo equitis Bolognetti... (*na casa do cavalheiro...*): num primeiro momento, Rotondò identificou essa personagem com Francesco Bolognetti (v. "Per la storia", op. cit., p. 109, nota 3); mas aquele tornou-se senador só muitos anos depois, em 1555 (v. G. Fantuzzi, *Notizie degli scrittori bolognesi* [Bolonha, 1782], II: 244). E assim, na edição das obras de Renato, Rotondò abandonou a identificação (v. índice de nomes). A hipótese de que se tratasse de Vincenzo Bolognetti é aceitável já que ele aparece, desde 1534, entre os magistrados e *gonfalonieri* [quem carregava a bandeira do município (N. T.)]: v. G. N. Pasquali Alidosi, *I signori anziani, consoli e gonfalonieri di giustizia della città di Bologna* (Bolonha, 1670), p. 79.

p. 185 *Inicialmente onze...* : v. ASM, *Inquisizione*, b. 5b, fasc. *Pighino Baroni*, ff. 12v, 30r.

Outubro de 1540... : v. Renato, *Opere*, op. cit., p. 170.

Seu nome era Turchetto... : ibid., p. 172. A identificação deste último com o frade Tommaso Paluio d'Apri, conhecido por Grechetto, proposta por Rotondò, não me parece muito convincente. Que se tratasse, em vez de Giorgio Filaletto, conhecido por Turca ou Turchetto, foi sugestão de Silvana Seidel Menchi, a quem agradeço de coração.

p. 186 *Eu acreditava...* : v. ASM, *Inquisizione*, b. fasc. *Pighino Baroni*, f. 33v.

A tese do sono das almas... : v. Renato, *Opere*, op. cit., pp. 64-5, e Rotondò, "Per la storia", op. cit., p. 129 ss.

Os anabatistas vênetos... : v. cap. 37.

A passagem em que são Paulo... : Os Tessalonicenses 4, 13 ss.: "Nolumus autem vos ignorate, fratres, de dormientibus, ut non contristemini sicut et celeri qui spem non habent. Si enim credimus quod Iesus mortuu est et resurrexit, ira et Deus cos qui dormierunt per Iesum adducet cum co etc." (irmãos, não queremos que ignoreis o que se refere àqueles que jazem adormecidos, para ficardes tristes como os outros que não têm esperança. Se cremos que Jesus morreu e ressuscitou, assim também aqueles que adormeceram; por Jesus, Deus os levará com ele). V. Williams, *Camillo. Renato*, op. cit., p. 107.

p. 187 *Não o lera*: v. ASM, *Inquisizione*, b, 5b, fasc. *Pighino Baroni*, f. 2v; e também v. f. 29v. O *Fioretto* havia sido colocado no Índex: v. nota do cap. 12.

E todas as coisas... : v. *Fioretto*, op. cit., f. A VIv.

Alguma coisa... : ibid., f. B IIr.

Que todas as almas... : ibid., ff. Cr-v.

p. 188 *Não li...* : v. ASM, *Inquisizione*, b. 5b, fasc. *Pighino Baroni*, f. 30r.

Eu queria inferir... : v. ASM, *Inquisizione*, b. 25, fasc. *Pighino Baroni*, f. 20.

Combatessem juntos... : v. ACAU, proc. n. 285, folhas não numeradas (19 de julho de 1599).

Pighino afirmara... : v. ASM, *Inquisizione*, b. 5b, fasc. *Pighino Baroni*, folhas não numeradas (1º de fevereiro de 1571) e f. 27r.

p. 189 *Que se pregue...* : v. caps. 39 e 54.

61

As raízes populares... : v. Bakhtin, *L'oeuvre de François Rabelais*, op. cit.

O período subsequente... : para um quadro geral, v. J. Delumeau, *Le catholicisme entre Luther et Voltaire* (Paris, 1971), principalmente p. 256 ss. Interessantes perspectivas de pesquisa propõe J. Bossy, "The Counter-Reformation and the People of Catholic Europe", in *Past and Present* (maio 1970), 47: 51-70. Uma periodização análoga foi proposta por G. Hennigsen, *The European Witch-Persecution* (Copenhague, 1973), p. 19.

p. 190 *A guerra dos camponeses...* : seria bem-vinda uma pesquisa sobre a repercussão, na sua totalidade, dessa guerra, incluindo os efeitos indiretos e remotos.

Mas a evangelização do campo... : para esta comparação, v. Bossy, "The Counter-Reformation", op. cit.

O rígido controle... : para os vagabundos, v. bibliografia acima, penúltima nota do cap. 8 (Prefácio); para os ciganos, v. H. Asséo, "Marginalité et exclusion; le traitement administratif des Bohèmiens dans la société française du XVII siècle", in *Problèmes socio-culturels en France au XVII Siècle* (Paris, 1974), pp. 11-87.

62

5 de junho de 1599... : v. ACAU, *"Epistolae Sac. Cong. S. Officii ab anno* 1588 *usque ad* 1613 *incl."*, folhas não numeradas. Santoro esteve próximo do pontificado no conclave que acabou elegendo Clemente VIII. O que o prejudicou foi sua fama de severo.

p. 191 *Ele próprio um ateu*: portanto, não um negador da divindade de Cristo como pareceu num primeiro momento, mas algo ainda pior. Sobre a terminologia, v., em geral, H. Busson, "Les noms des incrédules au XVI siècle", in *Bibliothèque d'Humanisme et Renaissance* (1954), XVI: 273-83.

p. 192 *Depois de pouco tempo*: em 26 de janeiro de 1600 o dote de Giovanna Scandella foi registrado diante do tabelião e o ato se realizou "domi heredum quondam ser Dominici Scandelle" (ASP, *Notarile*, b. 488, n. 3786, f. 27v).

Temos certeza disso... : v. ACAU, *"Ab anno 1601 usque ad annum 1603 incl. a n. 449 usque ad 546 incl."*, proc. n. 497. Deve-se corrigir Paschini, *Eresia*, op. cit., p. 82, que afirma, com base em documentos por ele levantados, que o único indivíduo justiçado pelo Santo Ofício friulano foi um marceneiro alemão, em 1568.

ÍNDICE ONOMÁSTICO

Abdallah ibn Salvam, 165
Abraão, 44, 172
Ackermann, E. M., 237, 243
Adão, 37, 101, 107, 128, 187, 236
Agostinho, santo, 96, 129
Alberigo, G., 235
Aldrovandi, Ulisses, 223
Alidosi, G. N. Pasquali, 245
Allen, P. S., 236
Amadeo, Giorgio, 218
Amaseo, Gerolamo, 69
Ammiani, Sebastião, 124, 235
Ana, Sant', 73
Andrea, Bartolomeo di, 80, 206
Apri, Tommaso Paulo d' (Grechetto), 245
Asolo, Benedetto d', 79
Asséo, H., 246
Asteo, Gerolamo, 92-3, 154-5, 160, 164, 227
Atkinson, G., 226
Auerbach, E., 237
Autun, Honório d', 67, 96, 220
Averróis, 122
Avolio, Giovanni d', 183
Azzoni, A., 221

Badaloni, Nicola, 230
Bainton, R. H., 232
Bakhtin, Mikhail, 10, 15, 18-9, 201, 205, 218, 237-9, 246
Baroni, Pellegrino (Pighino, o gordo), 179-83, 185-8, 244-6
Basadona, Giovanni, 214
Bassano, Jacopo, 209, 218

Bassi, V. R. Ronchetti, 237
Battistella, A., 200, 213, 222
Beauvais, Vicente de, 83, 226
Becker, B., 232
Belzebu, 60
Benacci, Alexandro, 221
Benedetti, A., 209, 233
Benedetto, Florito di, 153
Benjamin, Walter, 26, 205
Bennett, J. W., 221, 226
Bennett, R., 244
Benrath, K., 232
Berelovic, A., 201
Berengo, M., 208-9, 213, 216, 242
Bergamo, Andrea da (Pietro Nelli), 55, 180-1, 215, 244
Bermani, C., 200
Bianchi, G. Sassoli de, 213
Biasutti, Guglielmo, 27
Bionima, Andrea, 33, 43, 69-70, 116, 209-10
Bloch, Marc, 224, 244
Boas, G., 237
Boccaccio, Giovanni, 68, 93, 227
Bocchi, Achille, 159
Bogatyrëv, P., 204
Bollème, Geneviève, 14-5, 18, 22, 200-1, 204
Bolognetti, Alberto, 170, 185, 245
Bolognetti, família, 184
Bolognetti, Francesco, 245
Bolognetti, Vincenzo, 183-4, 245
Bonicello, Ventura, 215
Bonini, Vincenzo, 184
Bordenave, J., 217

Boscchi, A., 240
Bossy, J., 246
Branca, V., 227
Braudel, F., 204
Brecht, Bertolt, 11, 199
Brown, P., 221
Brucioli, Antonio, 220
Bruegel, Pieter, 189
Brunner, O., 204
Bruno, Giordano, 191
Burdach, K., 239
Burnet, Thomas, 103, 229-30
Busson, H., 246
Butzer, Martim, 134, 236

Calderari (Giovanni Maria Zaffoni), 73, 224
Calmo, Andrea, 237
Camillo Renato, 122, 184, 234, *ver também* Ricci, Paolo
Campanella, Tommaso, 239
Camporesi, Piero, 27, 205, 238
Cantimori, D., 204-5, 216, 219, 227, 232
Cantú, C., 206
Capel, Giorgio, 69, 222
Capola, Daniel, 206
Caravia, Alessandro, 59-60, 64, 66, 68-9, 93, 131, 218-9, 221-2
Castellione, Sebastiano, 94, 227
Castello, Alberto da, 67, 73, 220
Cavazzoni, Natale, 183, 244
Ceccaroni, A., 224
Cecho, Anna de 68
Cellina, Curzio, 142, 156-7, 210, 239-40
Certeau, M. de, 202
César, Caio Júlio, 24
Chabod, F., 215, 219
Chaunu, P., 199, 203
Chittolini, G., 206, 214
Chiuppani, G., 209, 222
Cioni, A., 220

Cipolla, C., 222
Cirenaica, Simão da, 85
Cirese, A. M., 200
Clara, santa, 224
Clasen, C.-P., 214, 244
Clemente V, papa 221
Clemente VIII, papa 61, 191, 246
Cocchiara, G., 237
Colombo, Cristóvão, 24, 133
Colussi, Daniele, 207
Coradina, Tita, 69
Corner, Carlo, 49
Corneto, Bernardo, 152
Cossio, Andrea, 208
Crispoldi, Tullio, 80-2, 225
Cristóvão, são, 159, 227

D'Ancona, A., 244
d'Orlandi, L., 208
Dandolo, M., 215
Danesi, família, 184
Dante Alighieri, 102, 172, 228, 231, 242
Darmon, J. J., 201
Davi, rei de Israel, 123, 127, 172
Davis, Natalie Zemon, 16, 201, 242
de Biasio, Daniele, 151, 158
de Biasio, L., 215
de Frede, C., 221
De Lazzari, senhor, 57
De Martino, E., 199
Dechend, H. von, 229
Deloio, Antonio, 218
Delumeau, Jean, 246
Derrida, Jacques, 17, 202
Descartes, René, 25, 205
Dezza, Giovan Pietro di, *ver* Scolio
Diaz, Furio, 22, 204
Dionisotti, C., 223
Dolan, Jay, 27
Donadoni, E., 242-4
Donato, Elio, 180
Donato, Ettore, 232

Doni, Anton Francesco, 136-7, 237-8
Dupront, A., 201, 203
Dürer, Albrecht, 59, 218

Eco, Umberto, 224
Eisenstein, E. L., 230
Elias, 172
Elliott, John, 27
Elton, J., 244
Emérico, Nicolau, 196
Enzensberger, H. M., 199
Erasmo de Rotterdam, 134
Eva, 37, 101, 128

Fantuzzi, G., 245
Fasseta, Antonio, 210
Fasseta, Daniele, 33, 40, 210
Fasseta, Francesco, 32, 34, 40, 44, 120, 210
Fattorello, F., 209
Febvre, Lucien, 24, 205, 227, 230, 234
Femenussa, Domenego, 39, 212
Filaletto, Giorgio (Turca ou Turchetto), 113, 185, 245
Fileno, Lisia 184-6, *ver também* Ricci, Paolo
Fiorelli, P., 241
Firpo, L., 239
Fischer, U., 227
Forcroy, Bonaventure, 211
Foresti, Jacopo Filippo, 68, 71, 96, 129-31, 137, 148, 162, 221, 223, 228, 236, 238, 241
Forniz, Antonio, 218
Fortini, F., 199
Fosco, Leonardo, 209
Foucault, Michel, 16-8, 194, 202-3, 211
Franceschi, Dominico de, 224
Freud, Sigmund, 224, 237
Frugoni, Chiara Settis, 227
Frye, N., 238

Furet, François, 20, 203, 222
Furlan, J., 224

Gabriel, arcanjo, 37, 165
Galateo, Girolamo, 122
Garin, E., 223
Gauvard, C., 201
Gerbas, Domenico, 69
Gerbas, Melchiorre, 120, 131, 182
Geremek, B., 205
Giberti, Gian Matteo, 81, 225
Gilbert, Felix, 27
Ginzburg, Carlo 193-5, 203, 212, 215, 217, 219, 224-5, 227, 230, 234-5, 241-2
Giocondo, Giuliano di Bartolomeo del, 133
Giorgetti, G., 206, 214
Gokalp, A., 201
Goody, J., 230, 235
Grassi, Pelegrino di, *ver* Baroni, Pellegrino (Pighino, o gordo)
Graus, L., 235, 237
Gregori, Gerolamo de', 210
Grendler, P. F., 237-8
Grimani, A., 230
Grizzo, Maddalena Gastaldione de, 207

Halbwachs, M., 236
Harva, U., 229
Haydn, H., 229
Henneberg, J. von, 232
Hennigsen, G., 246
Heráclito, 162
Hércules, 90
Hill, Christopher, 195
Hilton, R., 236
Hobsbawm, E. J., 199, 202, 236
Huon, A., 237
Huppert, G., 203

Isidoro 67

Jacomel, Daniel 105, 160
Jacometto "stringaro", Vicenza, 234
James, L., 201
Jemolo, A. C., 212
Jesus Cristo, 14, 32, 35, 41, 43-5, 53, 55, 61-4, 66, 73, 75-9, 81, 85-6, 100-1, 104, 109, 112-3, 123, 125-6, 128, 133, 141-3, 146, 150, 155, 158-9, 161, 163, 166-7, 170-4, 180, 184, 186, 190-2, 196, 212, 220, 223-4, 226-7, 231, 233, 240, 245-6
João Evangelista, são, 74, 123, 226, 240
Joaquim, são, 73
Jones, G. Fenwick, 244
José, filho de Jacó, 140-1, 143-4
José, são, 37, 66, 73, 76, 158, 224
Josué, 172
Judas Iscariotes, 85
Julia, D., 202, 204
Júlio II, papa, 129
Júlio III, papa, 212
Júpiter, 106

Kaegi, W., 236
Kamen, H., 238
Kaplow, J., 199
Klibansky, R., 218
Kristeller, P. O., 234

Lachat, P., 221
Ladner, G. B., 239
Ladurie, Emmanuel Le Roy, 16, 201, 204
Lambertini, família, 184
Landucci, S., 226, 236
Lázaro, 123
Le Goff, Jacques, 18, 202-4
Leão X, papa, 129
Lefèvre, Y., 220
Leicht, P. S., 213
Leonardis, Marino Camilo de, 68

Leonardo da Vinci, 71, 88, 223, 226
Letts, M. H., 221
Levi, C., 233
Levin, H., 238
Lévy-Bruhl, 205
Liompardi, Zampolo, 59-62, 219
Lombarda, Stephani de, 206
Lombardo, Vincenzo, 69
Lotto, Lorenzo, 224
Lovejoy, A. O., 237
Lúcifer, 37
Luís, são, 24
Lukács, G., 204
Lunardo, padre, 37
Luporini, C., 199
Lutero, Martinho, 26, 33, 53, 61, 64, 129-31, 236

Macek, J., 216
Macfarlane, A., 204
Macris, Pietro de, 153
Mâle, E., 226
Malermi, Niccolò, 67
Malmins, Tomaso Mero da, 68
Manacorda, G., 222
Mandeville 5, 67, 71, 82-7, 90-1, 94-5, 127, 129, 144, 179, 221, 223, 226, 231
Mandich, G., 218
Mandrou, Robert, 13-4, 18, 200, 244
Mantica, Alessandro, 218, 233
Mantica, Antonio, 211
Mantica, família, 233
Mantica, Giacomo, 211
Mantica, Giovan Battista, 211
Mantica-Montereale, família, 211
Manuel, F. E., 238
Manzoli, família, 184
Maomé, 84, 165, 172, 242
Maquiavel, N., 81, 225
Marcato (ou Marco), 192
Marchetti, G., 209
Marchetti, Valerio, 205

Marco (tingidor de tecidos), 215
Maren, Andrea da, 88
Margnano, Giacomo, 51, 206
Maria Madalena, 141
Maria, Virgem, 35-7, 43, 51, 66-7, 73-6, 141, 155, 159, 167, 180, 185, 192, 210, 212, 223-4
Marinoni, A., 223
Maro, Giambattista, 31, 39, 119
Martin, H.-J., 223
Marx, Karl, 216, 224
Masafiis, Domenico de, 181
Mateus, são, 78, 144, 221
Medici, Lorenzo di Pietro de', 133
Meiss, M., 239
Melchiori, Domenico, 32-3, 35, 209
Melchiori, Giovanni Antonio, 210
Melchiori, Giovanni Daniele, 35, 122, 151, 155-6, 168, 210, 229, 235
Melchiori, Nicola de (Nicola da Porcia), 57-9, 63-5, 69-70, 93, 217-8, 222
Menchi, Silvana Seidel, 245
Meyer, J., 222
Miccoli, G., 210-1, 236
Miguel, arcanjo, 37
Minussa, Lunardo della, 69
Mirandola, Pico della, 197
Moisés, 91, 172
Mondino, Giacomo, 183
Montaigne, Michel de, 87, 164, 226, 241
Montalcino, Gerolamo da, 183, 185
Montefalco, Felice da, 36, 40, 212
Montereale, família, 233
Montereale, Giovan Francesco, 152, 182
Montereale, Orazio di, 51, 206
Montereale, Ottavio 34, 57-8, 217, 240
Montereale, Zannuto Fasseta, 159
Montereale, Zuan Francesco, 170
More, Thomas, 137, 237, 242

Morone, Giovanni, 185
Muchembled, Robert, 27

Nardi, B., 228
Nelli, Pietro, ver Bergamo, Andrea da
Niccoli, Ottavia, 27
Noé, 172

Obelkevich, Jim, 27
Oberman, H. A., 242
Occam, Guilherme de, 115
Olivi, Giovan Francesco Palladio degli, 151, 210
Olivieri, A., 216
Orígenes, 147-8
Orlando, F., 237
Oseias, 91, 226
Ossowski, S., 214
Ovídio, 96

Panofsky, Erwin, 194-5, 218, 239
Parvi, Giovanni Battista de', 149
Paschini, P., 212-3, 215, 246
Paulo III, papa, 61
Paulo, são, 55, 124, 127, 186, 189, 245
Pedro, são, 59, 61, 63, 75, 127, 141, 162, 189
Peleo, Evangelista, 148
Peña, Francisco, 196
Perna, M., 227
Perugia, Giovan Battista da, 154
Perusini, G., 208, 213-4
Pianetti, E. 221
Pighino, o gordo, ver Baroni, Pellegrino (Pighino, o gordo)
Pio IV, papa, 212
Pisensi, Agostinho, 169
Policreto, Alessandro, 35, 182, 210
Pomponazzi, Pietro, 122
Pondenone, Giovanni de' Sacchá, 73
Poni, Carlo, 218
Popaiti, Gerolamo, 210

Porcia, Nicola da, *ver* Melchiori, Nicola de

Povoledo, Giovanni, 33, 97, 210-1

Priuli, Daniele, 49

Procacci, G., 225

Prosperi, Adriano, 27, 225

Pullan, B., 214

Rabelais, François, 15, 24-5, 189, 201, 205, 218, 237-9, 246

Rafael, arcanjo, 37

Raleigh, Walter, 102, 229

Réau, L., 227

Redi, Francesco, 102, 229

Reusch, F. H., 220-1

Revel, J., 202

Ribeiro, Renato Janine, 198

Ricci, Paolo (Camilo Renato; Lisia Fileno), 122, 184-5

Riccio, Antonio, 218

Ritter, G., 216

Rivière, Pierre, 17-8, 194-5, 202

Rohde, P., 220

Romano, R., 204

Romeo, R., 237

Rorario, Fulvio, 58

Rossi, A., 224

Rossi, P., 200

Rossi, V., 218-9, 221, 228, 237

Rothkrug, Lionel, 27

Rotondò, A., 216, 221, 224, 234, 244-5

Rubeo, Damiano, 220

Sabbio, Giovanni Antonio di Nicolini da, 218

Sachs, W., 222

Salomão, 172

Salviati, Leonardo, 227

Santillana, G. de, 229

Santoro, Giulio Antonio, 246

Sanudo, Matteo, 148, 152

Satriani, L. M. Lombardi, 199-200

Saul, 127

Savorgnan, Antonio, 46-7

Saxl, F., 218

Scalzini, M., 239

Scandella, Bastian, 69-70

Scandella, Bernardo, 207

Scandella, Domenico, 9, 11, 31, 93, 149, 152-3, 155, 167, 169, 207-9

Scandella, família, 207

Scandella, Fior, 69

Scandella, Giovanna, 207, 246

Scandella, Giovanni, 207

Scandella, Stefano, 153

Scandella, Ziannuto, 37-8, 41, 148, 153, 169, 208, 211-2

Schneider, G., 205

Schorske, C., 204

Scolio, 172-9, 186, 216, 228, 242-3

Scotto, Girolamo, 224

Scudellario, Antonio (Fornasier), 240

Sebenico, Sebastão, 37, 212

Segarizzi, A., 221

Seigel, Jerry, 27

Serena, A., 217

Serotino, Donato, 192

Servet, Michel, 113-6, 232

Sessa, Melchiorre, 71

Seymour, M. C., 221, 226

Siculo, Diodoro, 228

Siculo, Giorgio, 66, 219

Sigibaldi, Giovanni Domenico, 185

Simão, mago, 231

Simon, judeu, 52-3, 157-8, 165, 240

Simon, Lunardo, 154-5

Simoncini, G., 238

Solé, J., 223

Spini, G., 220

Stefanut, Giuliano, 33-4, 39, 120, 209-10, 212

Stella, A., 212, 214-5, 225, 232, 234-5, 240-1

Stella, S. Piccone, 224

Stone, Lawrence, 27, 222

Strassoldo, Francesco di, 46

Suchier, H., 220

Tabacchino, Giovanbattista, 234
Tagliaferri, A., 207, 213-4, 222
Taiacalze, Domenego, 59-61
Tedeschi, J. A., 232
Tenenti, A., 238
Tertuliano, 115
Thibaudet, A., 241
Thomas, Keith, 195, 231
Thompson, Edward P., 16, 21, 201, 204, 242
Tiago, são, 84, 162
Toland, John, 234
Tomé, são, 141
Trapola, Valerio, 160
Trappola, advogado, 38, 40, 211
Trevor-Roper, Hugh, 196
Trinkaus, C., 242
Turco, Michele del (Pignol), 159

Ungari, G. Pagliano, 224

Valcellina, Morereale, 27
Valesio, P., 239
Valla, Lorenzo, 115
Varagine, Jacopo da, 67, 74-5
Vellutello, Alessandro, 101, 228, 231

Ventura, A., 213-4
Venturi, F., 204
Venturi, Tacchi, 215
Vespucci, Amerigo, 133
Vialelle, M., 217
Viaro, Stefano, 49
Vilar, P., 202
Violante, C., 244
Vivanti, C., 227
Vives, Vicens, 199
Vorai, Odorico, 34, 151, 155, 210-2, 236
Vovelle, M., 203, 241

Wakefield, W. L., 216-7
Watt, J., 230, 235
Williams, G. H., 214, 216, 234, 245
Wyclif, John, 124, 235
Wyczanski, A., 222

Yeo, Eileen, 27
Yeo, Stephen, 27

Zaffoni, Giovanna Maria (Calderari), 224
Zambrini, F., 220
Zane, Pietro, 160
Zuanna, Piero della, 153

CARLO GINZBURG (Turim, 1939) leciona na Universidade da Califórnia (Los Angeles) e ministrou cursos no Instituto de Estudos Avançados de Princeton e na Universidade de Bolonha. Tem livros traduzidos em quinze línguas. Dele, a Companhia das Letras publicou *Os andarilhos do bem: Feitiçarias e cultos agrários nos séculos XVI e XVII* (1988), *Mitos, emblemas, sinais: Morfologia e história* (1989), *História noturna: Decifrando o sabá* (1991), *Olhos de madeira: Nove reflexões sobre a distância* (2001), *Relações de força: História, retórica, prova* (2002), *Nenhuma ilha é uma ilha: Quatro visões da literatura inglesa* (2004), *O fio e os rastros: Verdadeiro, falso, fictício* (2007) e *Medo, reverência, terror: Quatro ensaios de iconografia política* (2014).

1ª edição Companhia das Letras [1987] 11 reimpressões
2ª edição Companhia das Letras [2001] 1 reimpressão
3ª edição Companhia das Letras [2002] 5 reimpressões
1ª edição Companhia de Bolso [2006] 17 reimpressões

Esta obra foi composta pela Verba Editorial em Janson Text
e impressa pela Gráfica Bartira em ofsete
sobre papel Pólen Soft da Suzano S.A.

A marca FSC® é a garantia de que a madeira utilizada na fabricação do papel deste livro provém de florestas que foram gerenciadas de maneira ambientalmente correta, socialmente justa e economicamente viável, além de outras fontes de origem controlada.